本書関係地図

ネパール
ブータン
インド
ミャンマー
バングラデシュ
ジャマルプール
シレット県
ジョムナ川
マイメイシン
スラ
ラジシャヒ
ポッダ（ガンジス）川
ガジプール県
マニクゴンジ県
ダッカ
メグナ川
ナラヤンゴンジ県
カグラチャリ県
ランガマティ県
クルナ県
カルカッタ
チッタゴン
チッタゴン丘陵地帯
バンダルバン県
ベンガル湾

キャサリン・H・ラヴェル
久木田由貴子・久木田純 訳

マネジメント・開発・NGO

「学習する組織」BRACの貧困撲滅戦略

Catherine H. Lovell
Breaking the Cycle of Poverty
The BRAC Strategy

新評論

BREAKING THE CYCLE OF POVERTY
The BRAC Strategy

Catherine H. Lovell

Japanese translation published by arrangement with
Kumarian Press, Inc. through The English Agency (Japan) Ltd., Tokyo

マネジメント・開発・NGO／目次

目次　2

第二部　BRACのマネジメント

第三部　BRACの未来

図表一覧

訳者まえがき

本書の特徴

本書は、ユニセフ（UNICEF、国連児童基金）の事務局長、故ジェームズ・グラントが英語版で紹介しているように、「バングラデシュの小さな非政府組織（NGO）から世界最大級のもっとも成功し、もっとも尊敬される途上国開発機関へと成長していったBRAC*についての総合的な分析を行った最初の本」である。NGOマネジメントの専門家であるキャサリン・ラヴェルは、BRACを開発NGOの成功モデルとして紹介することで、貧困の解決に貢献できると考え、本書を執筆した。訳者は、BRACという優れた開発NGOのマネジメントを紹介することで、日本の開発NGOの能力構築が進み、日本からの効果的な開発協力が進むことを願ってこの翻訳を試みた。

*BRAC（ブラック）は、Bangladesh Rural Advancement Committee, バングラデシュ農村振興委員会の略語であったが、近年都市部を含めた幅広い展開をしているため、略語のBRACのみを組織名として使っている。

BRACの開発活動とマネジメントは、その世界標準のひとつとして多くの研究者に認められており、また開発NGOのマネジメントを学ぶ読者にとって、本書は開発の基本原理を実例を通して理解するためのバランスのとれた内容を提供している。著者ラヴェルは、マネジメント理論の専門家ピーター・センゲ（用語解説「学習する組織」参照）の「学習する組織」の理論的枠組みを用いてBRACのマネジメントを説明しており、本書はマネジメント理論の点からも興味深い例を提供している。英語版の出版から一〇年が経ったが、BRACはその間に「学習する組織」としての特徴を発揮して大きな発展を遂げた。本書は、その発展したBRACの現在の姿を最近の資料を追加して紹介している。

読者はまず第一部で、バングラデシュの農村を例に貧困問題とは何かを構造的に理解することができる。さらに、BRACの開発プログラムを通して、どのように活動を始め、展開していくのか、その過程について学び、マイクロ・ファイナンス（小規模融資）や基礎保健、ノンフォーマル教育（正規学校以外での教育）など、典型的な開発活動の内容を知ることができる。また、村レベルでそれらの活動を組み合わせる総合的なアプローチや、多くのNGOが苦手とするコミュニティ・レベルでの生産と市場を結ぶ垂直的な統合、効果的な開発活動のモデルを作り、それを大規模に拡大していく方法、政府のサービスとの連携、ドナー（協力機関）とのパートナーシップの結び方などについても学ぶことができる。第二部と第三部では、NGOの組織構造、運営、財源の確保、研究開発、評価、戦略形成などについて、またNGOが独自の理論と計画を持つことやドナーに頼らない技術的・財政的な自立を進めることの重要性を学ぶことができる。これらを通して、読者は先進国のパートナーとしてどのように途上国NGOと協力していけばよいのか、開発に参加・協力するために必要な価値観とは何か、どのような基本的・専門的な能力を獲得しなければいけないのかなどを学ぶことができるであろう。

学習する組織BRAC

BRACの優れた学習能力を世界の開発関係者に広く紹介したのは、開発における市民社会の重要性を唱えるデビッド・コーテン（用語解説「学習プロセス・アプローチ」を参照）（Korten, 1980）であった。一九七二年の設立から数年目にしてBRACは、すでに「学習する組織」としてのマネジメント・スタイルを確立していた。その後もBR

ACの活動は着実な成果をおさめ、多くの研究者や開発協力機関の注目を浴びてきた。コーテン（Korten, 1990）は、NGOの進化を、救援と福祉を行う第一世代、自立に向けた小規模な地域開発を行う第二世代、持続可能なシステムの開発を主体とした第三世代、地球規模の民衆の開発運動を行う第四世代に分類している。BRACは、すでにその第一、第二世代を経験し、第三世代のNGOとして成長してきた。現在のBRACは、第三世代の特徴を質的に改善しながら、北のNGOや開発機関と協力して地球規模の活動に参加しており、第四世代のNGOとしての特徴も強めている。現在の日本の開発NGOの多くは、第一または、第二世代に属している。BRACがどのようにそれぞれの段階を経てきたのかを知ることは、今後日本のNGOが第三世代、第四世代のNGOへと移行していくうえで、大変有用であろう。

NGOの矛盾と問題

貧困解消を目的とする開発NGOが力をつけ成長していくためには、その過程で対応を迫られるいくつかの問題点と矛盾がある。第一は、貧困解消のためには貧しい人々のイニシアティブと自助努力が必要だが、往々にして貧しい人々にはそのための時間とエネルギーと希望がないということである。どうやって貧しい人々を奮い立たせ開発活動に向かわせることができるのであろうか。第二は、貧しい人々が自ら行えるような活動は彼らがコントロールできるような簡単な活動が主体になるが、貧困から抜け出すためには多様で複雑な開発活動を行う必要があるということである。その複雑な開発活動をどのように形成していけば、貧しい人々の力がつくのであろうか。第三は、貧しい人々の生活を改善するためには、多くのサービスを提供しなければならないが、そうすることによってますます貧しい人々のNGOへの依存性が高まってしまうということである。どうすれば、依存性を高めずにサービスを提供できるのであろうか。第四は、NGOの活動は小規模な村レベルでのパイロット事業（試験事業、用語解説

「開発、開発活動」参照）から、広範囲の事業へと拡大していく段階で活動の質が落ち、大規模化が難しいということである。貧困解消にインパクトを与えるほどの大規模な活動はどうすれば可能になるのであろうか。第五は、NGOが積極的な活動をするためには多くの資金が必要となるが、それによって逆にドナーへの依存性が高まることである。NGOの目指すところとドナーの思惑は必ずしも一致しない。開発NGO自身の自立はどのようにして可能になるのであろうか。第六は、市民セクターであるNGOの活動が拡大することによって、政府や企業とのドナーをめぐっての競争や、市場での敵対的な関係が出てくる。NGOは政府や企業とどのような関係を形成していけばよいのであろうか。

BRACから学べること

多くのNGOがこれらの矛盾を乗り越えられずに失敗し停滞してきたのに対し、BRACはこれらを乗り越える方法を積極的な試行錯誤と現場での学習によって見つけ出した。

第一の問題、どこからどう始めるのかということに対してBRACは、貧しい人々が「貧困と搾取の構造」に気づき、自助努力とイニシアティブによって、自らのエンパワーメントに必要なさまざまな活動を行っていけるような、①貧困層の組織化、②訓練による意識化・状況分析、③集団技能・リーダーシップの訓練、④マイクロ・ファイナンスの導入、⑤基礎社会サービスの整備（保健・教育等）、といった一連のプロセスを見つけ出した。これらを順序よく行っていくことは、多くの成功したNGOのアプローチに共通している。

第二の、開発活動の複雑さの問題に対して、貧困の原因となるさまざまな要因と複雑な構造を分析し、その中から貧しい人々が始められかつ効率よく力をつけていける活動を見つけ、順序よく導入していった。しかも、マイクロ・ファイナンスと基礎社会サービスなどさまざまな活動を組み合わせる「水平的な統合」のアプローチを用いて、単独の活動では得られない活動相互の相乗効果を出している。さらにそれらを発展的に伸ばしていけるような、長期的で大規模なシステムを「垂直的統合」によって作り出したり、それらの活動を可能なかぎり政府のサービスや市場とリンクさせ、持続可能な活動にする役割を果たした。注目すべき点は、貧しい人々の生産活動と市場との中間部分をＢＲＡＣが管理することによって、これまで存在した地主やエリートの搾取を取り除いていることである。現在のＢＲＡＣの活動は、複雑多岐にわたって見えるが、それらは貧しい人々のニーズを中心に系統的に形成されたものであり、彼らのエンパワーメントを効果的に行うためのシステム作りでもあった。

第三の依存性の問題についてＢＲＡＣは、これらの開発活動やサービスの提供を行うにあたって、何が依存性を高めるのかをよく見極めて、依存性が高まらない方法を選択的に導入していった。その方法の原則となったのが、サービスの有料化と市場原理の導入である。市場経済化の進む社会の中でこれらの原理を確実に導入することは、市場経済に負けることのないシステムを作り出し、すべての活動を持続可能にする効果があった。

第四の大規模化によるマネジメントの質の低下の問題に対してＢＲＡＣは、組織としての「共通のビジョン」の確立とスタッフの訓練、大規模化に対応した支援システムの整備を行うことによって、それを防いだ。同時に、大規模化によるコスト削減と市場での「ＢＲＡＣブランド」の信頼性を獲得することによって競争力をつけることにも成功した。また、事業のモニタリングや評価を強化して、成功しているアプローチや活動に絞って採用するという効率化を図ってきた。これらはまさに、現在政府や企業でいわれている、効果的なマネジメントのベスト・プラクティス（最良の実践）の例でもある。

第五のドナーへの依存性については、これをなくすために積極的に独自の戦略と計画を立てることで対応してきた。貧しい人々の開発ニーズと自らの能力の客観的な評価に基づいて、独自の開発活動の戦略とアジェンダを設定し、ドナーからの勝手で不合理な要求を避け、戦略提言型のパートナーシップを進めてきた。その一方で、自らの開発戦略に沿った活動であれば、他のNGOや国際機関などと協力し、その実施によってさらに大きな影響力を持つようになった。BRACは一九九〇年代に開発活動の支援のために作り出したさまざまなサービスや「企業」活動からの収益により、活動の自己資金率を高め、ノンフォーマルの初等教育を除くほとんどの活動をドナーに頼らずに行えるようにした。BRACは常に革新的で効果的な戦略と活動を率先して行うことによって、北のNGOや援助機関との平等な関係を築いてきた。

第六に、BRACは、貧しい人々の生産活動を市場と結びつけたり、これまで政府が十分なサービスを提供してこなかったところを補って大規模なサービスを提供し、政府や企業とは相補的な関係を進めてきた。ところが、ドナーや一般市民からの高い支持を受けるようになると、行政や企業、特に非効率的で腐敗した分野からの一方的な非難や中傷を受けるようになってきた。多くのNGOがこの段階で挫折してきたが、これに対してBRACは、透明性の高い効率的なマネジメントを前面に出すことによって巧みに回避してきた。自らのミッション（使命）に対してきちんと行動しているかどうかをいつでも説明できること、つまり高いアカウンタビリティを確立することによって、自らの立場を守ってきた。このことは、行政や企業とは一線を画す傾向にあった開発NGOの役割を変えることにつながると同時に、行政や企業セクターに対して、逆にその効率性を問うていくような影響を与えることになった。

貧困問題と開発NGOの役割

二一世紀を迎えた人類社会の直面する最大の問題は、貧困である。戦後進んだ市場経済化とグローバル化は、豊かな先進国と貧しい途上国との間に大きな経済的格差を生じさせた。先進国に住む世界の人口の二割の豊かな人々が平均一日七〇ドルの収入を得ている一方で、途上国に住む世界の四割以上の貧しい人々が一日二ドル以下という困難な生活をしている。貧困は、明日を担う子どもの生存と発達を妨げ、貧困の解決に直接関わる貧しい人々、特に女性の力を奪う。そして、それがさらに貧困を悪化させるという悪循環を作り出している。また、紛争や環境破壊、人口増加などの他の地球規模の問題との悪循環も引き起こし、人類社会の未来を危うくしている。

貧困による格差をなくすためには、二つの大きな変革が必要である。ひとつは、貧富の格差の底辺にある途上国の人々が力をつけ、貧困から脱却するための効果的な開発活動を行うことである。ＢＲＡＣのような途上国ＮＧＯの効果的な活動はこのために重要な役割を持っている。もうひとつは、貧しい人々を直接・間接に搾取し経済的なパワーを吸い上げている、豊かな先進国の人々の生活と価値観を変えていくことである。日本を含めた先進国での政策や生活の見直しによって、身勝手な消費や経済的な搾取の構造を緩和し、もっと地球環境と貧困問題に配慮した社会に変えていくことである。先進国のＮＧＯには、先進国内の人々の態度を変え、社会変革を起こすという重要な役割がある。このように「途上国の人々のエンパワーメント」と「先進国の自己変革」という二つの動きをそれぞれの場所で推し進めるのが北と南の開発ＮＧＯである。そして、南北のＮＧＯをパートナーとして結びつけているのが開発協力である。

近年、国際社会の開発協力への取り組みは「経済中心」から「人間中心」のパラダイムへと移行している。人間中心の開発パラダイムは、人間の能力の向上を目標としており、特に貧しい人々のエンパワーメントに直接つながる保健や教育のような基礎社会開発分野と、貧しい人々を対象にした小規模融資を行うマイクロ・ファイナンスの活動が中心である。貧困の解消のためには貧しい人々が自らの力を発揮していく必要があり、彼らを支援し協力するには、このような開発活動を効果的に行うことのできるＮＧＯの役割が重要になっている。そのため、貧困解消を目的とした開発協力を行うために政府やその他の開発機関は開発ＮＧＯとのパートナーシップを拡大しようとしている。

日本の開発NGOの強化

このような世界的な貧困の現状と経済中心のパラダイムから人間中心の開発パラダイムへの変化によって、NGOの役割が増している中で、日本の開発NGOの発達は他の先進国に比べ遅れている。日本の大手NGOの中には、組織としての前提となるミッション（使命）が明確でないもの、そのミッションと組織としての経験をもとにした戦略や活動の基本原則、理論的枠組みなどが打ち出せていないもの、研究開発や自己評価が積極的に行われていないために活動が絞りきれず、効果が上がらないものなど、組織としての基本的なマネジメント・ツールを整備できていないものが多い。そのため、支援者への明確な説明や報告ができなかったり、スタッフの訓練内容や方法が確立できないために能力開発が進まず、アドボカシー（政策提言）や資金調達活動などにおいても十分な効果を上げることができないなどの問題が出ている。最近になって、NPO法（特定非営利活動促進法、一九九八）の成立や政府のNGOへの対応の改善、企業の社会的責任の向上などに対応して、NGOのマネジメント強化を目指した活動が見られるようになってきた。しかし世界的な標準からすると、組織の規模や事業の効果性、政府や企業へのアドボカシー、職員の能力などの点で改善すべき点がまだ多い。

これらの遅れはNGOだけの問題ではなく、日本の市民セクター全体に見られることである。これまで日本社会においては、政府と企業の力が強く、逆に市民社会の力が弱かった。最近になって、地球規模の環境問題に取り組んだり、企業や行政の責任追及を行うなど、公正で効果的な社会を求める市民社会の価値観が広く支持されるようになってきた。また、阪神・淡路大震災（一九九五）などでのボランティアの活躍を通して、市民セクターの有効性の認識も高まってきている。その意味で、今日の日本にはNGOが飛躍的な発展をする環境が整ってきたといえる。二一世紀の最大の問題、貧困の解消に日本が貢献するためには、世界的な搾取の構造の頂点にある日本社会そのものを変革し、途上国のエンパワーメントを目指した支援を同時に進める必要がある。そのためには、日本の開発ＮＧＯの強化が不可欠である。開発ＮＧＯのマネジメントを強化していくことは、日本が国際社会での責任を果たすと同時に、自ら新しい世紀の変化に適応していくためにも必要なことである。

南のＮＧＯとのパートナーシップのために

今日多くの南のＮＧＯは、途上国内での貧しい人々のエンパワーメントというもっとも重要な活動において、北のＮＧＯよりも効果的で優れている。その南のＮＧＯと連携協力するには、北のＮＧＯの能力も高くなければならない。日本のＮＧＯがパートナーとして協力していくためには、まず自らのマネジメント能力の向上を行う必要があるが、そのためには実は、優れた南のＮＧＯとの協力によって学習することがもっとも効果的であるといわれている。こうして南のＮＧＯから学ぶことによって日本のＮＧＯのマネジメント能力の向上が進めば、日本の市民社会と途上国の市民社会との相互交流と相互学習が進み、途上国のエンパワーメントと日本の変革が共に促進され、貧困の解消が大きく進む可能性がある。

北のＮＧＯには、「開発教育」を通して市民セクターの意識を高め態度を変えていくなど、先進国での役割がある。「アドボカシー」や監視活動を通して政府や企業に対し、経済中心のパラダイムから人間中心の開発パラダイムに移行するよう働きかけたり、一方で政治的な交渉や法的な訴訟などを通して、責任ある透明性の高い開発協力が行われるよう、新たな基準を要求していく必要もある。民間や企業からの「資金調達」によって南のＮＧＯの活動を支援すると同時に、政府に働きかけて政府開発援助（ＯＤＡ）資金が南のＮＧＯを通して開発活動に使われるようにする役割も持っている。

南のＮＧＯは、組織や活動の発展段階に応じてさまざまな資金が必要である。革新的で効果的なアプローチを見つけ出す段階においては、自由に使える比較的小額の資金が必要である。そのアプローチを試すパイロットの段階では、技術的な支援を含めた中規模の資金調達が必要になる。さらにそれをモデルとして規模を拡大する段階では大量の資金が必要になってくる。北のＮＧＯが資金提供する場合には、これらの段階を見極め、南のＮＧＯの依存性を高めないように長期的な協力を行う必要がある。これらの協力活動は南と北のＮＧＯの双方にとって常に学習過程であり、共に成長していく過程でもある。

南のＮＧＯは、大規模な基礎社会サービスの提供のような分野においても、これまで大量の資金を投入してきた北のＮＧＯよりも効果的であることが多い。南のＮＧＯのこれからの課題は一歩先に進んで、「ウルトラ・プアー」と呼ばれる最貧困層や、僻地やスラムなどで非常に複雑で困難な状況にあり、支援するのが難しい「ハード・トゥ・リーチ」の人々のエンパワーメントのために、地元社会の状況を踏まえた効果的な活動を形成していくことである。このような、最先端の分野では、同様の問題に取り組む国内外のＮＧＯとの相互学習が有効である。北のＮＧＯはこのようなネットワークの形成を支援することができる。また、政治的・宗教的な理由から南のＮＧＯが明確な立場をとれない「センシティブな問題」を北のＮＧＯが代弁することで、活動を行いやすくするということも可能である。南のＮＧＯは、北のＮＧＯスタッフが途上国を訪れ、現場で開発問題や活動についての学習を行う際に手助けをして、彼らの学習が効果を上げ、先進国での啓発活動がうまくいくようにするという役割もある。

このような相互学習の過程を通して、途上国の現場に近いところで南北のＮＧＯが「共通のビジョン」を形成し共有していくことは、それぞれが効果的な活動を進めるうえで重要である。ＢＲＡＣは、このような北と南のＮＧＯの役割をよく理解し、その協力を具体的に支援している。南の開発ＮＧＯの代表的存在であるＢＲＡＣについて学ぶことは、日本のＮＧＯが南のＮＧＯの高い能力を認識し、より良いパートナーシップを結ぶきっかけになるであろう。

なお本書は Catherine H. Lovell, *Breaking the Cycle of Poverty, The BRAC Strategy*, University Press Limited,

1992 の全訳であるが、日本語版にあたっては、以下の通り調整と補足を施した。

＊原書の写真は使用せず、あらためて写真を選び直した。これは原書の写真が著者ラヴェルの没後に当時のBRACによって急遽選択されたものだったことと、現在の村人の様子を紹介したいという訳者らの希望によるものである。写真は、BRACが所有する多くの写真からBRACの広報担当官の協力を得て新たに選択したものを使用した。また訳者らが現場を訪問して撮った写真も一部使用した。

＊原書にはない巻頭の「訳者まえがき」「用語解説」および巻末の「訳者補章　九〇年代のBRAC」、「一目でわかるBRAC」「訳者あとがき」等は、日本語版読者のために訳者らが新たに翻訳または書き下ろしたものである。

＊訳文および図表のデータは、原書の議論にさしつかえがないかぎり、新しいデータの追加または差し替えを行った。また図表の中には訳者が新たに作成したものが含まれている。

基本用語解説（五〇音順。行間◆印は本用語項目）

★アカウンタビリティ　accountability

説明責任と訳される。あることを任される代わりに、そのことについてきちんと説明する責任を持つこと。たとえば政府は国民に公約通りの政策を行っているかどうか、企業は株主に対して期待通りの経営を行っているかどうかを説明する責任を持つ。同様に非政府組織（ＮＧＯ◆）は、支援者や会員、さらに活動の対象となる人々に対して、組織や事業をきちんと運営して結果を出しているか、また、どのように資金を使っているのかなどを十分かつ正確に説明・報告する責任を負っている。ＮＧＯのアカウンタビリティの中心は、掲げているビジョンあるいはミッション（使命）の達成を効果的、効率的に行っているかどうかである。ビジョンやミッション、戦略、運営方針などを明確にし、解りやすく説明することがアカウンタビリティの向上につながり、より多くの支持者の支援を得ることにもつながる。ＢＲＡＣでは、分権化を進め、すべてのレベルで自己責任を持たせることによって良い結果を出していく一方、財政的業務や人事、契約などコントロールの必要な部分については、明確な規則と役割を規定し、それに従って活動することで透明性の高い組織運営を行い、その両方でアカウンタビリティを高めている。

★アドボカシー　advocacy

アドボカシーは一般に「唱導、提言、主張」などと訳される。ＮＧＯ◆活動の中でのアドボカシーとは、社会的な意思決定に関わる政治家や官僚、企業家、メディア、研究者などに働きかける「政策提言」を意味する。特に、貧困や差別、不合理な政策、営利を目的とした企業活動などによって被害を被っている、弱い立場に押しやられている人々を代弁して問題提起をしたり、社会的な不公正を正し、望ましい社会変革のための新たな方向性を示したりすることを意味する。アドボカシーを行うためには、訴えようとする社会的価値やビジョンをはっきりさせること、それを分析や調査によって解りやすい議論にすること、誰にどのように働きかけるのかについての効果的な戦略を立てることなどが重要である。開発における◆アドボカシー活動は、より広範な社会変革を推し進めようとする、社会的動員（social mobilization）活動の一環として、主に政策決定者の態度変容を目的に行われ、先進国での開発教育や途上国の住民を対象に行われるＩＥＣ（情報・教育・コミュニケーション）やＢＣＣ（態度変容コミュニケーション）活動など、その他の社会的動員活動と区別される。

★意識化　conscientization

第三世界の開発理念に大きな影響を与えた教育学者パウロ・フレイレの用いた概念で、抑圧された貧しい農民が、対話と学習を通じ自分の置かれた状況を自覚的・主体的に変革していく過程を意味している。ＢＲＡＣの開発理論の中核的な概念でもある。最貧困層◆の農民が自分の置かれている状況を分析し、貧困の背後にある経済的、社会的、政治的な搾取とコントロールの構造に気づき、自らの行動によってそのコントロールを取り戻そうとする過程。自らの潜在力と可能性について認識し、運命論を否定し、生活や将来の展望を変えていく過程でもある。ＢＲＡＣではプロジェクトの最初の段階で、三〜六カ月間の集団参加型学習と訓練によって意識化の技能が導入される。最貧困層がグループとして意識化を進めると、互いの連帯感が強まり、さまざまな外部からの搾取に対しても抵抗力を増すことができる。意識化は、心理的な側面でのエンパワーメント◆であり、その後の活動すべての原動力となる内発的な動機を形成し、長期的で持続的な活動を行うためのビジョンを作る。

★エンパワーメント　empowerment

社会的に差別や搾取を受けたり、組織の中で自らコントロールする力を奪われた人々が、そのコントロールを取り戻すプロセス。エンパワーメントの概念は、「すべての人間には潜在的な力があるので、それを発揮できるような平等で公正な社会を実現しよう」という価値観に基づいている。エンパワーメントには、心理的、政治的、身体的、社会的、経済的な側面があり、それぞれの側面で力をつけていく過程で、全体の相乗効果も出てくる。BRACは、まず「意識化」◆によって心理的、政治的な側面を強化し、次に社会サービスの提供によって身体的、社会的側面を、最後にマイクロ・ファイナンス（小規模融資）によって経済的な側面を強化するという一連のプロセスを用いることによって、エンパワーメントのプロセスを促進している。また、最貧困層◆の組織化や参加の促進、そしてそれらすべての活動を組み合わせる水平的統合によって相乗効果を出している。エンパワーメントのプロセスは、人間の内発的な動機を活性化し、潜在力を開花させていくもので、活動の自己決定やオーナーシップ（所有感）、制御感、効力感といった心理的な側面が最初から重要である。また、パワーの源泉となるさまざまなリソースやそれへのアクセス、それを容易にする参加や集団活動なども重要である。

★開発、開発活動　development, development activity

開発の定義は、その目標とそれを達成する手段や方法によって異なる。戦後の開発は、一人当たりの国民総生産（GNP）に代表される経済発展が目標であり、「経済（中心の）開発パラダイム」と呼ばれる。その背後には、経済発展が進めば当然その恩恵を受けて、社会の底辺にある貧困がなくなるという仮定があった。しかし、実際には経済中心の開発の恩恵をもっとも受けたのは、国益を増した先進国そのものであり、またその企業であった。目標とした一人当たりのGNPにおいても先進国と途上国の格差は広がるばかりであった。このような開発政策の失敗に対して、一九七〇年代に入って先進国の内部や途上国から多くの批判が出されてきた。開発の見直しは、貧困の定義、目標、活動の枠組みや戦略、評価の方法などさまざまな点から行われた。貧困がこれまで経済的なパワーの欠如として定義されてきたのに対して、一九九〇年代に入ってからは人間の能力と経済力がともに欠如しているときに起こるという主張が広く受け入れられるようになってきた。開発の目標は「経済開発」から人間の能力の発達を促進する「人間開発」へと変わってきた。経済開発はもはや第一の目標ではなく、人間開発に貢献する要因として定義されるようになった。人間開発の進展を測るために、GNPに代わり、平均余命、識字率と平均就学年数、生活水準の三つの指標を組み合わせた「人間開発指標（Human development index）」も導入された。経済中心の開発から人間中心の開発への移行は、パラダイムの転換といえるほど大きなものであり、新しい開発は、その目標から「人間（中心の）開発パラダイム」と呼ばれている。

一九九〇年代前半に行われた国連のテーマ別サミット・国際会議では、地球規模での開発の問題が話し合われ、それぞれの分野での開発目標と開発戦略の合意を行ってきた。それを受けて、経済協力開発機構（OECD）の開発援助委員会（DAC）は一九九六年に二一世紀への開発戦略をまとめた。この戦略は、途上国による開発活動の「オーナーシップ」と、それに協力する先進国の「パートナーシップ」を基本姿勢にしたもので、貧困削減、初等教育、教育での男女の格差、子どもと妊産婦の死亡率、リプロダクティブ・ヘルス（性と生殖の健康）、環境などの主要な開発目標を数値で示し、二〇一五年などの達成年度を決めて提示した。さらにこれを受けて、二〇〇〇年のミレニアム・サミットを機に国連、DAC、世界銀行と国際通貨基金（IMF）が連名でそれらを「国際開発目標」として共同で推進することを表明した。貧しい人々の声を反映させること、貧困の解消、すべての人に基礎社会サービスを提供すること、開発のための貿易やIT（情報技術）の利用、開発資源の効果的で公平な利用など、かつての経済偏重の開発から人間開発に目標を定めたよりバランスのとれた開発戦略へと転換している。国際社会の現在の開発目標は、すべての人が本来持っている潜在力を最大限に伸ばし発揮できるような、平等で公正な社会を作ること、貧困による格差をなくし、生まれてくる子どもが心身ともにすくすくと育ち、持てる力を十分に発揮できるような社会、環境に配慮しすべての人がその恩恵にあずかれるような社会を作ることである。

貧困解消などの「開発目標」を達成するための方法や基本原則は「開発戦略」と呼ばれる。これらをもとに、保健や教育など特定の分野や地域を対象として作られるのが「プログラム」である。プログラムは、さらにその主要な部分ごとに、たとえば予防接種や初等教育などの「プロジェクト」に分かれ、さらに訓練や教科書印刷などの具体的な「活動」を通して実施される。したがって一般に「開発活動」という場合には、開発目標の達成のために、開発戦略に基づいて実施される具体的な開発行為を指している。しかし、開発活動とその効果は、その目標や戦略によって大きく異なる。

たとえば、「経済中心の開発パラダイム」では、経済指標の向上が最大の目標であり、「援助」する側が一方的に資金や技術を移転することでその目標を達成しようとするものであった。開発活動はプロジェクトと呼ばれ、外部の専門家によって計画立案され、その実施も外部のコンサルタントや企業によってコントロールされてきた。その結果、専門家の描いた青写真通りに行われる、大規模で画一的な開発が多く行われた。地域住民はほとんどその過程に参加することがなく、豊かな者はさらに豊かになり、貧しい者はさらに貧しくなっていった。このような開発は、住民の依存性を高め、オーナーシップと意欲を失わせ、開発から疎外して、彼らをさらに弱くする結果となった。

一方、「人間中心の開発パラダイム」では、開発の目標として人間そのものの発達と能力の向上が重視され、経済発展はそれを促進する副次的な目標となった。また、これまで受け身で開発に関わってきた地域住民が、開発のプロセスに参加し、重要な決定を下すことで開発活動へのオーナーシップと自己責任を持つようなアプローチへと変化してきた。開発目標や優先順位は地域住民によって決定され、計画立案や実施も地域住民を主体とした参加型である。これまで「援助をする側」となっていた外部の組織や機関は、援助ではなく、「共に働く、協力する側」として地域住民との平等で相互作用的な「パートナーシップ」の関係を形成する。また人間を中心に開発活動が行われるので、環境、経済、政治、社会、文化、心理等あらゆる側面について総合的に対応がなされる。女性への差別をなくし、男女が平等な新しい関係を生み出していくことも重要な点である。新しい開発のパラダイムに基づいて開発活動が行われるとき、住民の参加は促進され、住民のイニシアティブとペースで活動が行われるので、そのプロセスに時間と労力がかかるにもかかわらず、住民は活動に責任と自信を持ち、その後も自己発展的に活動を展開していく、持続可能なプロセスが生み出される。

★学習する組織　learning organization

「学習する組織」という言葉を使ってBRACを紹介したのは、デビッド・コーテンである。しかし本書では、とくにマネジメントと組織理論の専門家ピーター・センゲの「学習する組織」の定義と特徴に従って分析を行っている。センゲは、「学習する組織とは、創造したいと思うものを創造する能力を常に強化し、コミュニティに何かをもたらしたいと希望する人々の集まり」と定義している。また学習する組織にとって不可欠な特徴として、「共通のビジョンの確立」「自己学習」「固定概念の払拭」「チーム学習」「システム思考の推進」の五つを挙げている。これについては、本文・序の「学習する組織・BRAC」のところで詳述されている。

★学習プロセス・アプローチ　learning process approach

デビッド・コーテンは、一九八〇年の論文で、それまでの開発援助の失敗は先進国の専門家による一方的で時間に縛られた計画、すなわち「青写真」に基づくプロジェクトに拠るところが多いとした。彼は、BRACの他、インドやタイでの成功したアプローチを紹介し、それらの共通点は、村での現場経験から学習し、状況に応じて活動を対応させてきたもので、その結果人々のニーズやプログラムの成果、支援組織の能力がうまく適合していると報告している。大事なのは試行錯誤を大切にし、人々と共に学び、行動によって新しい知識と能力を構築していけるような組織の特徴を身につけることであるとした。さらにその進化の過程では、最初はプロジェクトの「効果性」を高めることに集中し、次に「効率性」を、最後に「規模の拡大」について学習していくというように、三段階を経ていくことも指摘した。それぞれの段階で、社会科学者やドナー（協力機関）がどのような役割を果たせるのかも議論している。◆開発における市民社会、特にNGOの役割を強調するコーテンは、一九七〇年代からBRACの発達を観察しており、近年も学習プロセス・アプローチに基づくBRACのマネジメントの見直しに深く関わっている。

★グラミン銀行 Grameen Bank

グラミンとはベンガル語で農村を意味している。この銀行は、その名の通り農村のしかも貧困層にある女性を対象とした銀行である。一九七六年から実験的にマイクロ・クレジットを開始し、八三年に正式に設立された。創始者はバングラデシュ人で当時チッタゴン大学で経済学部長をしていたムハマド・ユヌスである。彼はバングラデシュが独立した翌年の一九七二年に留学先のアメリカから帰国し、母国の厳しい実情を目の当たりにして、自らが学んできた欧米流の経済理論に疑問を抱いた。当時、農村の女性たちは担保物件がないために民間銀行から融資を受けることができず、高利貸しを利用し、それを元手にして得た収入も手元に残らないという境遇に置かれていた。彼は自分のポケットマネーから何人かの女性にわずかな資金を貸したところ、女性たちはそれを元手に小さなビジネスを行い、全員がきちんと返済した。この体験をきっかけに、ユヌスは貧しい人ほどお金を借りることができるという従来にない銀行創設を思い立ったのである。現在、グラミン銀行は世界最大のマイクロ・クレジット事業を展開しており、バングラデシュのみならず世界各国で同じようなシステムが導入されている。ＢＲＡＣも早くからマイクロ・クレジット事業を行ってきたが、社会サービスやその他の開発活動と組み合わせる総合的なアプローチを行っており、グラミン銀行のメンバーが収入では比較的高いのに対して、ＢＲＡＣのメンバーは全体的なエンパワーメント◆の度合いが高いという違いが出ている。

★経口補水療法 Oral Rehydration Therapy

経口補水塩（ＯＲＳ）の粉末と水、または家庭で調合する代替溶液（コップ一杯の水にスプーン一杯の砂糖とスプーン四分の一杯の塩）によって、下痢で体内から失われた水分と電解質を補給し、脱水症状を防ぐ方法のこと。途上国では不衛生な水や食物、手洗いをしないことなどから下痢の罹患率が高く、多くの子どもが下痢による脱水症状で死亡している。一九六八年にバングラデシュとインドの学者が共同研究を行い、水に正しい比率で塩とブドウ糖（砂糖）を加えて下痢患者に与えると、溶液が腸壁を通じて吸収されることを発見した。バングラデシュでは一九八〇年代にＢＲＡＣが、この水溶液の作り方と処方の仕方を農村地域に広く普及させた。これについては本文第三章５「ＢＲＡＣの保健プログラム」のところに詳しい。

★ジェンダー問題　gender issue

生物学的な男性と女性の役割分業（例・女性が妊娠、出産するなど）ではなく、社会的・文化的に規定される性別の分類・分業に起因する問題のことをいう。バングラデシュを含む南アジアでは男性を女性よりも上位とする家父長制度を中心とした伝統的文化や宗教的背景から女性は軽視され、権利を剥奪されてきた。家庭内でも女性には発言権や遺産の相続権がなく、栄養・保健・教育などあらゆる面で男性より不利な立場に置かれてきた。ジェンダー問題が開発の中で注目され出したのは、◆開発の女性への影響について研究がなされた一九七〇年代である。その後、「開発における女性」の役割（ＷＩＤ）を改善しようとする考え方が一九八〇年代に広がり、一九九〇年代には男性と女性の関係の相互変革を目指す「ジェンダーと開発」（ＧＡＤ）の考え方が主流となってきた。特に、エンパワーメント◆の枠組みを用いた開発活動◆が盛んに行われるようになった。ＢＲＡＣの活動は、女性のエンパワーメントに焦点を合わせており、ＢＲＡＣの活動に自ら参加しながら女性と貧困の問題について分析したマーサ・チェン（Chen, 1983）は、家庭や村、そして地域を含むすべてのレベルでの系統的で効果的な活動が行われる必要性を説くと同時に、それらの活動には成功のための原理原則が存在していることを指摘した。

★持続可能性　sustainability

開発分野では、開発事業を行う住民やそれに関わる支援組織が、ドナーなどの支援に頼らずに自立的に活動を続けていけるかどうかを示す用語（環境分野では、地球環境を破壊せずに維持していけるかどうかに関して使われる）。一般に、住民中心のエンパワーメント◆を目指す開発活動は、住民の内発的な動機と開発ニーズ、そして住民自身の参加とオーナーシップに基づいて行われるので持続可能性が高い。それに対して、専門家と外部の資金によって一方的に行われる経済開発援助は、住民の実際の開発ニーズからかけ離れ、住民の参加も金銭的なインセンティブや強制力を用いるため、支援が終わってしまうとその後の維持管理は行われず持続可能性が低い。場合によっては住民が移転を余儀なくされたり、残った施設の管理を強制されるなど、大きな負担になることがある。近年では、単にある活動を維持するだけでなく、「発展的」に展開していくかどうかが重要視されている。たとえば、貧しい人々のエンパワーメントが進むと、心理的・社会的、また経済的な側面でも自立が進み、積極的に外部との関係を模索するようになり、そのネットワークを通して利用できる技術や資金を確保し、相互学習なども進めるようになる。さらに、災害や経済危機などにも対処できる「耐性」ができることも持続可能性の重要な側面であると考えられる。ＢＲＡＣのマネジメントの場合は、学習によって技術的な能力の構築と自立を進め、効果的で効率的なプロジェクトの形成、さまざまなサービスの有料化、市場経済原理の導入などによってドナーの資金に継続的に頼らなくてもよいアプローチをとってきた。その結果、一九九〇年代末にはノンフォーマル教育（正規学校外での教育）を除いて自己資金比率を一〇〇％まで高めた。常に自らの使命と戦略を見直し、ドナーに積極的に働きかけるようなパートナーシップを組んだことも、ドナーへの依存性を高めない理由である。

★ターゲット方式　targeting strategy

この用語が開発分野で使われる場合、開発活動◆の対象をもっとも貧しく虐げられた人たちに絞り込むことを意味している。バングラデシュ農村部を例にとると、農村部は全体として貧しいが、同時に地主や一部のエリート、官僚あるいは経済的社会的権力を持った人々も存在して中間搾取を行っているために、村全体を対象にすると大多数の村人たちが開発活動の恩恵に浴せないという現状が存在していた。ターゲット方式の導入により、最貧困層◆の人々の開発活動への参加促進や生活改善、意識改革が効率的に実施されるようになっている。

★パトロン―クライエント関係　patron-client relationship

庇護者―被庇護者または親分―子分の関係のこと。バングラデシュ社会では上位から下位まで一貫して強くこの関係が存在している。特に農村部では富裕世帯がパトロンとして大きな力を持ち、大多数の貧困世帯をクライエントとして抱えている。富裕世帯は村に複数存在する派閥の頂点にあり、派閥間の権力闘争に勝つためにクライエントからの支持を必要とする。貧困世帯は富裕世帯に従属し支持を行う見返りに、仕事を世話してもらったり結婚資金や医療費を貸してもらう。ただしこれは、対等のギブ・アンド・テイクの関係ではない。この関係は世代を超えて継続するきわめて巧妙な搾取の構造である。パトロンからの保護なくしては農村部での生活の経済上、治安上の保障はないので、土地なし農民たちはどこかの派閥に所属せざるを得ない。こうしてクライエントは金銭や土地の貸借関係に縛られ、実質的な移動の自由や言論思想の自由を剝奪される。このような社会構造を持つバングラデシュでは、海外からの食糧支援物資が、必要としている人々に到達せずに中間搾取されたり、村の開発活動による恩恵をパトロンが享受することがしばしば起こってきた。これらについては、本文第二章3「ＢＲＡＣの『ターゲット方式』」に詳しい。

★バングラデシュ行政区分

バングラデシュの行政単位では、まず全国が大きく六つの管区（Divisoin）に分けられ、その下に六四の県（District ベンガル語では Zila ジラ）、四九〇の郡（Upazila オポジラ）、そして四四五一の村（Union ユニオン）がある。ここでいう村とは、自然発生的に生まれた村のことではなく、地方行政の下位単位としての村である。本書の訳文中の「村評議会」の場合の「村」は行政単位ユニオンを指すが、それ以外の村・村落などはすべて自然発生的な村という意味である。

★非政府組織（ＮＧＯ）

Non-Government Organization の略語。国連憲章第七一条（政府以外の民間団体と国連との協力関係について）で初めて使われた用語であるが、現在は広く国内外の課題に自発的に取り組む民間の非営利組織を指す。NGOは、社会の主要な行動主体である「政府」「企業」「市民」のうち、非政府・非営利の市民セクターに属する。日本では、とくに開発や人権、環境など国際的な協力を行う機関をNGOと呼び、日本国内の諸問題に取り組む市民主導の民間非営利団体をNPO（Non-Profit Organization）と呼ぶ傾向にある。一九九八年に成立した特定非営利活動促進法（通称NPO法）には、国際協力を行う団体も含まれている。これまで、開発協力における最大セクターであった「政府」は、狭量な国益を目的としたり、企業の営利を目的とした事業形成に依存することも多く、貧困の解消に直接効果のある活動に関わることが少なかった。また、営利を追求する「企業」も、貧富の格差を解消することへほとんど貢献せず、貧困に対する責任ある行動をとることはなかった。一方、「市民」セクターは、政府や企業のような強力なパワーを持たず、活動の規模や効果性も十分でなかった。しかし近年、人を惹きつける明確なミッション（使命）と効果的なマネジメントによって、政府や企業と対等に活動できるNGOも出てきた。政府と企業セクターが弱いバングラデシュでは、NGO部門は巨大であり、大統領府に設置されているNGO局に登録されている約八五〇のNGO以外にも大小さまざまな地元NGOが存在している。政府・企業での良い雇用機会が少ないバングラデシュでは、高等教育を受けた多くの若者たちがNGOへの就職を希望する現状がある。

★非政府組織（NGO）のマネジメント

マネジメントという用語は組織や事業の「経営（者）または管理（者）とその手腕」を指し、従来は企業や公的機関などを対象として使われてきた。企業のマネジメントについてはさまざまな理論や説があるが、NGOのマネジメントについてはこれまであまり研究や議論がなされてこなかった。開発事業そのものについての議論は多くなされたが、NGOの組織と人、財政管理などを含む全体としてのマネジメントについての議論が今後さらに必要である。BRACは、「学習する組織◆」としての特徴、共通の使命と価値観を持った人材の育成、自ら考え起業家精神がありリスクを犯しても実験しようという態度を持った人材、きちんとした労働倫理が体現できること、参加型の意思決定過程、分権的な組織構造、組織内の緊密なコミュニケーションと柔軟な調整メカニズム、評価と研究体制の整備、高い透明性とアカウンタビリティの確保など、組織・人・資金の効果的で効率的なマネジメントについての先進的な哲学を持っている（本文第二部「ＢＲＡＣのマネジメント」に詳しい）。企業マネジメントの専門家であるピーター・ドラッカーは、近年ＮＧＯやＮＰＯなどの非営利組織のマネジメントを議論しており、非営利組織のマネジメントが成功するためには、まずどのように「使命（ミッション）」を定義し優先事項を決定していくのか、誰が「顧客」なのか、どのような「成果」を上げ、「業績」として認められようとしているのか、人的、財政的リソースをどのように配分し、計画を実行に移そうとするのかを明らかにしなければならないと言っている。これらは、ＢＲＡＣのマネジメントの原則とも共通している。

★貧困層・最貧困層　the poor, poorest of the poor

貧困の定義はさまざまである。しばしば引用される代表的な定義は二つある。ひとつは世界銀行が一九九〇年に定義した「人間らしい最低限の生活を営むのに必要な年間所得一人当たり三七〇ドルを下回る状態」というものである。これは、最低限の衣食住や社会サービスへのアクセスを含む「基本的人間のニーズ」(Basic Human Needs) を満たせない状態であり、経済的視点からの「絶対的貧困」の定義である。これに対し、所得の面から数量的に捉えるだけでは貧困の実態が把握できないとした国連開発計画（ＵＮＤＰ）は、所得以外の生活の質的社会的側面（識字率や一日の栄養摂取量、社会医療サービスや安全な水へのアクセスなど）に注目した人間貧困指数を一九九七年に導入した。原著者キャサリン・ラヴェルは本書では貧困の定義に特に言及していないが、第一章の貧困についで述べている部分では世界銀行の資料を引用し、世界銀行の定義に従っている。最貧困層については、「貧困水準の半分にも達しない生活を送っている人たち」と言及している。ただし、本書でキャサリン・ラヴェルが貧困の悪循環を断つために重要と分析したＢＲＡＣの活動を読み進めるうえでは、ジョン・フリードマンの「貧困とは相対的な力の剝奪状態である」という定義を理解することが重要と思われる（訳者参考文献一覧参照）。ちなみに、現在のバングラデシュの年間一人当たりの所得は三七〇ドル、一日一ドル以下で生活している人の割合は全人口の二九％である（ユニセフ『世界子供白書　二〇〇一』）。またバングラデシュは、人間開発指標においても一七四カ国中一五〇位ときわめて低い（UNDP「人間開発報告　一九九九」）。BRACはターゲット方式◆によって、村の最貧困層◆に焦点を当てて活動を行ってきたが、BRACの活動にさえも参加できない極貧の人々がいることを指摘している。同様に、グラミン銀行◆なども最貧困層には到達できておらず、これらの人々にいかに到達するのかが、途上国の先進的なNGOの課題である。

★Food-for-work プログラム、Cash-for-work プログラム

世界食糧計画（WFP）は、食糧を途上国の経済社会開発と緊急食糧支援に役立てることを目的とした活動を行っている。そのため開発分野では、途上国での道路建設や植林、護岸工事、農業インフラ整備などの公共事業に地元労働者を雇用し、労働の対価として食糧（小麦など）を日払いで配給するプログラムを実施している。これがFood-for-work である。しかし現在はCash–for–work プログラムに移行する傾向が見られる。その第一の理由は、Food-for-work プログラムで支給される食糧が先進国の余剰穀物であることが多く、途上国の食習慣や消費パターン、地元の市場構造に影響を及ぼすからである。さらに単純な労働のみの活動では、経済的、社会的能力をつけることは難しく、貧しい人々の依存性を増すことが多い。またバングラデシュにおけるFood-for-work プログラムの問題は、欧米諸国からの食糧支援の輸送コストが高いことにある。さらに、バングラデシュ農村部の問題は食糧不足ではなく農民の購買力の低さである。そのため、バングラデシュに長年食糧支援を行ってきたヨーロッパ連合（EU）は、食糧の替わりに現金で支援を行う方向に転換しつつある。

★プライマリ・ヘルス・ケア

一九七八年九月に世界保健機関（ＷＨＯ）とユニセフが共催した「プライマリ・ヘルス・ケアに関する会議」で、西暦二〇〇〇年までに世界のすべての人々に健康を実現するためのキーワードとして使われた。プライマリ・ヘルス・ケアとは「地域で住民があらゆる意味において受け入れやすい必要不可欠なヘルス・ケアが、住民参加を通してその地域にあったレベルで提供され保持されること」である。活動項目は、健康教育、安全な食物と水の環境整備、地域または村のヘルス・ワーカーの活用、予防接種、家族計画を含む母子保健、風土病の予防、一般的な病気と怪我の適切な治療、必須医薬品の準備供給、栄養改善の九つが挙げられる。

★緑の革命

慢性的な食糧不足に悩む途上国で穀物増産を図ることを目的として、アジアを中心に展開された農業技術革命のこと。一九六六年にフィリピンにある国際稲研究所が高収量品種米の育成に成功し、アジア各国に広めた。ただしこの品種は大量の水と化学肥料および農薬を必要としたため、バングラデシュのように灌漑設備の整備が遅れているうえ、農薬や化学肥料を購入するまとまった資金を持たない農民が多い国では、緑の革命はそれほど進まなかった。アジア全体としては、一九八〇年代前半にコメの完全自給を達成したが、その後化学肥料や農薬への依存の大きさや灌漑から生じる環境問題が顕在化したり、伝統的な農村社会の崩壊などが問題となっている国もある。また経済成長とともに味の良い環境に配慮した在来種のコメを見直す動きも出てきている。

マネジメント・開発・ＮＧＯ

——「学習する組織」ＢＲＡＣの貧困撲滅戦略

BRAC（ブラック）プロフィール
（2001年4月現在）

組　織　名	BRAC（旧称：Bangladesh Rural Advancement Committee, バングラデシュ農村振興委員会）
創　立　年	1972年
創　立　者	ファズル・ハッサン・アベッド（Fazle Hasan Abed）
プログラム	BRAC 開発プログラム BRAC 教育プログラム 保健・栄養・人口プログラム
スタッフ数	常勤　2万4709人 非常勤　3万4044人 その他　139人 合計　5万8892人
活動実施地域	64県（100%）、460郡（99%）、5万村以上（約60%）
年間予算	1億5200万ドル
連　絡　先	BRAC Centre, 75 Mohakhali, Dhaka 1212, Bangladesh Tel：(880-2) 9881265,8824180 e-mail：brac@bdmail.net

まえがき

貧困緩和への地球規模のコミットメントがあるにもかかわらず、大規模な成功はほとんど見られない。しかしそれに悲観的になるよりも、バングラデシュの村で多くの貧しい人々とともに活動する、ある成功した非政府組織（NGO）の活躍を紹介することで、この暗闇に火を灯そうと私は決心した。本書が途上国のNGOに刺激を与え、他の研究者がもっとたくさんの成功物語を取り上げるきっかけになればと希望している。

一九八四年から一九八六年まで、私はBRAC（Bangladesh Rural Advancement Committee　バングラデシュ農村振興委員会）の顧問として働くきわめて貴重な機会を得た。それで、リバーサイドにあるカリフォルニア大学経営大学院の教授職を休職した。大学で教える前、私は長い間アメリカ国内のNGOでマネジメントに関する仕事をしていたことがあった。バングラデシュでの二年間、私はBRACのために多くの仕事を依頼された。たとえば訓練活動の評価、BRACと協力して行うマネジメント訓練プログラムの企画・実行、「子どもの生存プログラム（Child Survival Program）」の企画書作成への支援、「予防接種拡大プログラム（Expanded Program on Immunization）」の実施にあたって政府を支援する（これは「子どもの生存プログラム」の大きな部分を占めていた）ための訓練の実施などである。この二年間に私は、BRACについて内側から多くのことを学んだ。

私はその後数年間、主にインドネシアの開発プロジェクトの評価を行い、一九九〇年の秋にバングラデシュを再訪し、BRACと一カ月間を過ごした。最貧困層の村人を絶対的な貧困から脱け出させる活動の成果、プログラムの広がり方、サービスを受けられるようになった人の数と自立へ向かっている人の数が継続的に増加している点、財源を確保する能力、非凡なダイナミズム、効果的なマネジメント・システムなど、どれをとってもBRACの成功は相変わらず際立っていた。本書は、なぜＢＲＡＣが今日のような成功をおさめることができたかを私なりに分析したものである。

本書については多くの質問が出ると予想される。ＢＲＡＣやそのプログラムについて詳しく知りたい読者は、ＢＲＡＣ（BRAC Center, 75 Mohakhali, Dhaka 1212, Bangladesh e-mail : brac@bdmail.net）に直接問い合わせていただきたい。

本書の作成には、ＢＲＡＣで一緒に仕事をした人々（事務局長から本部やフィールドのマネジャー、村のプログラム・オーガナイザーの新人に至るまで）からの多大な貢献が欠かせなかった。この本の基盤となったのは、私が直接に観察した彼らの仕事と精神である。

ＢＲＡＣのスタッフは、報告書や調査書、記録、データなどの提供や何時間にもわたる説明など、必要不可欠な支援をしてくれた。心より感謝している。本書に何らかのミスや遺漏があった場合の責任は私にある。

第四章と第五章の基礎となった調査は、アメリカ国際開発庁（ＵＳＡＩＤ）の「小企業投資と制度による成長と公正プロジェクト」のもとで、デベロップメント・オルタナティブズという企業の支援を受けて行われた。

第三章のＢＲＡＣの保健プログラムについては、オックスフォード大学出版から出版予定の本 *Reaching Health for All*（Jon Rohde 著）に詳しく記載されることになっている（訳註・この本は一九九三年一月に出版され、現在も入手可能である）。

本書の出版を支援し助言してくれた人々に感謝の意を表したい。特にコレット・シャボット（彼女はバングラデシュでのＵＳＡＩＤの仕事を通じてＢＲＡＣを知るようになった）は、原稿を初期の段階から読みコメントをしてくれた。またスーザン・デービス（以前バングラデシュのフォード財団に勤務し、現在は世界女性銀行勤務）は私を激励し、情報提供や最終稿の検討をしてくれた。世界銀行のコラリー・ブライアントは、鋭い観点から原稿に手を入れ、焦点を再度明確化することを手伝ってくれた。最後に私の夫であり同僚であるテッド・トーマス（Institute of Public Administration）に感謝の意を表したい。彼は、原稿を何度も読み直し批評してくれた。彼の助けと支えなくしては、本書の発行を間に合わせることができなかったと思う。

序

本書は、ある組織が農村における貧困の悪循環を大きく打ち破った成功物語である。BRAC（Bangladesh Rural Advancement Committee バングラデシュ農村振興委員会）は民間の非政府組織（NGO）であり、資金・運営・人事のすべてがバングラデシュ人によって管理される農村開発組織である。本書は、他のNGOやドナー（協力機関）、コンサルタント、開発を専攻する学生などにいくつかの役立つ教訓を提供することを目的とし、BRACの歴史、戦略、プログラム、マネジメント体制、資金などの詳細な記述と分析を掲載している。

BRACはおそらく世界でもっとも大きな途上国NGOであり、開発に携わる人々の間では広く知られ、尊敬されている組織でもある。新しいアイデアやアプローチを提案するBRACの開拓精神旺盛なリーダーシップ、起業家精神、バングラデシュの開発に果たしている役割の大きさ、マネジメントの強さ、政府や国際的なドナーおよび他のNGOから得てきた敬意などから考えて、BRACは今や開発におけるリーダー的存在となっている。世界の保健専門家の間では、BRACがバングラデシュの六万八〇〇〇の村に住む一三〇〇万人の女性に対して下痢に対処するための経口補水療法を教えるという画期的な全国プログラムを実施したことや、プライマリ・ヘルス・ケアについて行った実験などで知られている。また教育専門家たちには、農村部の最貧困層の子ども、特に女子を対象とした初等教育分野で革新的かつ効果的なアプローチを実施して、その名を知られるようになった。開発マネジメントの専門家には、「学習する組織」の原型として、また急速かつ効果的に規模を拡大した組織としてよく知られている。

一方、あまり知られていないBRACの活動に、農村の貧しい人々と協力して、世界最大の資金仲介プログラム（マイクロ・クレジット）のひとつを実施していることがある。BRACの貯蓄と融資の活動（自立的な銀行制度を含む）は、農村開発プログラムに欠かせない構成要素である。しかし実際には、これらの財政的仲介活動（第四章参照）は、最貧困層の農民を組織し、意識化を助け、組織とリーダーシップおよび経済的技能の訓練を提供するという、BRACの基本的な制度的仲介プログラムの上に成立している。また制度的仲介活動（第五章参照）の中には、経済の下位セクターへの整備対策活動や政府機能の促進プログラムが含まれているということも同様に重要なことである。これらを通じて、BRACは過去二〇年間に経済の下位セクターのいくつかを本質的に変え、政府の基本的なサービスが農村に届くような改善を行ってきた。

一九九一年の半ばには、BRACは四七〇〇人の常勤スタッフと六〇〇〇人を超えるパートタイムの教師を有し、年間予算は二〇〇〇万ドル（約二三億円）となった。一九七七年以降BRACの活動の焦点は、農村に住む貧しい人々の中でも特に貧しい人々に絞られてきた。一九九〇年の末までに、BRACは約四〇〇〇の農村で活動を展開し、五五万人の貧しい人々を七〇〇〇以上の村落組織に組織化した。メンバーの六五％は女性であり、彼女らは約三〇〇万ドル（約三億五〇〇〇万円）を貯蓄し、一九九〇年にはBRACの融資プログラムから一二〇〇万ドル（約一四億円）が個人や集団の所得獲得活動に融資された。BRACは現在も、毎年一〇〇〇の新たな村落組織と一〇万人の新しいメンバーを増やし続けているが、一方ではメンバーを組織から独立させる移行戦略も実施している。

BRACの戦略計画では、今後一〇年間にプログラム普及率を毎年三〇％ずつ増やすことになっている（訳注・二〇〇一年現在BRACの常勤スタッフ数は二万四七〇九人、非常勤スタッフ三万四〇四四人、年間予算は一億五二〇〇万ドル（約一七五億円）に達している。またBRACが活動を展開する村は全国八万六〇〇〇村のうちの五万村以上、組織化された農村人口は三七〇万人、村落組織数は一〇万〇五七二である。村落組織メンバーの九八％は女性、総貯畜高は八〇億円に達している。

出典 BRAC At A Glance As of April 2001, Public Affairs & Communications, BRAC)。

本書の焦点

私が本書を執筆したのは、ＢＲＡＣで私が学んだことや経験を開発分野の人々と共有するためである。本書は、いくつかのデータ・ソースに基づいている。その第一は、二年半以上にわたってＢＲＡＣと仕事をした私の個人的な観察と、ＢＲＡＣ本部やフィールドのスタッフ、村人、政府官僚、ドナー、他のＮＧＯのリーダーたちへの広範なインタビューである。また同様に重要なデーター・ソースとして用いたのが、フィールド・スタッフが収集し、週刊、月刊、年刊報告書として提出したプログラム・データである。さらにＢＲＡＣの調査評価部の研究調査、モニタリング部、人事部、経理部などからのデータも用いた。

本書は三部から成っている。第一部は「ＢＲＡＣの開発プログラムとは」と題し、五章から構成されている。第一章は、ＢＲＡＣの活動を通してバングラデシュの背景を概説し、バングラデシュでのＮＧＯ活動の可能性と問題の特徴を焦点としている。第二章は、ＢＲＡＣの歴史の概要、ＢＲＡＣの指導原則、ＢＲＡＣが農村開発についてコミュニティ全体のアプローチよりも「ターゲット方式」をとるようになった経緯の説明などが含まれている。第三章は、ＢＲＡＣの組織と活動についての概観であり、四つの主要プログラムを説明している。すなわち（1）中核となる「農村開発プログラム」——対象となる村人の組織化、所得獲得プロジェクトの推進、融資の実施、経済の下位セクターへの仲介活動による村人の事業の改善、村のニーズに対応できるよう行う政府組織への働きかけ、（2）「農村融資プロジェクト」——新たに始まったＢＲＡＣの自立的な銀行業務、（3）教育プログラム、（4）保健プログラムである。またこの第三章では、ＢＲＡＣの緊急プログラムと多様な企業経営活動も概観している。第四章では、ＢＲＡＣの財政的仲介活動（融資と貯蓄）の歴史と、その活動の現在までの経緯を説明している。第五章では、ただ生きていくのに精一杯という状況から村人を脱却させるためにＢＲＡＣが不可欠と考えている経済の下位セクターへの仲介対策活動と政府に対する機能促進活動を詳しく述べている。

第二部の「ＢＲＡＣのマネジメント」は、第六章、七章、八章から成っている。第六章ではＢＲＡＣのマネジメントを中心に、ＢＲＡＣが今日のように大規模で専門的、効果的な組織となることができたマネジメントの構造や方法を分析している。第七章では、ＢＲＡＣの事業実施方法、効率面にとって重要なマネジメント、プログラムの支援体制について述べている。第八章は、ＢＲＡＣの財源とドナーとの関係についてである。

第三部はＢＲＡＣの未来である。第九章の中でＢＲＡＣのプログラムが何をもたらしたかを考察し、他の多くの開発組織とは異なるＢＲＡＣの特徴を述べている。またこの章では、ＢＲＡＣプログラムの一九九〇年代の戦略について述べ、その持続可能性の問題を議論している。

ＢＲＡＣは大規模で複雑かつ多面的な組織である。また絶えず変化しており（学習、適用、変化、成長を繰り返している）、その活動すべてを詳しく正確に描き出すことは難しい。開発に関する基本的態度は一貫しているが、実施される戦略はしばしば変わる。したがって本書では、一九九〇年末から一九九一年半ばの時点でのＢＲＡＣのプログラムとマネジメントについて述べている。

学習する組織・ＢＲＡＣ

本書の特徴的な視点は、ＢＲＡＣを「学習する組織」と位置づけて考察したところである。ＢＲＡＣは学習する組織の特徴を常に保持してきた。ＢＲＡＣが農村開発でまれに見る成功をおさめることができたのは、戦略を実施しながら方法を学ぶというこの基本的特徴ゆえである（Korten, 1980）。「学習する組織」という言葉を最初に使ったデビッド・コーテンは、その観察からＢＲＡＣが機敏で帰納的なプロセスを通じ物事を進めながら学習するということ、また積極的な参加を通じ村で得た経験からプログラムを作るということを見出した。その結果、コーテンが述べているように、ＢＲＡＣは受益者のニーズ、プログラムの結果、ＢＲＡＣという組織の能力との間に類まれな適合性を見せている。もう一人、ＢＲＡＣを近くから観察してきたマーサ・チェンは、ＢＲＡＣの女性に関係したプログラム作成について五年間にわたる活動を本にまとめた。その中で彼女もコーテンの述べた特徴を支持し、詳述している（Chen, 1983）。

組織理論の専門家ピーター・センゲは、ＢＲＡＣに限らず「学習する組織」についての最近の一般論を書いているが、コーテンとは少し違った観点から学習する組織の特徴を定義した（Senge, 1990）。センゲの定義では、「学習する組織とは、創造したいと思うものを創造する能力を常に強化し、コミュニティに何かをもたらしたいと希望する人々の集まりであり、学習とは、コミュニティが効果的と評価する活動能力を身につけることである」。また彼は、学習する組織を五つの規律に根ざし、ある基本的な理論あるいは理解（これらは特定の技術や能力を獲得する段階的道筋を提供する）に基づいて実践を行う組織、と定義している。彼が、学習する組織に必要不可欠としている五つの特徴は、次の通りである。

(1) 共通のビジョンの確立――共通のアイデンティティや運命共同体的な感覚によって人々を団結させ、心からコミットメントを持とうとする気持ちが育成されるよう、共通の「将来のイメージ」を創る活動。

(2) 自己学習――組織に参加する個人がビジョンを明確化し深めるための技術。個人の学習と組織の学習を結びつける。

(3) 固定概念の払拭――個人の内面的な世界のイメージを発掘、考察し直して、他者からの影響を受け入れられるようにすること。組織のリーダーやスタッフが持っている世界観と活動方法に影響を与える仮説、一般化、描写、イメージを必要に応じて変えることができるようにする。

(4) チーム学習――特定の人が強権を行使するのをやめ、対話や議論ができるようにすること。本当の意味で「一緒に考える」ことができるよう、チームのメンバーの能力を高めること。

(5) システム思考の推進――以上の四つのパターンを統合するための規範、すべてのパターンを明確にし、組織のリーダーが既存のパターンをどのように効果的に変えていくか、また複雑な政策や戦略上の問題をどのように理解するかを助ける。

組織論に関する既存の書物では、学習する組織の重要性が述べられているが、その実例はほとんど挙げられていない。ＢＲＡＣは学習する組織の数少ない成功例として、何人かの著者から紹介されている。したがって本書は、学習する組織という概念が、ＢＲＡＣの中でどのように実践されているかを明らかにするという目的も担っている。ＢＲＡＣに参加している人々（村人からマネジメントのトップに至るまで）が、過去および現在のフィールド活動から学ぶという原則に基づいて多くの対話を持ち、その結果生まれた共通のビジョンに基づいて、どのように戦略計画やプログラム作成、実施戦略、日々の活動などを決定するのかを明らかにしたい。

ＢＲＡＣプログラムの発展について述べた第三章、四章、五章では、プログラムの企画や実施、計画作成、そして再企画を決定する際に学習プロセス・アプローチがいかに影響を及ぼしてきたかを説明している。これらは、相互に強化し合うプロセスとして機能する。第六章と七章では、スタッフの能力開発や意思決定プロセスを再検討し、五つの学習プロセスによってＢＲＡＣのスタッフやマネジャーの知性、心理、行動がいかにして「コントロール」されているかを述べる。

第一部

ＢＲＡＣの
開発プログラムとは

扉写真：村落会議で問題を話し合う女性たち。（ＢＲＡＣ提供）

第一章　バングラデシュの開発問題の背景

ＢＲＡＣを理解するためには、その活動に影響を与えたりそれを推進した背景、あるいはその活動を可能にした背景を理解する必要がある。人口、人口密度、経済、宗教的伝統、保健、識字率、栄養摂取の習慣、土地の利用状況、政治、政府の構造と効率、インフラ開発の水準、学歴を持った人の失業率などは、開発に関連した変数であり、国ごとに異なる。したがってある国に適した開発戦略が、必ずしも他の国に適しているとは限らない。各国が抱える問題や可能性は大きく違うので、たとえニーズが似ている国々でも、具体的なプログラムを同じように実施することはできない。バングラデシュの特徴は、多くの人が土地を所有しないこと、また所有されている土地が細切れであること、灌漑地の拡大を基本とする活発な農業成長戦略がとられていること、きわめて大勢の失業者の過剰な労働力を吸収する経済分野が農業以外にないことなどである。

以下に、ＢＲＡＣの活動やバングラデシュの他のＮＧＯ活動にもっとも影響を与えた変数について概説する（次頁図１・１参照）。これらの変数はプログラムの形成に影響を与え、ＮＧＯが活動する環境を規定している。たとえば人口、人口密度、人口増加率、農村人口の割合と絶対数、土地なし農民の割合、農村部の絶対的貧困の程度、識字率、信じている宗教、社会的経済的に非常に困難な状況にある女性の地位、小規模な商工業分野、インフラの不足、資源的な制約、非常に中央集権的な政府、外国からの支援への依存度などである。

図1.1　バングラデシュのＮＧＯ活動に影響を与えた変数

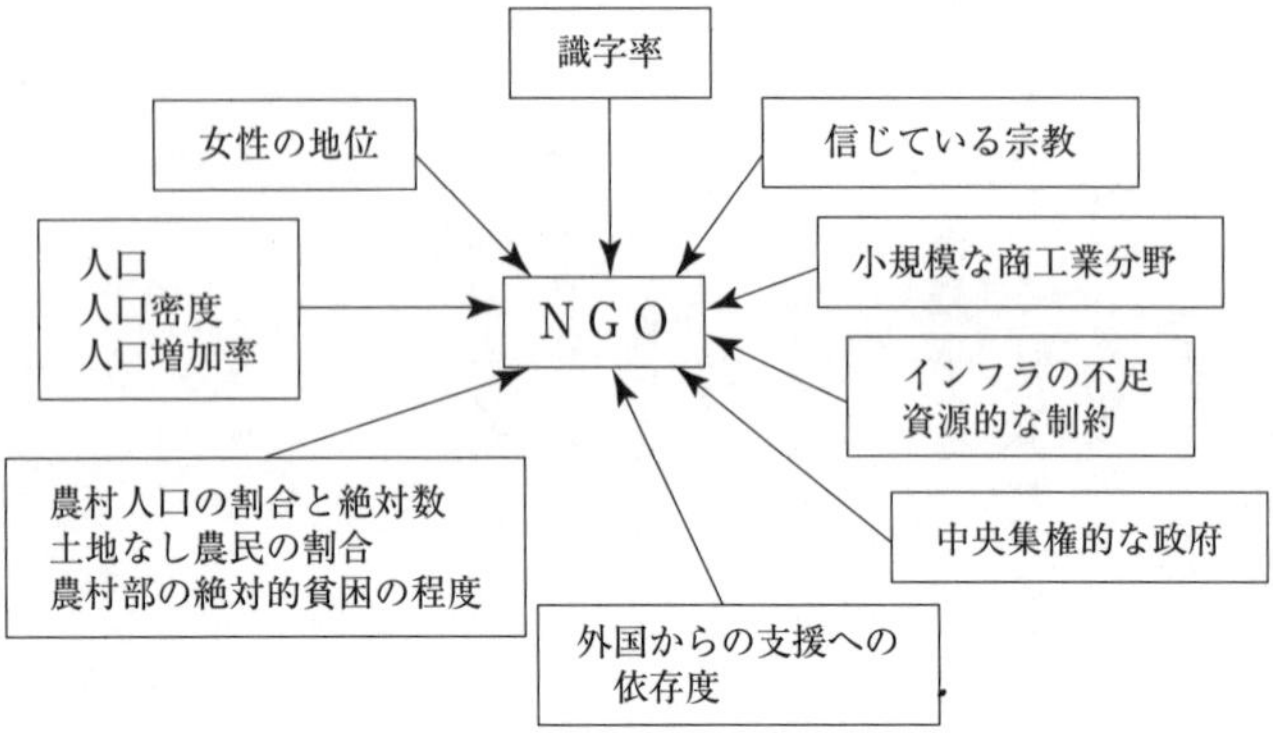

出典：訳者作成。

1　人口統計と社会および経済

バングラデシュは、中国、インド、アメリカ、インドネシア、ブラジル、パキスタン、ロシア、日本に次ぎ、世界で九番目に人口が多い。バングラデシュの面積は、アメリカのウィスコンシン州や中南米のニカラグアとほぼ同じであり、人口密度は世界でもっとも高い。図1・2は、バングラデシュの人口密度を他のいくつかの国と比較したものである（訳注・国連人口局によると一九九七年のバングラデシュ人口は約一億二〇一三万人、人口密度は一平方キロメートル当たり八四七人である）。

それ以外の重要な変数について、バングラデシュと人口密度の高い

図1.2　１平方キロメートル当たりの人口密度の比較

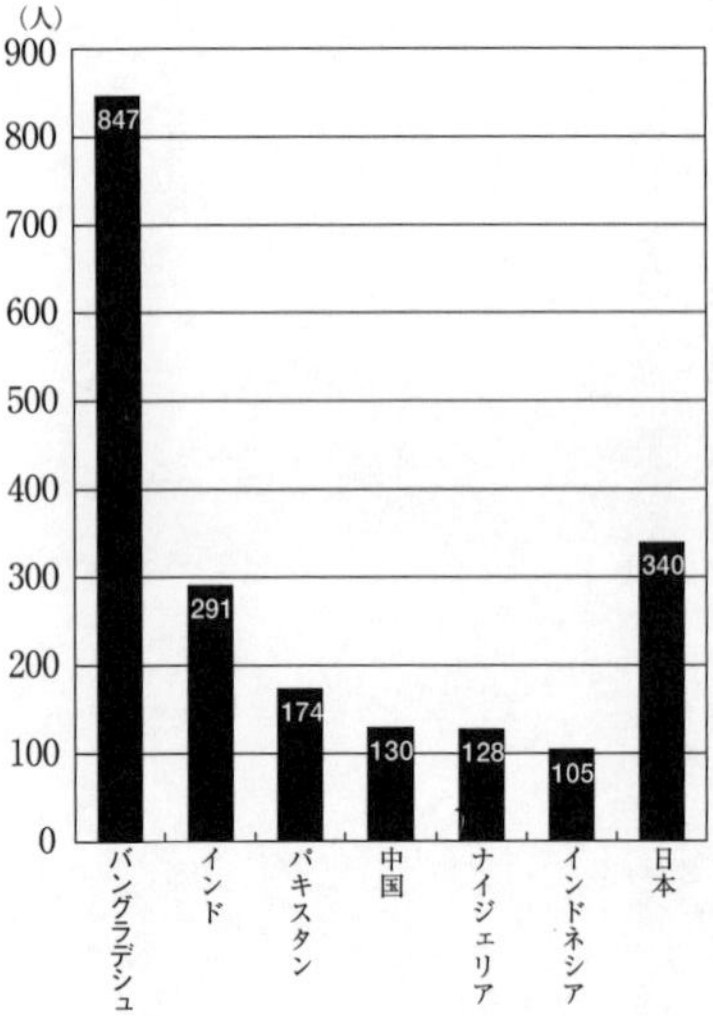

出典：原書の図1.1（p.10）を参考に、国連人口局年次報告（1997）のデータをもとに訳者が作成。

表1.1　人口の多い“南”の国々の社会経済指標

指標	年	バングラデシュ	インドネシア	ナイジェリア	パキスタン	インド	中国	日本
総人口 (100万人)	1989 1999	112.5 126.9	180.8 209.2	105.0 108.9	118.8 152.3	835.6 998.0	1224.0 1266.8	— 126.5
人口の年間増加率 (%)	1980—89 1990—99	2.7 1.6	2.0 1.5	3.2 2.5	3.7 2.7	2.2 1.8	1.3 1.0	0.8 0.3
農村人口の比率 (%)	1989 1999	84 76	70 60	65 57	68 63	73 72	68 68	— 21
１人当たりのＧＮＰ (米ドル)	1989 1999	170 370	440 580	290 310	350 470	340 450	330 780	— 32,230.0
出生時の平均余命 (年)	1989 1999	51 59	61 66	51 50	57 65	59 63	70 70	— 80
５歳未満児の死亡率 (出生100人当たりの死亡数)	1960 1999	247 89	216 52	207 187	226 112	236 98	209 41	— 4
成人の総識字率 (%)	1980 1995—99	男性　女性 41　17 63　48	男性　女性 78　58 90　78	男性　女性 45　22 66　47	男性　女性 41　14 57　33	男性　女性 55　25 71　44	男性　女性 78　51 91　77	男性　女性 —　— 100　99

出典：UNICEF, *The State of the World's Children 2001*. 最近のデータについては訳者がつけ加えた。日本については、比較のため「人口の年間増加率」を除いて2000年現在の数値のみ表記した。

途上国とを比較したものが、**表1・1**である。

この表からわかるように、一九八九年までのバングラデシュの年間人口増加率は二・七%で、パキスタンやナイジェリアよりかなり低いが、インド、インドネシア、中国と比べると高かった（訳注・一九九〇～九九年のバングラデシュの人口増加率は一・六と減少し、インドの数値を下回った）。また一九八九年当時のバングラデシュでは、人口の八四%に当たる八〇〇〇万人が六万八〇〇〇の村に住む農村人口で、その割合は他の国々より高い。出生時の平均余命は五一歳で、ナイジェリアと並んで他の国より短い。一九八九年の一人当たりの国民総生産（ＧＮＰ）は一七〇ドルと際立って低く、世界的にもバングラデシュより低い水準にあるのは五カ国だけであった（訳注・一九九九年のバングラデシュのＧＮＰは三七〇ドルで、ナイジェリアを上回った。バングラデシュより低い水準にある国は現在三〇カ国余りある）。農村部の一人当たりの所得は、国の平均所得より低い。

貧困

農村人口のうち絶対的貧困状態にある人の割合は、六〇～八五％と推定される。また農村人口の少なくとも二七～五二％が、一人当たりの年間所得や栄養摂取量などの点で、貧困水準（貧困線）の半分にも達しない生活を送る最貧困層の中核を形成していると推定される（Bangladesh Institute of Development Studies, 1990；World Bank, 1987；Osmani, 1990）。この数値は、農村に住む少なくとも六七五〇万人が絶対的貧困状態にあるということ、そしてそのうちの三〇〇〇～四六〇〇万人が最貧困層の中核を形成していることを意味している。五歳未満の子どもの六〇％以上（訳注・一九九八年で五六％）は、国際的な水準から見て中度または重度の栄養不良である。

識字

バングラデシュの識字率は、一三一カ国中の一〇七番目である。バングラデシュ政府統計によると成人の識字率は三二％で、パキスタンをわずかに上回っているものの、その他の国々と比較すると低い水準にある。初等教育年齢の子どもの四四％は小学校に就学せず、就学しても初等教育を修了する割合は二〇％に過ぎない。初等教育修了率はパキスタン四九％、インドネシア八〇％、中国六八％である（UNICEF, 1991；Bangladesh Bureau of Educational Information and Statistics, 1987；UNESCO Statistical Yearbook, 1989）。先述の通り、バングラデシュでは女子の非就学率と中退率が高い。女性の八五％（訳注・一九九五年で七四％）は読み書きができず、日常使うレベルでの数字が理解できない（UNESCO Statistical Yearbook, 1989）。先述の通り、バングラデシュ人口の八四％が農村部に住むが、政府の教育投資の七〇％は都市部のひと握りのエリートを対象とした高等教育に使われている。バングラデシュの教育費はＧＮＰの二・二％に過ぎないが、南アジア地域での平均は四・四％である（UNESCO Statistical Yearbook, 1989）。

宗教

人口の八〇％はイスラム教徒、一二％がヒンズー教徒、数％がキリスト教徒、その他主に山岳民族がアニミズム信仰者である。バングラデシュの憲法では政治と宗教の分離をうたっているが、イスラム教の影響は大きい。ちなみにBRACは、非宗教的な組織である。

ヒンズー教徒は少数派なので、バングラデシュでは宗教的なカースト制度はほとんど見られない。小さな土地を所有する農村部の中流階層女性の少なくとも五〇%は、プルダ（purdah）という規制を受けて暮らしている。プルダとは、女性が敷地内にとどまり、同性の友人間での訪問は許されているが、食料や衣類の買い物に市場に行くことはできないといった行動規制のことである。買い物は家族の男性メンバーが行う。都市部の多くの家庭でもそうである。農村部の「Food-for-work プログラム」で働く貧しい女性たちや、都市部の衣類縫製工場で働く多くの若い女性たちは、もはやこのプルダという規制に従っていない。都市部の中流および上流階層の多くの女性も、政府機関や銀行、ブティック、会社、NGOなど家の外で仕事を持つようになっている。

しかしながら今でもイスラム教やヒンズー教は、女性の望ましい行動とは何かを規定することに大きな影響力を持っている（訳注・女性の行動規制は教義というよりも、南アジアの父権社会の価値観が根底にあり、女性の行動を規制するような教義解釈がなされていると考えられる）。多くのNGOが、早くから本部で女性を雇用してきたが、ここ一〇年間にBRACをはじめいくつかのNGOで、フィールドの仕事に女性を派遣する試みが少しずつ行われてきた。BRACが初めて女性をフィールドに送ったのは一九七九年である。村の女性に経口補水療法を教えるため、当時多くの若い女性が雇用された。またジャマルプールにあるフィールドでも、女性が雇用された。そこでのプログラムはすべて、女性を対象としたものだったからである。一九八〇年代半ばになると、他のプログラムについても女性がフィールドで働く機会が急速に拡大し始めた。

保健

パキスタンから分離・独立してほぼ二〇年が経過したが（訳注・一九七一年独立。原書刊行時は独立ほぼ二〇年）、バングラデシュ国民、とりわけ社会のもっとも弱い立場にいる人々、たとえば妊娠中の女性や授乳期の母親、三歳未満の子どもなどの保健状況は悲惨である。人々の苦しみや損失のレベルは、これ以上見過ごすことのできない状況にある。現在のところ、基礎的な保健サービスを利用できるのは、国民の三〇％に過ぎない。農村部の乳児死亡率は一〇〇〇人当たり一八〇人で、乳児死亡者五人中のほぼ三人は生後一カ月以内に亡くなっている。表１・１でわかるように、五歳未満の子どもの死亡率は他の国々よりも高い数値となっている（訳注・原書が書かれた一九九一年当時もバングラデシュの乳児死亡率は一九六〇年当時と同じ水準にあった。五歳未満児の死亡率が大きく低下したのは一九九九年からである。表１・１参照）。

幼い子どもたちの栄養状態も悪く、一二〜二四カ月の子どもの五九％が中度または重度の栄養失調である。毎年およそ三万人の六歳未満児が、ビタミンＡの欠乏によって失明していると推定されている。統計は出ていないが、ビタミンＡの不足は感染を防ぐ能力を低下させ、それが間接的原因となって死亡する子どもがかなりいると推定される（訳注・近年ビタミンＡの投与が予防接種時に行われるようになり、一九九九年のユニセフ『国々の前進』では、バングラデシュのビタミンＡ補給率は大きく改善して八〇％を超えたと報告されている）。バングラデシュには心身の発達遅滞をもたらすヨード欠乏症が多く、人口の約四〇％がヨード欠乏症の可能性がある）。また、妊産婦や授乳期の母親の四七％は鉄欠乏性貧血である。病気の感染率の高さ、平均出生数の多さ（六・五人）、出産間隔の短さなどによって、バングラデシュは男性よりも女性の平均余命が短い三カ国のひとつに入っている。妊産婦の死亡率は一〇〇〇人中六人で、世界でもっとも高い国のひとつである（訳注・一九九八年のバングラデシュ女性の平均余命は男性とほぼ同じになり、妊産婦の死亡率は一〇〇〇人中四・四人に低下した）。

２　土地なし農民、農業以外の分野での雇用機会の不足

国土の五分の一が常に水に浸かり、また三分の一は洪水の季節に水没するこの国では、多くの人口が狭いスペースに詰め込まれ、資源とりわけ土地をめぐる激しい争いの原因となってきた。農村世帯の半分以上に当たる約七〇

〇万世帯が、土地を所有していない（所有していても、その広さは四分の一ヘクタール未満）。国民の三〇％は、自分の家を建てるための小さな土地さえも所有していない。食料を得る土地がないことは家族に困難な状況をもたらす。なぜなら食べ物を買うための現金収入につながる仕事が他にないからである。バングラデシュの主な経済活動は農業（国内総生産（ＧＤＰ）の四六・三％）であるが、農業分野だけでは仕事を必要としている人すべてを吸収できない。バングラデシュの緑の革命運動は、第三世界のあちらこちらで行われているほどには広がりを見せていないが、技術的進歩（肥料や灌漑、殺虫剤、高収量改良品種など）は農業の成長をもたらし、一九七〇年代後半から八〇年代に農業分野の雇用機会が増加した。それでも労働者の需要には追いついていない。農地の平均規模が縮小し、一九七七年と八七年を比較すると、一・四一ヘクタールから〇・九四ヘクタールになっている（World Bank, 1987）。小規模な農家ほど労働を人手に頼っているにもかかわらず、人を雇う力がない。したがって小規模な農地を持っていても、家族を養うお金を作るためにパートタイムの労働をする必要に迫られる。

農業分野での技術の進歩改善は、農家以外の部門（商店、飲食店、工作所など）で生産性の低下を引き起こした（Osmani, 1990, Structural Change）。農家以外の部門に対する圧力が高まった結果、そこで働く労働者一人当たりの生産性は大きく落ちることになったのである。

都市部に集中している製造業分野は、ＧＤＰの九・五％を占めるに過ぎない。バングラデシュには、成長を続けている衣類縫製部門とかなり大きなジュート製造部門があるが、製造業の少なくとも半分は小企業で、一般にインフォーマル・セクターに分類される（World Bank, 1987）。これらの小企業は数の上では急増しているが、ほとんど成長や成功が見られず、賃金労働のニーズを創り出していないといってよい。少数ながら存在している農村部産業の賃金率は、農業分野での未熟練労働者の賃金率よりも低い（Osmani, 1990）。

ＧＤＰの三八％は、サービス、運輸、小規模なビジネスなどの部門で生み出されている。家内工業のような自営業経営者は家族単位で所得を得ているが、農業の賃金率より明らかに低い（Osmani, 1990, Structural Change）。バングラデシュ農村部の農業労働者と非農業労働者は、どちらもほとんどがパートタイムである。土地を持たない人の多くが、農家の季節労働、家内工業、サービス業、小規模な商売、政府が出資する「Food-for-work プログラム」、漁業などをこきざみに組み合わせて、（貧困水準以下ではあるが）何とか家族を養っている。

3　権利を奪われた女性たち

すでに述べてきた統計の多くは、女性の権利が剝奪されていることを示している。このことは、最近出版された九九カ国の女性の相対的地位をランク付けした本の中で、明らかになった（Population Crisis Committee, 1988）。九九カ国で行われた保健、婚姻と子ども、教育、雇用、社会的平等という五つの領域の調査データから、スウェーデンは一位に、バングラデシュは最下位にランクされた。バングラデシュ女性の地位に関して、この報告書は以下のように述べている。

●世界的に女性は男性よりも平均余命が長いが、バングラデシュ女性の平均余命は四九歳で、男性より二年短い。これは生まれたときから、男性が女性より良いケアを受けるという文化によるものである。
●女の子の五人に一人が五歳の誕生日を迎えることができない。
●一五歳の女子の六人に一人が、出産可能年齢期間に死亡する。死亡原因の三分の一は、妊娠と出産に関係している。バングラデシュ女性は平均で五〜六人の子どもを産むが、平均妊娠回数は一一回である。避妊の手段をとっているのは、バングラデシュ女性の四分の一に過ぎない。
●学齢期にある女子の三分の二は学校に通っていない。女性の大学就学率は二％以下である。
●バングラデシュ女性の七％は賃金を得る仕事についているが、これはフォーマルな就労人口の一四％に過ぎない。
●調査対象となったすべての国で、配偶者が死亡したり離婚や離別をした人数は、男性より女性の方が多かった。

その数は男性一〇〇人に対し中国の女性で一八二人、バングラデシュの女性では九二七人にのぼっている。

4　資源の不足と社会基盤の欠如

バングラデシュの基本的な天然資源は、農業に適した肥沃な土地、漁業のための川や池や海であるが、その他の資源の多くは安くて豊富な労働力である。バングラデシュは天然ガスを産出するが、それ以外の鉱物資源はほとんどない。政府や個人の投資家によってわずかに行われているだけの経済運営は、ほとんど農業の改善に向けられている。一九八〇年代の経済成長率は平均して年間約四％であり、他の低所得国と比べると悪くはない。しかし当初の計画より低く、貧困問題への取り組みに進展をもたらすには至っていない。経済は、その潜在力に比べるとかなり低い状態にとどまっている（World Bank, 1987）。またバングラデシュは、洪水やサイクロンなどの大きな自然災害に見舞われ続けている。ネパールなど近隣諸国での森林破壊が原因で川の沈泥が進み、洪水の被害が年々増大している。

農村部の社会的、経済的基盤もまだ不十分である。農村部の道路建設では多少の進展が見られるものの（ほとんどが「Food-for-work プログラム」による）、道路のメンテナンスが不十分で洪水によるいたみも激しく、利用率も低い。電気と電話は村の約一五％に届いているに過ぎない。ものの売買や分配のシステムはほとんど発達していない。

銀行サービスはほとんどの農村部で利用できない。農村部の銀行システムは、貯蓄の促進とその資金の生産的活動への投資、経済活動の規律の確立などの点で、一般に未発達で効率が悪い（World Bank, 1987）。一九八〇年代に政府は、農業や工業分野への融資を銀行に強く奨励し、その資金の大半を政府が拠出したが、回収率が非常に低い結果に終わった。一九八〇年代の半ばの回収率は工業分野で一〇％、農業分野で二七％にまで落ち込んだ。その原因としてマネジメントの失敗、汚職、金銭的に無責任な一般的風潮などが指摘されている（これとは対照的に、Ｂ

ＲＡＣやグラミン銀行が貧しい人を対象とした融資回収率は九八％である)。政府銀行の貸し付け状況を改善するため、一九八〇年代の後半にいくつかの対策がとられたが、回収率は容認できるレベルに達したとはいえない。このことは、政府による貸し付けプログラムに資金配分の誤りや不公正さがあることを示唆している（North-South Institute, 1986)。

バングラデシュのほとんどの町や村には、技術サービス（たとえば獣医やマネジャーなど）がない。つまり平均的な農村部にある町や村は、物理的、社会的、経済的基盤がないまま運営されているのである。

政府

バングラデシュ政府は非常に中央集権的であり、大きな計画は首都ダッカで作成される。サービスは遠隔地へほとんど届かず、届いたとしても非常に非効率的である（例として保健サービスの現状についてはBRAC, 1990, Tale of Two Wings, 教育の現状についてはWorldBank, 1987；LovellandFatema, 1989に詳しい)。

地方分権化のための努力として、一九八二年にまず国内が約四六〇のオポジラ（訳注・upazilaは行政地区のひとつ。以下「郡」と訳す）に分けられた。郡はそれぞれに二〇〜三〇万人の人口を抱え、政府のもっとも下位の統治単位であるユニオン（訳注・以下「村」と訳す）が一〇余り集まって構成されている。郡は地元選出の議長と議会によって運営され、政府から配分された予算をどう使うかについて権限を持っている。指導権と予算配分の両方について細部まで中央集権的なコントロールを行ってきたバングラデシュの長い歴史の中で、このような地方への権限委譲は画期的なことであった（Blair, 1989)。しかしながら、地方分権化によって農村地域での資源利用が改善したとはいえない。また、組織化された農村部の貧しい人たちの一部が郡の政治に参加し始めてはいるが、全体として人々の生活にほとんど変化が見られないままである。

新しく権限を委譲された郡は、意思決定や予算の使い方についていくらかの権限を得たが、ほとんどの郡が入手資金の約九五％を中央政府に依存しているため、郡当局は一般に中央からの支持に忠実であるし、中央に従わねばならない状況は変わっていない。中央政府が割り当てる各郡の年間予算は、三万ドル未満に過ぎない。その他の補助的な予算は、食糧支援の形で最貧困層の女性へ分配されたり、道路や橋、水路建設などドナー（協力機関）の事業と関わる「Food-for-work プログラム」の賃金支払いに当てられる。中央政府からの資金は、予定通りに届かないこともしばしばで、割り当てられた予算と最終的に人々に分配される金額との間に約三〇%ほどの「漏れ」があると推定されている（この情報は、筆者が行った中央および地方政府の官僚や調査担当者へのインタビューによる）。

地方政府が独自の収入源を持つことができれば、ある程度の自立性を確保できるであろう。しかし地方政府が収入を獲得する手段が開拓されていない。農村地域の土地の税収は、イギリス占領下にあった一九〇〇年には政府歳入の半分以上を占めていたが、一九五〇年代に一〇～二〇%にまで減少し、一九八〇年代にはたったの一%になってしまった（Blair, 1989）。

中央政府が国内の資源を動員できていないことは、バングラデシュの開発にとって深刻な問題である。バングラデシュのＧＤＰに対する税金総額は、他の途上国よりも常に低い（Government of Bangladesh, 1985, p. 57）。最近では政府の全体歳入は年間支出の半分にも満たず、海外からの協力に大きく依存している。年間の開発予算のすべてと通常予算の一部は、海外からの協力で賄われている。

一般的に政府の職員数は必要以上に多く、賃金が安く、生産性も非常に低い。資源不足と能率や効率の悪さにより、政府は社会の基本的ニーズに対応できない。決まりきった機能しか果たせず、本質的には開発目標の妨げともなる官僚主義的な国家権力体制が、資源不足に拍車をかけている。政治体制はパトロン―クライエント（親分―子分）関係によって支配され、民主主義的なプロセスの基盤が弱い。

財源問題の他にも、政府は地理的問題やインフラの問題も抱えている。農村部への交通が不便なことや子どもの学校など生活の利便性を理由に、雇用された人々は都市部に住みたがる。政府の官僚たちが農村部のサービスや問題にもっと関心を持つようになる必要もある。

バングラデシュ政府は、公的には否定するであろうが、多くの低開発諸国（underdevelopment countries）と同様に、都市志向のバイアスを持っている（低開発諸国に都市志向のバイアスがある理由とその浸透度についての議論は、Bryant and White, 1982, chapter 4, 13参照）。一九八〇〜八五年までのバングラデシュにおける都市志向のバイアスを具体的に見てみよう。農村部の貧しい人を対象とした食糧支援プログラムが、二四万四〇〇〇トンから九二万七〇〇〇トンに増やされたが、ある報告によると、海外からの協力と国内で調達した食糧の三分の二は、政府関係者や軍隊、警察、教師、大企業の社員、その他「特権的な」人など、限られた都市部の人々の間で分配されたということである。残りの食糧の半分は、配給システムを通じて農村部に行ったが、その恩恵を受けたのは農村部の高学歴者とその支持者がほとんどであった（North-South Institute, 1986, p. 44）。確かな筋による情報では、農村部の貧困層を対象とした食糧の少なくとも三〇％は、政府官僚や農村部のエリートらに奪われているとのことである。

5　こうした背景の中で働くNGO

計画された経済成長が最大限に成果を上げたとしても、今後数十年で貧困がかなり解消されるとは期待できないことや、政府が基礎的なサービスを農村に提供する場合に偏りがあったり能力が不足していることから、開発を専攻するバングラデシュ人学生や海外のほとんどのドナーは、もっとも脆弱な人々を支援するためには、政府以外の特別な対策活動が必要だと考えるようになった。土地なし農民や女性のための雇用を生み、教育、保健、家族計画、栄養などに緊急の対策を講じるため、NGOの手助けが必要とされている。バングラデシュ人リーダーや海外のドナーの中からは、NGOの役割の重要性を認識し、バングラデシュ政府に対してNGOとの協力を要請する声が上がっている（North-South Institute, 1986；Hossain, 1986；WorldBank, 1987）。政府はNGOの仕事にあまり熱心ではなく、時には妨害することさえあるが、未解決のニーズがたくさん存在することやドナーからの圧力によって、NGOの仕事に大きく干渉することはほとんどできない（訳注・一九九〇年代に入って、バングラデシュ政府はNGOの役割を抜きにして諸課題に対処できないことを認識し、多方面でNGOとの協力活動を進める方向に転じている）。海外のドナーの中には、バングラデシュへの支援の大半をNGOに投資すると決めたところもある。海外からバングラデシュへの支援の約一五%は、NGOに向けられている。

そのため実際のところ、NGOが直面している課題もまたチャンスもきわめて大きい。NGOの活動資金は、NGOのリーダーが資金要請の方法さえ知っていれば手に入れることができる。残念ながら、すべてのNGOが効果的な活動をしているとはいえないので、ドナーは継続的な支援を行うべきNGOがどれなのかを経験的に学ばなくてはならない。

課題が非常に多いため、NGOにとって重要なことは、具体的に何をするかを決定することである。土地なし農民が多いことや農業以外の仕事がないことは、農村開発に携わるNGOが意思決定する場合の重要な変数である。そのため多くのNGOが、プログラムに必ず所得獲得活動を組み入れている。

これら多くの課題はきわめて複雑に絡み合っているため、バングラデシュの地元NGO（非常に小規模なNGOは除く）にとって、単一の要因に対してだけアプローチする方法は不適切である。融資活動を対策活動の中心に据え、それを「単一の目的」と考えてきたグラミン銀行（NGOというよりは半官半民組織であるが）でさえ、農村部の人々を動員、教育して依存パターンを変革する必要性を認識し、準備不足にもかかわらず経済分野や社会サービス分野に介入せざるを得なくなった（Grameen Bank, 1986–90）。BRACはその初期から体系的な視点を持って総合的かつ多目的なアプローチを採用し、すべてのニーズに対していかにバランスよく対処するかを試み続けている。

過疎の村が散在し、土地なし農民の率が低い国（たとえばギニア）には適さないと予想される草の根組織化戦略は、バングラデシュに適している。バングラデシュ農村部の人々は会合に出かける時間があり、また地理的に狭い範囲内で簡単に大きな集団を形成できる。人口密度が非常に高いので、相対的に少数のスタッフがかなり多くの村人をカバーできる。専門学校や大学を卒業しても就職できない人がたくさんいるので、BRACや他のNGOは学歴要件に合ったスタッフを雇用することが容易である（訳注・実際にバングラデシュでは、今もNGOは大卒者の就職先として人気を集め、同時に多くの雇用を生み出している）。

最貧困層の人口が非常に多いことや基礎的なサービスがないことから、ＮＧＯはプログラムの急速かつ効果的な拡大を強く求められている。

バングラデシュ女性の立場がきわめて悪いことから、バングラデシュのほぼすべてのＮＧＯが、女性のプログラムに何らかの重点を置いている。これまで女性の大半が市場経済に参加できない環境にあったため、女性たちは開発に参加することにとても熱心である。ＢＲＡＣなどＮＧＯのリーダーたちは、女性は市場での不正行為を行うことがなく、貯蓄を得意とし、非常に責任感のある融資利用者であり、生産性の高い労働者であると評価している。

物理的インフラの不足（道路や農村部の交通手段の欠如、電話や電気がほとんど通じていないこと、宿泊施設の欠如、都市部からの旅行に時間がかかることなど）は農村部での活動を困難にしており、ＮＧＯは住居や交通手段、その他の必需品をフィールド・スタッフに供給するために、その費用を負担しなければならない。スタッフは不便を承知のうえで、進んで遠隔地で生活しようという意欲を持たなければならない。

経済的活動を推進する場合に、マーケティングは必ず大きな問題となる。生活するのがやっとという農業が中心であるうえに、土地なし農民の問題や仕事の不足などが原因で、農村部地域には購買力がほとんどない。サービスや家内工業の生産物（たとえばサリーなど）への需要は年二回の収穫期などに限定されている。したがって、あらゆる種類の経済活動にとってマーケティング戦略は常に重要である。

6　農村部の貧困層を対象としたＮＧＯと政府のプログラム

現在バングラデシュでは、さまざまな能力を持った約二五〇の地元ＮＧＯが活動を続けている。その多くは非常に小規模で、複数の村や都市部近郊で活動している。相対的に大きなＮＧＯは六〜七つあり、多くの村をカバーして広範な活動を行っている。その他に六〇ほどの大小さまざまな国際ＮＧＯが、都市部か農村部またはその両方で活動している。ＮＧＯ以外では、半官半民組織的なグラミン銀行融資プログラムと政府のいくつかのプログラム

（非常に貧しい村人を対象に企画された融資活動を含む）がある（大規模な政府貧困削減プログラムの会員数や融資普及度の詳細は、第四章の**表４・１**参照）。

一九九〇年の末までに、地元ＮＧＯとグラミン銀行そして政府プログラムは、国内六万八〇〇〇村の約三五％で貧困削減活動を行った。この活動を拡大するニーズや余地はいまだに大きい。二つの半官半民プログラムであるグラミン銀行とスワニルヴァルは融資活動に力を注ぎ、サービスの拡大に努力してきた。ＢＲＡＣはメンバー数、カバーしている地域の広さ、融資金額などでＮＧＯとしては最大である。またすべてのプログラムの中では、貸し付け融資額と融資利用者数がグラミン銀行に次いで第二番目である（訳注・スワニルヴァルとはベンガル語で「自立」を意味する。一九七四～七五年に海外のドナーからの食糧支援が遅れたことから、国内の農業部門を強化し食糧の自給自足を目標に政府の肝入りで始まったプログラムである。一九八一年以降はＮＧＯとなったが、政府と緊密な協力を行っている）。

政府の貧困削減プログラムは、まだ規模が小さく非効率的である。しかしＮＧＯとのユニークな結びつきを利用することで、その効果は過去五年間に改善されてきた。たとえばＢＲＡＣは、対象集団のメンバーと、バングラデシュ農村開発局（Bangladesh Rural Development Board）が実施を担当する政府の「第二次農村開発プロジェクト」拡大のためのスタッフの両方に、訓練を行った。デンマーク国際開発事業団（ＤＡＮＩＤＡ、Danish Development Aid Agency）は、バングラデシュ国内のある地域で、政府の「農村貧困プログラム」と緊密に関わって活動している。国際ＮＧＯのケア（ＣＡＲＥ、訳注・第二次世界大戦後にアメリカで創設された世界でも最大規模の国際救援開発組織のひとつ。現在は六〇カ国以上で開発活動と緊急支援活動を展開している）も政府とともに活動し、アメリカ国際開発庁（ＵＳＡＩＤ）が資金を拠出している「Food-for-work プログラム」の実施に責任を負っている。この活動は「貧窮した女性のための最貧困層の女性たちに小麦粉を分配する政府プログラムの最大の担い手である。ＢＲＡＣは、国内の所得獲得プログラム」を通じて実施される（第三章八九頁以下に詳述）。

直接的な貧困プログラムの他に、政府は農村部の開発に影響を及ぼす多くの政策決定を行っていることも指摘しておかねばならない。具体的には農業政策や肥料の価格、灌漑助成金、土地使用法、税金政策、融資財政制度、輸出入政策、社会的サービスを農村地域に供給するパターンなどである。

農村問題への取り組み方でバングラデシュが他の多くの国と違う点は、政府が農業政策のみに集中するわけにはいかず、多くの土地なし農民のニーズや農業以外の仕事のニーズを認識し、対処しなければならないところにある。バングラデシュの特徴は、人々が土地を持たないということと農業以外の仕事がほとんどないという問題が絡み合っている点にある。既存の解決策や実施された解決策はほとんど効果がなかった。

ＢＲＡＣは、国内外のＮＧＯや政府機関とともに、バングラデシュの貧しい人々を貧困の悪循環から救い出す新しいアプローチを創造し、実施するために活動している。本書では、貧しい人々の中でも特に最貧困層を対象とした新しい対策と、これらの人々が新たな希望を持つことができるようなプログラムについて述べることにする。

第二章　開発理論と「ターゲット方式」

1　BRACの歴史

激しいバングラデシュ独立戦争ののち、一〇〇〇万人の難民が帰還し始めた一九七二年に、BRACはバングラデシュ再建のほんの一端を担う小規模な慈善集団として結成された。創設者は、あるイギリス企業の幹部であったバングラデシュ人アベッド（F. H. Abed）であり、同じ関心を持つ少数の人々が集まって資金をつのり、中核スタッフとなった。BRACは最初に、バングラデシュ北東部シレット県にあるスラ（Sulla）地域に帰還難民が定着することを支援した。その地域は非常に遠隔地であるため、BRAC以外に救援活動が行われていなかった。少人数によって創設されたBRACは、家や家畜、漁船、その他の生産手段すべてを失った戦争被災者の救援と復帰を手助けしたいという愛国心に満ちた多くの若者を惹きつけた。

BRACの創設者、F.H.アベッド氏。（BRAC提供）

BRACは家を建てるための竹、漁船を造るための材木、魚網を編むための撚糸を輸入した。この地域の職人には、機織り機や糸紡ぎ機、ハンマー、のこぎり、のみなどの工具を提供した。また医療センターとコミュニティ・センターを設立し、運営にあたった。

救済活動を開始して一年後に、アベッドとその仲間たちは、救済や再建中心の活動が単に一時しのぎの方法に過ぎないと考えるようになり、村人の現状改善を手助けする長期的な方策を模索し始めた。まずコミュニティの総合開発プログラムに着手し、多くの経験を経た後、村の最貧困層だけを対象としたアプローチへと移行した。ＢＲＡＣは数年間に多くを学び、アプローチを何度も変えた後、バングラデシュ北東部から国内の他の地域へも活動を拡大した（ＢＲＡＣのプログラム作成とこの時期に得られた教訓、その後数年間の活動については第二～五章参照）。

2　ＢＲＡＣの「開発理論」

適用と変革はＢＲＡＣの基本的な運用手法であるが、そこから導き出された開発へのアプローチはある一貫性を持っている。ＢＲＡＣは「開発理論」を文書化していないが、その活動は、ＢＲＡＣや他の国際的ＮＧＯの経験から導き出された主な指導原則に根ざしている。ＢＲＡＣのマネジャーたちとの対話や彼らのスピーチ、文書などから、次のような原則を挙げることができる。

- 字が読めなかろうと貧乏であろうと、人はもし機会が与えられれば、難局に対処し問題を解決することができる。
- 開発組織は決してパトロンとなってはならない。
- 意識化はエンパワーメントにとって不可欠である。
- 自立が不可欠である。
- 参加と住民中心主義が不可欠である。

●持続可能性が不可欠である。
●「万能な」アプローチはない。
●規模の拡大が不可欠である。
●市場原理と起業家精神が有用である。
●開発にとって女性は根本的に重要である。

BRACのスタッフの第一の指導原則は意識化である（以降、表2・1参照）。村人たちの意識化（パウロ・フレイレが概念化した意味での conscientization）が行われなければ、農村部の貧しい人々の生活や将来の展望を変えることはできない、とBRACのスタッフは考えている。意識化とは、村人が自分の現状とその理由を理解できるような方法論を学び技能を獲得することを意味している。貧しい村人（男女とも）が自分の立場を改善できるようになるためには、運命論を否定し、コミュニティのことや貧困の原因となっている経済的勢力と搾取の構造を分析する枠組みを獲得しなければならない。また特に、行動によって自分の状況をコントロールする方法を学ぶ必要がある。このような枠組みと方法論を身につけることによってのみ、人々のエンパワーメントが実現する。BRACの中核を成す「農村開発プログラム」は、村の最貧困層の男女を組織化し、真の意識化、学習、経済的進歩などを支援する環境作りを目的とした活動である。

第二の指導原則は自立性である。貧しい村人は、自分の環境を理解することでエンパワーされ、同じグループ内の人々から支援を受けることで強くなり、依存関係がなくても自立が可能となる。農村部の貧しい人々にどのような変化が起こるかは、結局のところ村人たちの努力によるところが大きい。たとえば村人が貯畜をすれば、それがどれ

表2.1　BRACの開発理論（8つの指導原則）

1	意識化
2	自立性
3	住民中心主義・参加
4	持続可能性
5	万能なアプローチはない
6	規模の拡大
7	市場原理と起業家精神
8	女性の重要性

出典：訳者作成。

ほど小額でも投資や融資が可能となる。利用できるものを探し出して最大限に活用することを学び、適切な努力と勤勉さがともなえば、結果を出すことができる。しかしＢＲＡＣの若いプログラム・オーガナイザー（村の草の根レベルで活動する専門スタッフ）たちは、村人が自立を達成した後も支援が必要だと考えている。開発の初期の段階では、意識化や組織化、動機付けの支援のために、またその後の段階では技術的支援や訓練、融資活動などのために、プログラム・オーガナイザーの対策活動が必要となる。誰もが（村人もスタッフも）創造性を発揮する潜力を持っているが、条件が整い機会があって初めて、その力を発揮できる。

また村人の自助努力が進むにつれて、ある種の搾取や依存関係を維持したいと考える人々からの報復を防止したり、政府のサービスを明確化して拡大したり、インフラを改善するための手助けが必要となるであろう。

第三の指導原則は、住民中心主義または参加である。ＢＲＡＣのすべてのプログラム・オーガナイザーは、開発が村の貧しい人々のニーズに合ったものでなければならず、押し付けてはならないと教えられる。したがってＢＲＡＣは、コミュニティ主導の開発プロセスに参加する支援組織として活動しなければならない。ＢＲＡＣが実施する村落組織のリーダー訓練（男女とも対象）は、広範な政治的参加を奨励し、自分の組織や政府機関で責任ある役職につくために必要な情報や手段の獲得を支援することを目的にしている。ＢＲＡＣの地域マネジャー（近隣の一〇〇の村落集団から成る地域の担当者）とその下で働くプログラム・オーガナイザーは、村の人々が「自分の未来を決定する能力」を強化したかどうかという点でＢＲＡＣの長期的な貢献度が評価されると考えている。

第四の指導原則は、持続可能性が必要だということである。ＢＲＡＣは、ドナーからの補助金の有無やその継続の可能性に左右されるような村への対策活動が効果を上げるとは考えていない。自立的な村の開発イニシアティブが継続できるのは、地元で支えることが可能なシステムに基づいているか、あるいは効果的なインフラの改善をともなう国の支援的な開発ネットワークに連携している場合であると考えている。つまり、国のシステムが変革され、政治的に新しい方向が打ち出され、業務の方式が強化される必要がある。ＢＲＡＣのフィールド・マネジャーは、自分が仕事をする地域内で、政府や民間の市場システムに変化をもたらす触媒の役割を果たすことが期待されている。フィールド・マネジャーは農村部のサービス改善のために政府機関と積極的に関わり、本部と地方事務所は技術的サービスを中心に関連経済部門の問題解決にあたる（BRACがこれをどのように実施しているかの詳細は第五章参照）。政府や民間企業が必要なサービス制度を持たなかったり設立できそうにない場所で、ＮＧＯの手によって、自己資金だけで基本的な地域サービスを継続的に提供する新しい制度を作る必要がある、とＢＲＡＣは考えている。その例としては、グラミン銀行とＢＲＡＣの新しい銀行プロジェクトが挙げられる。

第五の指導原則は、農村の貧困に「万能な」アプローチはないということである。ＢＲＡＣの幹部は、雇用（最低限の賃金水準を上回るような農業以外の雇用）を生み出すことが人々を貧困から抜け出させるために重要であると確信している。しかし、現実的で継続的に最低限以上の生活を提供する雇用を生み出すことは、技能の向上、技術的サービスの利用可能性、インフラの開発、経済の下位セクターの改善、融資の利用可能性など、いくつかの要因に左右される。

ＢＲＡＣ活動の第六の指導原則は規模の拡大、すなわちできるだけ迅速にプログラムを拡大することである。ＢＲＡＣの方法や戦略の中には、他の開発組織や政府機関のモデルとなっているものもあるが、ＢＲＡＣは、開発のモデルを作ったりそれを立証することが自分たちの仕事であるとは考えていない。また重要であるとも考えていない。経験やシステムの伝達は重要であるが、ＢＲＡＣの基本的な仕事は、できるだけ多くの農村部の貧しい人々に対して、迅速に生活改善の手助けとなる対策活動を行うことである。ＢＲＡＣが農村開発の方法を学んできた（今も学んでいる）こと、また急速に拡大するための構造的な基盤と資源を持っていること、しかもニーズがそこにあることなどの理由から、ＢＲＡＣは規模を急速に拡大する責任があり、またそれが彼らの任務であると考えている。しかし、すべてのＮＧＯに急速な規模拡大が適しているわけではない。ただ、人口が多く重要なニーズのあるバングラデシュの状況では、急速な規模拡大が必要なのである。急速な規模の拡大は常に問題やリスクをともなうが、規模を拡大しないことによる代償は、農村部の貧しい人たちには背負えないほど大きい。

第七の指導原則は、市場原理と起業家精神の重要性である。ＢＲＡＣの幹部は、問題がある場合や明らかな搾取を防止する以外は、通常の市場経済活動に干渉しない方針を常に堅持してきた。コストはできるだけ回収される必要があると考えられている。村人に対する融資にも決して助成を行わない（付随訓練や技術サービス、その他の開発活動は行われる）。融資利用者は、一般の市場レートで返済しなければならない。村人は男女を問わず融資申請のための申請書を自ら購入し、彼らが属するグループが金銭出納帳など必要なものを購入する。融資利用者は経済活動に必要なものもすべて自分で購入する。より大きな規模の事業（たとえば深管井戸）では、融資利用者は必要な技術的サービスを受ける代わりに、ＢＲＡＣの専門家に代金を支払う。市場原理の視点を持つことで、村人とスタッフ双方の自立性とビジネス・マインドが強化されることになる。

市場原理と起業家精神は、ＢＲＡＣの内部経営においても同じように強調されている。スタッフは、コスト中心およびコストの回収という二つのシステムを考慮に入れたビジネス観を持つよう教育される。たとえば訓練センターは、サービス提供のプログラムを有料化し、他の地元ＮＧＯや国際ＮＧＯに訓練を提供することで利益を上げ、資金を自己調達できるようになることを期待される。訓練プログラムは、需要に合わせて作成される。コンピュータ・センターは二四時間、三交替制で運営され、ＢＲＡＣの外部にもサービスを売ることで自立している。第五章には、経済の下位セクターへの対策活動でＢＲＡＣのマネジャーが起業家的アプローチをとっていることが詳述されている。たとえば、クワの植樹数は千単位ではなく万単位で、深管井戸の年間設置数は十単位ではなく百単位で、それを共同所有する人の数も百人単位ではなく千人単位で考える。養鶏では、それを支える多くの補助的ビジネスの開始を村人に奨励し、養鶏分野全体を成長させることでビジネスを継続させる。

ＢＲＡＣは多くの商業的な事業を展開しているが、それらすべてがＢＲＡＣプログラムを支える必要から成長したもので、従来の市場にはなかったものである。これらの事業利益は、今やＢＲＡＣの総収入の約一五％を占め、ＢＲＡＣの開発活動を支えるようになっている。商業的な事業については第三章で概略する。

ＢＲＡＣの最後の指導原則は、開発のプロセスにおける女性の重要性である。ＢＲＡＣも他の多くの開発組織と同様、女性が貧困の影響をもっとも受けていること、そして農村部の貧しい女性の力がもっとも弱いことを経験的に学んできた。伝統的にバングラデシュの村の女性はほとんど権利を持たず、自分の人生の進み方さえも選択できず、現状を変えるための機会も皆無である。女性は男性より時間にして毎日二倍働き、しかも同時に妊娠したり授乳していることが多い。人と接することや影響力のある地位にある人に会うことはほとんどない。大半は読み書きができない。彼女らの食事の順番は家族で最後であり、食べる量はもっとも少ない。村で収入の道がなく仕事を求めて遠くに出た夫から、遺棄されることもたびたびある。

ＢＲＡＣの保健マネジャーらは、国際的に行われた調査や自分たちの経験から、プライマリ・ヘルス・ケアや栄養、家族計画にとって女性が重要であると学んできた。融資プログラムのフィールド・マネジャーは、女性が男性よりもきちんと貯蓄し、融資されたお金に対する責任感も強いと報告している。すべてのＢＲＡＣのスタッフが、女性の役割変化なしに社会的開発や経済的開発は起こり得ないと確信するようになっている。ＢＲＡＣのフィールド・ワーカーは、村で男性グループよりも先に必ず女性グループを組織化する。識字プログラムや保健プログラム、教育プログラム、融資の機会、所得獲得活動などにおいて、女性は平等または優先的に処遇されねばならないというのが、ＢＲＡＣが指導してきた原則のひとつである。

3 ＢＲＡＣの「ターゲット方式」――貧困層の中でも最貧困層を焦点に

ＢＲＡＣはバングラデシュ北東部で活動を開始した一年後、救済組織から開発組織へと発展し始めた。開発組織としての最初の四年間、ＢＲＡＣはコミュニティ全体の総合的開発アプローチをとった。しかしその間の経験と調査研究者からの多くの情報によって、対象を絞り込むアプローチ、すなわち「ターゲット方式」を採用し、村全体よりも村人のもっとも貧しい層に焦点を当てることにした。

ＢＲＡＣは最初の四年間、主に村全体の社会的サービスを組織化し、村全体の「人的基盤」の確立について議論した（ただし経済的支援を行う手段として村のもっとも貧しい層を対象とした共同組合を組織していた）。ＢＲＡ

Ｃの歴史の中でも特にこの時期について詳述したマーサ・チェンは、「村の下位グループすべての利益を代表し、村全体としての解決策を討論し続けなければならなかった」（Chen, 1983, p. 8）と説明している。チェンによると、当時のＢＲＡＣは、開発のプロセスを以下のように考えていた（Chen, 1983, p. 8）。

●遠隔地にある村落に総合的で基本的なサービスを拡大する。
●必要な教育と訓練を提供する。
●村の問題を解決する過程で、村全体の協力を強化する。
●貧しい人を支援するために融資協同組合を形成する。

当時のＢＲＡＣは、村出身で教育を受けた若者をボランティアとして募り、識字学級での指導、保健、家族計画分野などでの仕事にあたらせた。ＢＲＡＣは村のコミュニティ・センターと協力し、健康保険事業やコミュニティ活動の中で村の下位集団をまとめる活動などを試験的に行った（これらの実験の具体例は第三章「保健プログラム」を参照）。しかし、残念ながら実験の大半はうまくいかなかった。豊かな人と貧しい人の双方が、自分の貢献度に見合った恩恵を受けていないと感じたのである。当初、ボランティアでサービス提供を助けた若い男女の高学歴者たちの中には、バングラデシュ人がいう「タウト（tout）」（政府やその他のエリート集団と共謀して汚職や搾取を行う人のこと）に変貌する者も出てきた。コミュニティ全体としての意識が発展しなかったために、村全体での共同という希望も現実的なものではなくなった。

ＢＲＡＣは、村落プログラムの中でこのような学習経験を積む一方、参加型調査方法を用いて、サンプルとして選ばれた村の貧しい農民の考え方を調査した（ＢＲＡＣがその初期に行った参加型調査は、Peasant Perceptions シリーズとして出版された。その第一号は飢饉、融資のニーズ、衛生施設についてで、一九八四年にＢＲＡＣから出版された。調査担当者が村の構造について行った以下のような分析は、この第一号からすでに大きく取り上げられている）。

初期のこの調査研究によって、ＢＲＡＣの創設者たちが初めの頃に説明できなかった農村部の社会構造の基本的な特徴が明かになった。また、態度や信念、対人関係の型、行動規範など、農村地域の経済取引を特徴づける要因ともなっている複雑な文化を明らかにすることができた。そして、ＢＲＡＣがその初期にコミュニティ全体を対象として行った活動がなぜ失敗したかを説明することができたのである。この調査によって、さまざまな状況にある村人同士の経済的関係や社会的関係を理解するために必要な村の社会構造の三つの特徴、すなわち断絶性、依存性、不利な立場が明らかになった（次頁図２・１参照）。

断絶性は、村のいくつかの世帯が仲間集団を形成しようとする傾向があることを調査担当者が発見したことから明らかになった。調査担当者はそれを派閥（faction）と呼んだ。派閥は常に観察していなければわからないうえに、コミュニティ内部では公的に認められており、世帯間の協力や連携を規定するのにきわめて重要な役割を果たしている。同じ派閥のメンバーになっている世帯同士では、より多くの協力や相互作用が行われる。派閥の中には階層があって、ふつう金持ちのメンバーが重要な役割を占め、地元での物事の決定に大きな影響力を持ち、土地や融資の機会、地元のビジネス、外部からの資源、雇用機会など村の資源の大半をコントロールしている。派閥は、それに加わる人に経済的支援を約束する見返りとして、リーダーへの支持を要求する。各派閥を率いているのは金持ちの世帯で、派閥の存続を重視している。派閥のメンバーの大半は貧しい世帯で、何らかの保証や保護を得るために派閥に協力する。

派閥の内部では結束感や大儀が共有されているが、それとは対照的に、派閥間での結束や協力はない。調査担当者は派閥形成にともなう断絶の問題を取り上げている。断絶は協力を阻害するだけでなく、争いを生む傾向があった。派閥構造により、村のすべての世帯が複数のグループに分割され（典型的な村の場合、四つから五つに分割）、経済的な問題や社会的関係における広範な協力の可能性が阻害されがちで、派閥間の争いは激化、継続する。また、信頼できる情報の自由な普及も阻害され、すべての情報が信用されなくなる結果、世帯間の経済的協力が妨げられる。異なる派閥の指導的メンバー同士が、地元で入手できる資源の支配をめぐって拮抗し、争いが起きる。

図2.1　バングラデシュの村の社会構造（３大特徴）

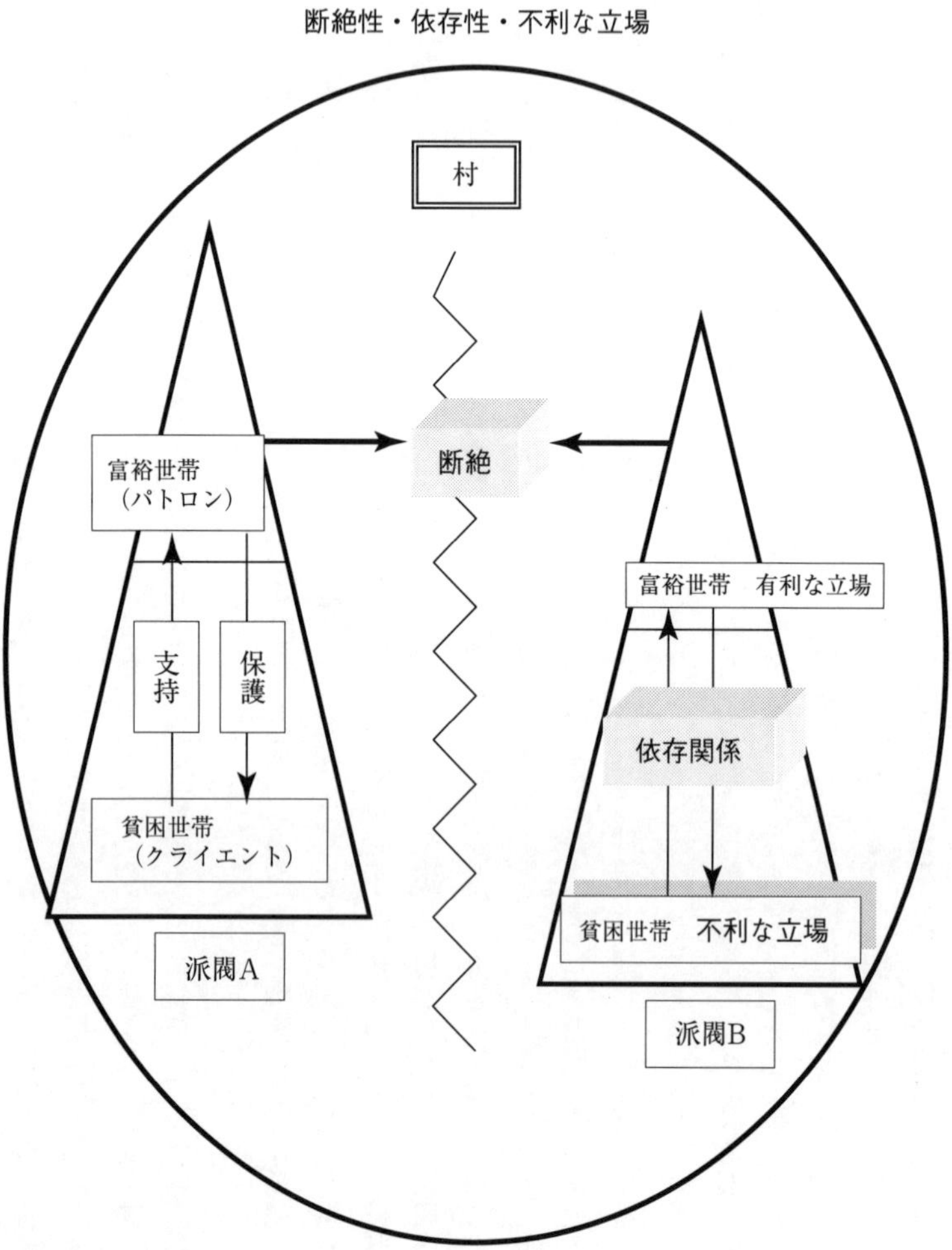

出典：訳者作成。

村落の社会経済構造の第二の特徴は、依存性である。コミュニティのもっとも貧しいメンバーとより豊かな世帯との関係を特徴づけているのがこの依存性であり、派閥主義の構造と結びついている。村で利用できる資源の量は限られており、世帯ごとに分配される量は平等ではない。村の資源とは、経済的な利益を生む具体的資産（主に土地など）と、抽象的資産（村人への政治的影響力、地方官僚との協力関係など）を指す。

資源が平等に分配されないと、より豊かな土地所有者は土地なし農民や生産力のほとんどない農民に遠くからでも影響力を行使でき、経済的支援を意のままに操作できるようになる。もっとも貧しい世帯は、最低限の生活の糧を稼ぐために土地所有者に頼って労賃がもらえる仕事についたり、小規模な商売のための融資や結婚式の資金などを融通してもらわねばならない。土地なし農民は生計を立てるためにサービスを提供し、要求される政治的支援をすることで、土地所有者との良い関係を維持しなければならないのである。このようなパトロン的なシステムにより、富める世帯は貧しい村人の生活にほぼ全面的に大きな影響力を持つことができる。地元の派閥主義には常に争いの可能性が内在しているので、貧しい村人は村の権力者に反抗することができない。彼らは、自分が直面した困難（それが他の村人との争いであっても、経済的ニーズあるいは生計のためのニーズに関わることであっても）に対処するため、力を持った人の保証を確保しておかねばならない。この対等でない関係または依存性が、バングラデシュの村の社会構造を深く特徴づけているのである。

このように、派閥主義と依存性が村の規範として存在しているので、人間関係のシステムが搾取的であるのはほぼ避けられない。司法の力と政府の構造が弱く、しばしば腐敗している体制では、このような搾取は特にひどくなる。調査担当者は、経済分野ではほぼ全面的に不平等な取り引きが見られ、搾取が行われていることを確認している。非常に安い労賃と融資利用の際の非常に高い利子、などがその例である。このような搾取の関係はたくみに制度化されているので、巻き込まれた人が必ずしもそれに気づくとは限らない。

貧しい村人たちは、豊かな土地所有者に完全に依存した結果、貯蓄がないために現状を改善できなくなった。調査担当者はこの状況を第三の課題、すなわち不利な立場と位置づけた。この不利な立場という用語は、農村部の貧困がたまたま偶然にあるのではなく、ある特定の貧しい世帯に不利益を押し付けるほど、豊かな世帯が物事を進めるうえで有利な立場に立てるというプロセスの結果を意味している。このプロセスは経済的活動をコントロールするだけでなく、価値や名声、信頼性、権威、選択と連携の自由など社会的、認知的プロセスをもコントロールする。こうして貧しい世帯は、自由に使える資源がほとんどない状況の中で苦境と直面するだけでなく、豊かな世帯が直面することのない問題や不利益のもとで暮らしていかなければならない。

コミュニティ全体を対象としたアプローチの見直し

これまで述べてきたような調査担当者の分析から、ＢＲＡＣの幹部は、コミュニティ全体を対象とした開発アプローチに基づくプログラムが、なぜフィールドで効果を上げることができなかったかを説明することができた。一九七七年の後半にＢＲＡＣは、フィールドでの失敗と調査結果（これらは相互の説明に役立つ）に基づいて、アプローチの再検討を開始した。フィールド・ワーカーや調査担当者、リーダーなどの間で多くの議論が行われた結果、リーダーとフィールド・ワーカの両方が、村の貧困を削減するために重要な構造的問題に対処してこなかったという結論に達した。マーサ・チェンは次のように説明している（Chen, 1983, p. 11）。

ＢＲＡＣの内部分析と集積されたフィールドでの経験から次のことが明らかになった。

- 農村部の権力構造と資源の分配には非常に重要な関係がある。
- コミュニティ全体を対象としたプログラムでは、利益のほとんどが豊かな人に集中し、非常に貧しい人々を素通りする。
- 貧困層を対象としたプログラムは、少数の人が権力と資源を握っている農村部の権力構造に対処するものでなければならない。
- 農村部の権力構造に対処するためには、貧しい人（そして弱い立場にいる人）のための能力や制度の開発が必要である。

貧困がどのように制度化されているのか、またその制度に変化をもたらすにはどのような種類の開発が必要かについての再分析と一連の基本的仮説に基づいて、ＢＲＡＣの理事会と幹部は新たに「ターゲット方式」という戦略を採用した。この新戦略のもとで、開発の努力は村のもっとも貧しい集団に向けられ、彼らが依存関係を打破できるよう計画された。最貧困層にある人々は連帯責任を持ついくつかの集団に組織化され、集団内のメンバーの相互扶助とＢＲＡＣが提供する機会の両方を利用しながら、村に存在する階層的な依存関係を徐々に崩そうとした。

「ターゲット方式」が採用された一九七七年以降、ＢＲＡＣのほぼすべての活動は、対象世帯が構成する村落組織に対して、あるいはそれを通じて行われてきた（ただし、経口補水療法訓練や予防接種、助産婦訓練などコミュニティ全体を対象としたいくつかの保健プログラムは例外である）。教育活動、マネジメントと技能の訓練、技術的サービス、融資活動、政府機関との仲介などは、最貧困層の村人から成る村落組織が参加したり主体となって行われている。ＢＲＡＣのフィールド・ワーカーは、村落組織の会議や個別の議論の場を利用して社会的活動と生産活動を結びつけ、貧しい人々の間での連帯を強化し、これまで存在してきた搾取的で派閥的な関係を打ち破ろうとしている（ＢＲＡＣが村を訪問し組織化する方法については第三章に詳しい）。

対象となる集団の決定

一九七七年以来ＢＲＡＣは、村落組織のメンバーとなる資格の有無を決定する基準として、「最貧困層」を定義しようと努力してきた。初めの頃その定義はまだ一般的なものであり、土地なし農民、漁師、女性とされていた。しかしその定義はさらに検討され、次のようになった。

職種を問わず、生計を立てるために他人に肉体労働を提供している世帯で、政治的保護者がおらず、何の地位も持たない人。

その後も何度か手が加えられ、村落組織メンバーになるための要件は、次のように定められた。

〇・五デシマル（約二平方メートル）未満の土地しか持たず、生産手段がなく、生計を立てるために過去一年間に少なくとも一〇〇日以上肉体労働に従事した世帯。各村落組織の少なくとも五〇％は土地なし農民から構成されなければならない。

ＢＲＡＣの「ターゲット方式」はまた、女性が貧困だけでなく性別ゆえに多様な問題に直面しているとして、女性に特に焦点を当てるようになった。貧しい人たちはすべて、男女別の集団に組織化される。すでに述べたように、村では女性の集団が男性の集団より先に組織化されることになっている。貧しい女性から成るグループは、限られた自主性と力で女性としての問題に対処するとともに、個々の経済的問題や社会的問題にも対処する。男女別に集団を分けることは、バングラデシュ社会に支配的なイスラム教文化にも矛盾しない。集団が成熟し、メンバーが意識化されて連帯感が育ったら、プログラム・オーガナイザーは、男性集団と女性集団に共同で経済活動や社会的活動を実施させる。例としては、レンガ作りや深管井戸の共同経営、その他の所得獲得活動の共同実施が挙げられるが、詳細は第四章と五章で述べる。

自転車で村を回るプログラム・オーガナイザーの女性たち。（ＢＲＡＣ提供）

「ターゲット方式」が採用された一九七七年に、ＢＲＡＣはフィールド・スタッフの役割をモティベイター（動機付けをする人）からプログラム・オーガナイザーに変え、ボランティアを使うのをやめた（保健委員会や親委員会のメンバーなど特定の役割を除く）。ボランティアから有給職員となったプログラム・オーガナイザー（現在は常に若い大学新卒者である）の仕事は専門職であり、村落組織が自ら社会的、経済的活動を計画し実施できるように組織化と開発を行う役割を担っている。プログラム・オーガナイザーは、今ではＢＲＡＣへ加わる人たちの最初の仕事であり、マネジャーになるためにはまずプログラム・オーガナイザーを経なければならない。

村の最貧困層をターゲットとしたＢＲＡＣのプログラムは、意識化、連帯感を持った相互扶助集団の組織化、機会を拡大するための技術的サービスや財政的サービスの供与などを含み、今日のＢＲＡＣの中核的アプローチとして続いている。

第三章　ＢＲＡＣのプログラムの概要

ＢＲＡＣの開発活動は、主に四つの領域で実施されている。（1）**「農村開発プログラム**（ＲＤＰ、Rural Development Program）」――ＢＲＡＣの最大かつ中心的なプログラムで、村レベルで最貧困層を男女別グループに組織化し、意識化やエンパワーメント、融資活動により促進される所得獲得活動、さまざまな社会的プログラムの実施などをグループ単位で行う。（2）**「農村融資プロジェクト**（ＲＣＰ、Rural Credit Project）」――ＢＲＡＣが新たに始めた自立的な銀行活動で、村の集団はこのプロジェクトのもとで四年間の融資を受けた後、民間銀行が提供するサービスへと移行する。（3）**「保健プログラム」**――女性と子どもを焦点に予防保健を強化するとともに、政府の農村部保健システムのサービスを改善する。（4）**「ノンフォーマル初等教育プログラム**（ＮＦＰＥ、Non-Formal Primary Education）」――学校に就学したことがまったくない最貧困層の子どもたちのために企画された初等教育主体のプログラムである。このうち、「保健プログラム」と「初等教育プログラム」は、部分的に「農村開発プログラム」に統合されているが、それ以外は平行して行われる。

これら四つの主要農村プログラムを支援するために、ＢＲＡＣは本部や地方に大きなプログラム支援システムを持っている。この支援プログラムを構成しているのは、支援サービス部（その管轄下に、六つの訓練リソース・センターと、マネジメント開発プログラム、ロジスティックス、建設がある）、大規模な調査評価部、経理監査部、人事部、出版部（その下に教材開発室）、商業および政府関係部（その下にモニタリング）などである（訳注・この組織構成は一九九一年当時のものであり、現在については訳者補章付図1参照）。

ＢＲＡＣの本部事務所は、ダッカにあるＢＲＡＣ所有の六階建てビルの中にあり、二〇〇人のスタッフがいる（その他に近隣のビルに二つの階を借りている）。四〇〇〇人を超える常勤スタッフの大半はフィールド事務所（宿泊施設があり村に位置している）や、国内のあちこちにあるＢＲＡＣの訓練リソース・センター、短期的フィールド・キャンプなどに駐在している。また六〇〇〇人の小学校教師が、職場に近い自分の村に住んでいる（訳注・これらの数値は本書が執筆された一九九一年までのものである。二〇〇一年の統計では、常勤スタッフ数が約二万五〇〇〇人、非常勤スタッフが三万四〇〇〇人余りで、合計五万九〇〇〇人近くが働いていると報告されている。また現在のＢＲＡＣ本部はダッカ市内の二二階建て高層ビルにある。BRAC At A Glance As of April 2001）。

本章では、ＢＲＡＣの四大プログラムの歴史と現状を概観し、ＢＲＡＣが経営する企業についても簡単に述べる。第四章と五章では、二つのプログラム（「農村開発プログラム」と「農村融資プロジェクト」）の財政的、経済的活動（新しい金融業務）についてさらに詳述する。これら三つの章は、ＢＲＡＣのマネジメントの方法やプログラムの支援体制について述べた第六章と七章へつながっている。ＢＲＡＣの主要な活動を理解することで、ＢＲＡＣが仕事をどのように実施しているのか、効果的なマネジメントがその成功の鍵と考えられてきたのはなぜか、という分析に役立つことになるだろう。

1　組織の構造

ＢＲＡＣの基本的構造はあまり変わっていないが、プログラム構造の詳細については常に試験的なものであり、フィールドで試された後に変更されることもしばしばある。このようにプログラムの構造は柔軟であるが、物事を決定するうえで常に基準となるいくつかの一般的な原則はある。その原則とは、アカウンタビリティ、階層制を最

図3.1　ＢＲＡＣの組織図（1991年３月）

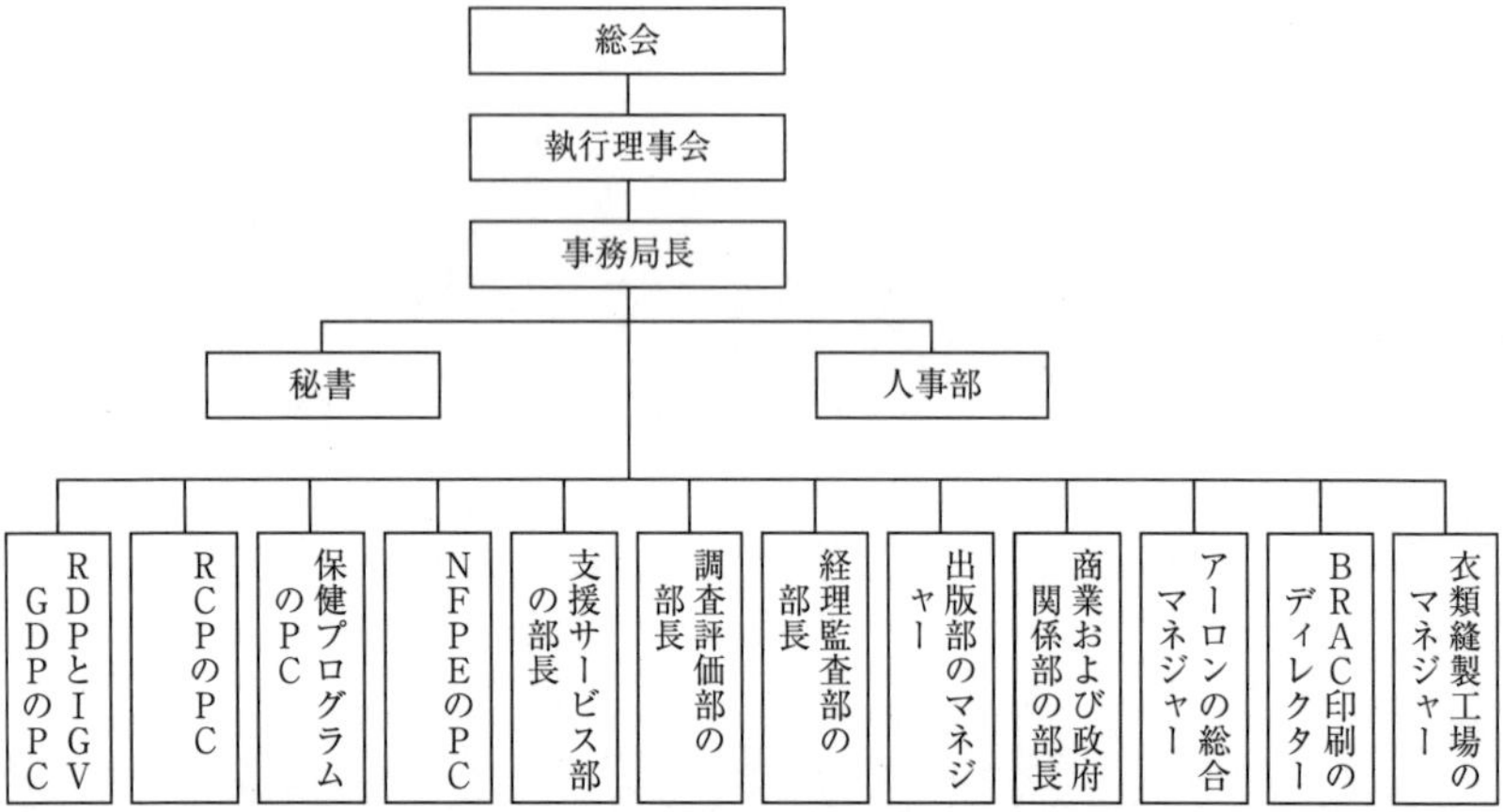

注：ＲＤＰ＝農村開発プログラム。ＩＧＶＧＤＰ＝脆弱な集団の開発のための所得獲得プログラム（本文89頁参照）。ＲＣＰ＝農村融資プロジェクト。ＮＦＰＥ＝ノンフォーマル初等教育プログラム。ＰＣ＝プログラム・コーディネーター。

出典：BRAC organizational records, March 1991.

小限にとどめること、参加を奨励し可能にすること、意思決定の分権化、フィードバックの機会や柔軟性を最大限にすることなどである。

平らな構造

図３・１の組織図は、一九九一年のＢＲＡＣの全体構造を示したものである。マネジメントのトップとフィールドでの実践の間に中間レベルがほとんどなく、平らな構造が特徴となっている。すべてのプログラム・コーディネーター（主なプログラムの責任者の名称）とプログラム支援システムの長の約半数は、ＢＲＡＣの理事に直接報告を行う。プログラム支援システムのうちの四つ（訓練リソース・センター、マネジメント開発、建設、ロジスティックス）は、支援サービス部の部長を通じて報告を行う。ＢＲＡＣの四大主要プログラムの組織図は、各プログラムが議論されるところに掲載する。

ＢＲＡＣはプログラムを企画するときに、ニーズ主体のアプローチをとっている。このアプローチを使うと、すでに存在している状況の中で具体的な問題や機会を見出し、適切な対処を行うことができる。ニーズ主体のアプローチは、組織が効率的かつ効果的に物事を実行でき

図3.2 「農村開発プログラム」の組織図（1990年11月）

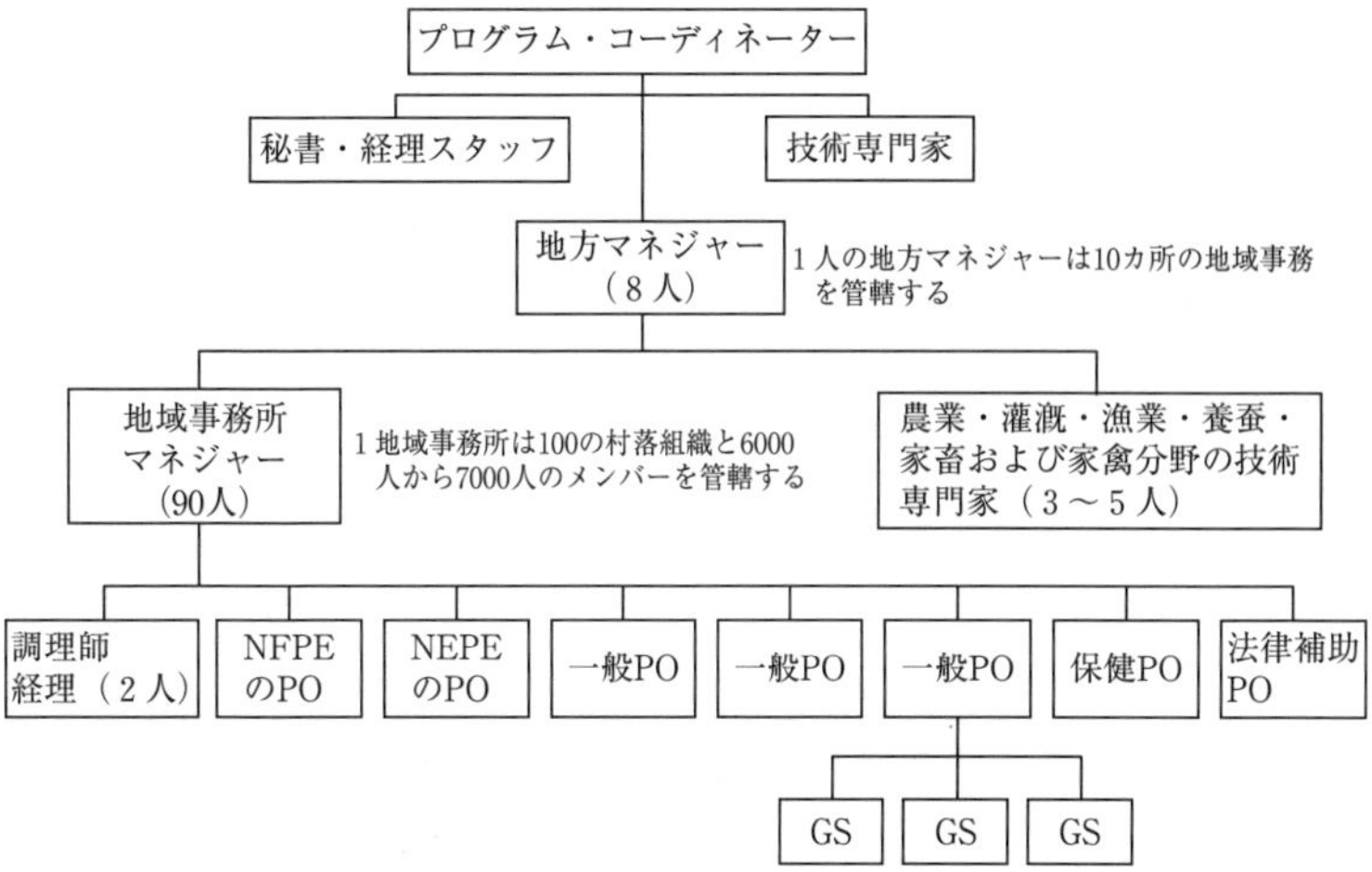

注：PO＝プログラム・オーガナイザー（村レベル）。NFPE＝ノンフォーマル初等教育プログラム。
　　GS＝グラム・シェボック（村落アシスタント）。
出典：Rural Deveropment Program records, November 1990.

るとわかっていることのみを行う方法主体のアプローチと異なる。一般に方法主体のアプローチは、相対的に低いコストである程度のインパクトを生み出すと考えられている。一方、ニーズ主体のアプローチは最初の段階でコストがかかるが、より大きなインパクトをもたらすと考えられている。新しいプログラムを企画する段階でも、またプログラムを変更する段階でも、BRACはニーズ主体の戦略をとっている。新しいプログラムではさまざまな方法が試行され、有効性が証明されれば、コスト面からも効率よく他に適用する方法が模索される。こうして見出された方法は大きなプログラムへと拡大され、既存のプログラムに統合される。

2　「農村開発プログラム」

「農村開発プログラム」はBRACプログラムの中でも最大のものであり、すべての活動の中心である。**図3・2**は、「農村開発プログラム」の組織図である。これからわかるように、プログラム・コーディネーターと地域事務所（area office）との間には、地方マネジャー（regional manager）というレベルがたったひとつ設けられているに過ぎない。「農村開発プログラム」はプログラム・コーディネーターによって率いられ、その下に（一九九〇年末の時点で）八人の地方マネジャーがおり、そのうちの二人がダッカの本部事務所に、また他の六人がフィールドに駐在していた。プログラム・コーディネーターは、本部の五つの経済の下位セクター（農業、灌漑、漁業、養蚕、家畜および家禽）の専門家、秘書・経理スタッフなどから支援を受ける。

フィールドの活動は地方マネジャーのもとで組織化される。地方マネジャーはそれぞれに一〇カ所の地域事務所を管轄し、各地域事務所は地域事務所マネジャーが率いている。地域事務所はフィールド運営の単位である。ひとつの地域事務所は四〇～五〇村をカバーし、一〇〇の村落組織（village organization）と六〇〇〇～七〇〇〇人のメンバーを抱えている。またそれぞれの地域事務所には三人の一般プログラム・オーガナイザーがいる。彼らは若い大学新卒者で、基本的な村の組織化やグループ間の関係維持に携わる。これらの一般プログラム・オーガナイザーのアシスタントとして、少なくとも一〇年生（訳注・日本の高校一年に相当）までの教育を終えた村の若者三人がグラム・シェボック（gram shebok 村落アシスタント）となる。また、BRACの他のプログラムが同じ地域内で実施される場合、専門プログラム・オーガナイザーが地域事務所に派遣されることもある。ほとんどの地域事務所には二名以上のノンフォーマル初等教育プログラム・オーガナイザーがいて、地域内の村にあるノンフォーマル初等教育学校を監督している。地域事務所の中には、村の人々と保健問題の活動を行う保健プログラム・オーガナイザーや、法律補助員を支援して村人が法的な権利を学びそれを守る活動を行う男女の法律補助プログラム・オーガナイザーなどを抱えているところもある（本章の後半で、初等教育や保健、法律補助プログラムについて述べる）。

地域事務所のスタッフたちは、村に出かけるとき以外は共に生活し、共に食事をとる。また彼らは定期的な会合を持ち、村の問題とBRACの対応についての意見交換に多くの時間を費やす。地域事務所は、決定を行うために定められている枠組み内であれば、臨機応変な決定をする自由を与えられているので、すべてのスタッフがその地位に関係なく、意思決定プロセスに参加できる。この小さなフィールド単位の地域事務所は、常に新しい課題に立ち向かい、変化する環境に対応していかねばならない。

地域事務所は、農業、灌漑、漁業、養蚕、家畜・家禽、管井戸の管理などの分野で、地方事務所に所属する専門家からサービスを受けることができる。専門家は地域事務所や融資利用者個人のコンサルタントとしても派遣される。また要請があれば、スタッフや村人の特別な訓練を実施するためにも派遣される（「農村開発プログラム」における経済の下位セクターに対する開発活動と専門家の役割については第五章で詳述）。

図3.3　「農村開発プログラム」の村落事業の手順

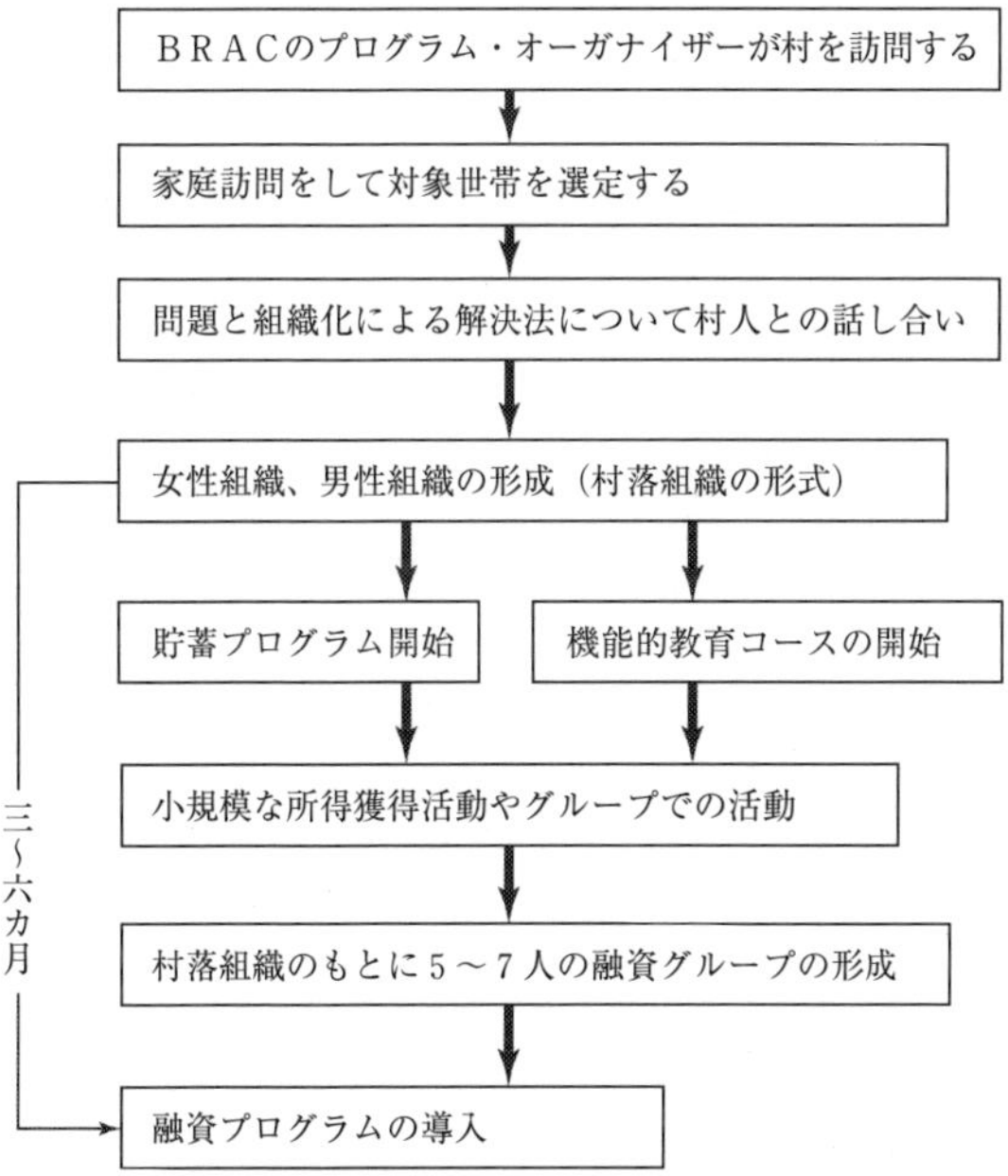

出典：訳者作成。

「農村開発プログラム」の村落事業

「農村開発プログラム」の組織化やその他の村落事業は、一九七〇年代の試行錯誤の中で作られたパターンに従って実施され（図3・3参照）、一九八〇年代になって規模が拡大された。そのパターンとは次のようなものである。まずＢＲＡＣの「農村開発プログラム」のプログラム・オーガナイザーが農村を訪問する。プログラム・オーガナイザー（そのうちの約一〇％は女性）は最初の仕事として、対象集団となる世帯を決定するための家庭訪問調査を行う。次に、これらの世帯の問題とそれが組織を通じてどのように解決できるのかを、村の人々（男女とも）と話し合う。何カ月かをかけて個人や小グループでの話し合いを行った後、男女それぞれの組織が形成される。ただし女性組織の形成が男性組織の形成より先である。各メンバーは貯蓄プログラムを開始し、銀行の貯蓄口座に毎月数タカ（十数円）を積み立てる（訳注・二〇〇〇年のレートでは一タカは約二円。以下本文中のタカはこのレートで計算する）。

村落グループが最初に行う共同活動は、すべてのメンバーが対象となる「機能的教育」コースの開設をＢＲＡＣに要請することである。コースは、ＢＲＡＣの機能的教育担当官によって実施される。訓練担当官は、少なくとも高校レベルの教育を受けた人から選ばれ、ＢＲＡＣの訓練リソース・センターで教授方法の特別訓練を受ける。訓練担当官と受講者には、コース用に開発された学習教材が支給される。参加型教育法を用い、受講者は自分の問題について議論や考察、分析を行うよう奨励される。コースはふつう、基本的な意識化と認識の確立を重視した三〇時限から成っている。さらに別に、三〇時限の識字と計算を強化するコースも受けることができ、メンバーの約五〇％が受講している。ＢＲＡＣの活動の初期には、すべての人が両コース六〇時限の訓練を受けなければならないとされていたが、一九八〇年代の半ばの調査で、コースを修了するのはメンバーの約半数に過ぎず、この「義務的な」規約はあまり効力がないということがわかった。そのためＢＲＡＣは、識字訓練が時間を要するわりに必ずしも有用とはいえないという結論に達した。なぜならば村人たちは読む能力を維持する手段がなく、数年のうちに学んだことを忘れてしまうからである。また年配の人々にとっては時間的な制約や病気のため、あるいはすぐに学ばねばならない動機がないために、六〇時限のコース（一時限は平均三時間）を終えることがかなり難しいということも明らかになった。

コースは、ＢＲＡＣの教材開発担当者が村人とともに、フィールド経験に基づいて作成、再編した成人向け特別カリキュラムに則って行われる（基本的な方法論はラテン・アメリカのパウロ・フレイレの業績に基づいている）。授業の基本的目的は、村人が政治的意識と、自分の環境や可能性についての認識を持つようにすることである。多くの貧しい村人にとって、みんなで環境について議論や分析を行い、依存的な関係を考察し、生活の中の問題点や可能性を分析するというこれらの作業は初めての体験である。この参加型学習経験によってグループの結束感が生まれ、階層的な依存性よりも横のつながりの重要性が認識され、共同活動の効力が確信されるようになる。

機能的教育コースが実施されている間に、グループのメンバーやＢＲＡＣのプログラム・オーガナイザーは、特別なコミットメントや能力を持つ村人を選び、ＢＲＡＣの訓練リソース・センターで訓練を受けることを勧める。選ばれた人々は、訓練リソース・センターでリーダーシップ訓練やグループ参加の技術訓練を受け、さらに進んだ意識化活動にも参加する。

グループは、それまで少しずつしてきた貯蓄を資本に、次第に小規模な所得獲得活動などを開始する。また確信や連帯感が育つにつれて、より難しい活動も行うようになる。たとえば「Food-for-workプログラム」のもとで働く労働者にきちんと賃金を支払うよう地方政府に要請したり、政府が所有している未使用の土地や池を利用できるよう政府に請願したりする。場合によっては村の複数のグループが、労賃や借地の問題で土地所有者と協議することもある。

村落組織の連帯感が確立されると、小グループが五～七人で構成され、融資が導入される（「農村開発プログラム」の融資プログラムの詳細は第四章参照）。一般に融資プログラムは、村落組織の形成後三～六カ月経って導入されるが、これはメンバーに機能的教育コースの修了や結束の確立、効力感の獲得、貯蓄原則の確立などの時間を確保してもらうためである。

「農村開発プログラム」の主な役割責任は、村落組織のメンバーに組織的訓練と技術的訓練の両方を提供することである。訓練は、ＢＲＡＣが持つ六つの訓練リソース・センター（宿舎併設）や「農村開発プログラム」のフィールドにある小さな拠点事務所、フィールドのその他の場所で実施される。訓練を担当するのはＢＲＡＣの訓練リソース・センターの訓練担当官か、「農村開発プログラム」の分野別専門家である。一九九〇年には、参加延べ日数にして一五万日以上の訓練が実施された。多様な所得獲得活動（家禽や家畜の飼育、養殖、養蚕、管井戸の運営、織物の生産など）を行うために、メンバーが希望する技能向上訓練とともに、リーダーシップやコミュニケーションの訓練、グループ訓練、マネジメント技能訓練などが実施される。

女性グループの朝の集会。グラム・シェボック（左の男性）が参加し、会計係の女性（中央）が融資返済金や貯金をまとめる。（ＢＲＡＣ提供）

グループが形成され、機能的教育の授業がすべて終了し、融資事業が導入された後も、村落組織はプログラム・オーガナイザーや村レベルのアシスタントであるグラム・シェボックから継続してサービスを受けることになる。

村落組織は月に何度かの会合を開く（表３・１参照）。そのひとつに、村落組織のリーダーがメンバーすべてを召集し、仕事に出かける前の早朝に開く会合がある。この会合は事業関連の会合で、通常は時間的に短く、所得獲得プロジェクトの議論や融資返済金の回収、義務づけられている貯蓄の入金などが行われる。この会合にはグラム・シェボックが参加し、融資返済金や貯金の回収業務を行う。村落組織全体のもうひとつの会合は月例会で（男性は夕方、女性は午後）、保健（衛生施設を含む）や栄養、家族計画、ダウリ（新婦の結婚持参金、二七一頁参照）の問題、法的権利、子どもの教育、その他特に関心のある社会問題などについて討論が行われる。この会合には、プログラム・オーガナイザーとグラム・シェボックが一緒に参加する。プログラム・オーガナイザーはすべて、社会問題の討論の進め方や建設的な参加の方法について、一〇日間の特別訓練を受ける。これら全体会合の他に、五人のメンバーから構成される小グループ単位での早朝会合も必要に応じて開かれ、メンバーの融資の承認や所得獲得の機会、その他の融資関連問題、メンバー個人の問題などが議論される。この会合は各小グループの長が議長となり、グラム・シェボックが参加することもある。また村落組織のリーダーを対象とした重要なマネジメント会議が、毎月開催される。リーダーは小グループの代表者から構成される。

村の中には豊かで大きな力を持った村人や時に政府の官僚がおり、土地なし農民の組織活動に介入しようとする

表3.1　村落組織の会合

会合の種類	参加対象者	内容・議題	その他
早朝会合	村落組織全体	融資の返済金回収 貯畜の入金 所得獲得プロジェクトの議論	村落アシスタント(グラム・シェボック) が参加し、融資返済金と貯金の回収業務を行う
月例会議 (月に一度)	村落組織全体	保健・栄養・教育・ダウリ・法律など社会問題の討論	プログラム・オーガナイザーとグラム・シェボックが参加
小グループ単位の早朝会合 (必要に応じて)	グループのメンバー	メンバーの融資の承認 メンバー個人の抱える問題等の議論	必要なときはグラム・シェボックが参加
マネジメント会議 (月に一度)	各村落組織のリーダー	村落組織の運営や組織の加える問題の議論	

出典：訳者作成。

ことがある。しかしグループはそういった介入を徐々に拒否し始める。状況が特に厳しい場合には、「農村開発プログラム」のプログラム・オーガナイザーや地域マネジャーまたは地方マネジャーが必要とされることもある。プログラム関係者外からの介入はさまざまな形をとる。たとえば根も葉もない噂を流したり、女性メンバーがグループ活動に参加することでプルダを遵守しなくなるという宗教的影響を問題にしたり、ＢＲＡＣの動機付けや信頼性を疑問視するなどいろいろである。あるいはひやかしの対象にしたり、自らの権利を要求し守ることができるようになってきたグループには脅しや暴力に訴えることもある。最近の例では、ある年長のムッラー（訳注・mullah イスラムの法・教義に深く通じた人に対する尊称）が、ＢＲＡＣのノンフォーマル初等教育学校の女性教師の顔を村の通りで殴り、彼女の活動を厳しく非難したという出来事もあった。ほとんどの場合、村落組織がこれらの介入問題を解決するが、地域マネジャーやプログラム・オーガナイザー、グラム・シェボックも、背後から必要に応じて対処できるようにしておくことが重要である。

一九七五年にＢＲＡＣは、最初のスラ地域（シレット県）でのプロジェクトから、バングラデシュ北部ジャマルプール（Jamalpur）にある約三〇村をカバーする女性プロジェクトへと活動を拡大した。この地域は、パキスタンからの分離独立後に多くの女性たちが物乞いにならねばならなかった特に貧しい地域である。そのため、女性のニーズに対応する活動の試行の場に選ばれた（このプロジェクトの詳細は、Chen, 1983 参照）。

一九七六年にＢＲＡＣは、ダッカから車で一時間ほど北のマニクゴンジ県（Manikganj）にもうひとつの試行現場を設け、一八〇の村落を対象に新しいアプローチのテストを始めることにした。そこで初めて家禽や養蚕、家畜などの対策活動が試みられ、進展を見せた。また政府に対する促進プログラムが最初に実施された。マニクゴンジでは、多様な保健対策活動や法律補助員プログラムの開発なども試みられている。現在二五〇以上の村落があるマニクゴンジは、ＢＲＡＣにとってさまざまな種類の開発イニシアティブを試し、教訓を得るための主要実験地域となっている。ほとんどの村落開発プログラムは、マニクゴンジでまず試行される。現在、マニクゴンジとジャマルプールのプロジェクトは「農村開発プログラム」に統合されているが、どちらも重要な実験地域としての役割を果たし続けている。

一九九〇年末までに「農村開発プログラム」は九〇の地域事務所を持ち、四五万人のメンバー（そのうちの六五％は女性）を抱える約七〇〇〇の村落組織を組織化した（訳注・現在の地方事務所数は五七、地域事務所数は四三二、村落組織数は九万九九八一、メンバー数は三七〇万人、そのうちの女性が占める割合は九七・八％である。出典 *Public Affairs & Communications*, BRAC, January 2001）。今も「農村開発プログラム」は、毎年二〇〇〇の新しい村落組織と一〇万人の新しいメンバーを組織化している（「農村開発プログラム」の活動についての詳細は第四、五章参照）。

「ハオール（Haor 氾濫原）開発プログラム」

「農村開発プログラム」では、政府との協力のもと、バングラデシュ北東部の四つの氾濫原で特別プログラムを実施している。これらの地域は、毎年数カ月間水没し、その間の村人同士、村と村、町と町の間の往来は小船に依存している。農地は水没し、生活はきわめて困難となる。一九七二年にＢＲＡＣが最初の組織化活動を開始し、約七〇〇〇人のメンバーを抱える一七一の村落組織を形成した地域が、この氾濫原であった。その後一〇年の経験を経て、一九八二年には村落グループを支援し、土地なし農民のグループが自力で運営する「土地なし農民事務局（landless secretariat）」を設立した。ＢＲＡＣは最近になってこの氾濫原におけるプログラムを「ハオール開発プログラム」に再統合し、「農村開発プログラム」と同じ方法で運営している。

一九八九年に政府機関であるバングラデシュ水開発委員会（Bangladesh Water Development Board）は、スウェーデン国際開発協力庁（ＳＩＤＡ、Swedish International Development Agency）からの資金協力を受け、氾濫原地域の人々を洪水から守るための土塁を築くという主要プロジェクトを開始した。水開発委員会の予備調査とドナー査定によると、「Food-for-work」の土塁建設事業が開発目標を達成するためには、社会経済的部門と保健部門の両方が統合された開発プログラムが必要とされ、これをドナーも承認した。バングラデシュ水開発委員会は、村落での組織化に実績を持つＢＲＡＣに対し、初期に形成された土地なし農民グループとの活動の再開や、新しいグループの組織化、活動プログラムへのグループ・メンバー参加の促進などによって、その地域での開発活動を回復させてほしいと要請した。つまりＢＲＡＣに対して、その地域内の「農村開発プログラム」を拡大するよう要請したのである。ＢＲＡＣはこれを了承した。

このプログラムの最初の年にあたる一九八九年、「農村開発プログラム」は土塁事業が実施されている地域内に四つの地域事務所を設立し、約三〇〇の村落組織を形成した。現在、村落組織のメンバーはダム建設に参加し、同時にメンテナンス活動にも全面的に責任を負っている。村落組織のメンバーは、「農村開発プログラム」からの融資を利用し、森林管理、園芸、家畜と家禽、漁業などの分野でも活動している。また教育と保健の活動もＢＲＡＣによって導入されている。

「脆弱な集団の開発のための所得獲得プログラム」

政府との協力で実施される「農村開発プログラム」の中でも、貧窮した女性たちの所得獲得能力を改善するプログラムは規模が大きい。一九八〇年代の半ばにＢＲＡＣは、特定のプログラムについて世界食糧計画（ＷＦＰ）やバングラデシュ政府の救済復興省（Ministry of Relief and Rehabilitation）、家畜漁業省（Ministry of Livestock and Fisheries）との協力を政府から要請された。「脆弱な集団の開発のための所得獲得（ＩＧＶＧＤ、Income Generation for Vulnerable Group Development）」と称されるこのプログラムの目的は、政府の生活保護を受けている女性たちに組織化や職業訓練などの支援を提供し、二年後に女性たちが技能を身につけてこのプログラムを離れ、少なくとも生活保護として受けていた小麦に匹敵する所得を維持できるようにすることである。

ＷＦＰは、毎年バングラデシュに対して何千トンもの小麦の支援を行っている。これらの小麦の一部は換金されるが、ほとんどは政府から地元の村評議会を通じて、もっとも必要としていると特定された女性たちに分配される。最貧困層の中でももっとも不利益を被っているとされる女性の約九割が、肉親から見捨てられたり夫と離婚あるいは死別し、その多くは子どもを養っていく必要にも迫られている。村評議会から、このプログラムのもとで支援を受けるよう指名された女性は、二年間にわたって毎月三一・二五キログラムの小麦粉を支給される。

ＢＲＡＣは協力要請に応じ、まずマニクゴンジ実験地域に焦点を定め、「農村開発プログラム」の中で実施可能なアプローチをいくつか試行した。手工芸、特に織物の分野と家畜の飼育や養蚕、家禽の飼育などでテストが行われた。その結果、家禽の飼育がもっとも成功をおさめるであろうという確信に至った。その他のアプローチについては、より大規模な訓練と多くの資金が必要なうえ、国内の至るところで市場拡大の問題を解決することが困難と分析された。ただ当時は、鶏のヒナの供給問題も解決していない状況であった。

マニクゴンジ地域での試行により、家禽の飼育状況を改善するための重要な問題は八〇年代末までに解決された。政府との協力活動がうまく進み、多産種のヒナの供給源が安定し、ワクチン接種を終了した多産種のヒナを飼育することで女性の収入が大きく改善したのである。「農村開発プログラム」のマネジャーは、このプログラムが全国に拡大できると考えた（「農村開発プログラム」における家禽プログラムの歴史については第五章に詳しい）。救済復興省は、家庭での家禽飼育を強化するという「農村開発プログラム」の方針に賛同し、一九八八年に両者が合意した「脆弱な集団の開発のための所得獲得プログラム」がスタートした。

このプログラムは次のようにして進められる。まず家畜家禽課（Directorate of Livestock and Poultry）や救済復興省、ＷＦＰ、ＢＲＡＣなどの代表者から構成される郡合同委員会のガイダンスのもとで、女性たちを互助グループに組織し、所得獲得の可能性を見つけることを支援し、動機付けとなる訓練を提供し、定期的貯蓄プログラムを開始する。次に、家庭での家禽の飼育を所得獲得事業として導入し、多産種の家禽の飼育技術やワクチン接種の必要性、病気を予防する技術などの訓練を行う。ＢＲＡＣは女性に融資利用を勧め、それを元手に家禽ビジネスが始められるようにする。

鶏のヒナを飼育する村の女性。（ＢＲＡＣ提供）

女性の多くは、鶏の主要飼育者（ＢＲＡＣの定義では、少なくとも一羽の多産種の雄鶏と一〇羽の雌鶏を家庭で飼育する人のこと）となる。その他の女性業者はヒナ飼育業者と呼ばれ、改良種のヒナ（生後一日目）を買って一歳になるまで育て、その後は村の主要飼育者に売却することができる。女性の何人かは、「農村開発プログラム」からワクチン接種担当者（家禽ワーカー）としての訓練を受け、近隣の村でヒナに予防接種をして生計を立てる（ヒナはすべて生後五日以内に予防接種を受けなくてはならない）。また、鶏用飼料の売買や卵の販売訓練を受ける人もいる。家畜家禽課は多産種のヒナを主な養鶏場に売り、予防接種担当者として選抜され訓練を受けた女性に注射器とワクチンを提供する。

ＢＲＡＣは、村評議会から「脆弱な集団の開発カード」の保持者として指定された女性（このカードを保持することで、小麦粉の配給資格を得る）の約四分の三のみと活動を行っている。女性の中には高齢や能力不足が原因で、家禽プログラムからの利益を享受できない人がおり、その場合は違うタイプの長期的支援も必要となる。またさまざまな理由で、村評議会からＢＲＡＣプログラムの対象として指名されなかった人もいる。協力活動の開始当時、このようなプログラムからの「漏れ」が常にあることに気づいたＢＲＡＣは村評議会に対し、カード保持者として認定されたすべての人を「農村開発プログラム」の対象とすべきだと指摘した。認定から除外された人については、ＢＲＡＣは村評議会の決定に従う。

このように四つの違う機関が協力を開始した当初は、当然ながらいくつかの問題が生じたが、プログラムそのものは、女性の自尊心の育成と経済状況の改善に大きく貢献した。家庭での家禽飼育は、それが伝統的に行われてきた仕事であったこと、コストが安く技術があまりいらないこと、高い生産性と利益を上げることができること、女性の家事労働と両立できること、特別な施設がいらないこと（養鶏を行う女性が非常に安価な鶏小屋を必要とする場合を除く）などの理由により、対象となった村人たちに適した仕事であった。

さまざまなレベル（主要飼育者、ヒナの飼育業者、予防接種担当者（家禽ワーカー）、飼料業者、卵の販売業者）での組織化や訓練方法については試行が十分されていたため、拡大は容易であった。ＢＲＡＣの「脆弱な集団の開発のための所得獲得プログラム」は、国内のもっとも不利益を被っているグループに対して、組織化や貯蓄、融資の利用、自尊心の確立などを支援することに成功をおさめたプログラムの一例である。

一九九〇年に「農村開発プログラム」で、約八万人が小麦粉の配給を受け、同時に約五〇万ドルの融資が実施された。ローンが実際に使われた割合は九八％を超えた。「脆弱な集団の開発のための所得獲得プログラム」は、一九九〇年に三二の郡内の二九四の村で実施された。そして一九九一年にはさらに拡大され、二つの政府機関（家畜家禽課、救済復興省）とひとつのＮＧＯ（ＢＲＡＣ）、ひとつの国際機関（ＷＦＰ）との間での協力活動の成功例となった。

「法律補助員プログラム」

「農村開発プログラム」の一環として実施されているもうひとつのプログラムが、「法律補助員プログラム」である。バングラデシュの多くの村人、特に女性は、日常生活に直接影響を及ぼす法律の知識がほとんどなく、警察や政府機関の不公正で差別的な慣行や他の村人による違法行為に対して自分を守ることができないのが常である。子どもの結婚や離婚、ダウリ、遺産相続、土地などの権利に関する法律はあまり知られていないし、重視されてもいない。最貧困層の村人は、法の執行体制である地元のシャリッシュ（salish 一般にエリートが独占している村の非公式の裁判所）や警察、公的な司法制度に対して否定的、懐疑的である。バングラデシュ農村部の生活には家庭内のもめごと、土地をめぐる争い、暴力などがつきものであるが、貧しい村人たちはそれを公正に判断するためのリソースがほとんどない（BRAC, 1990, *Peasant Perceptions*）。

村落組織が形成されて以来、さまざまな罪（盗みやレイプ、殺人など）を理由に不当に告訴されてきたメンバーや、小作料、労賃の問題で地主と争ってきたメンバーは、ＢＲＡＣに助けを求めるようになった。他の村人との間で法的な問題や争いごとのある村落組織メンバーからの要請で、プログラム・オーガナイザーや地域マネジャーはしばしば、調停役として間に入ったり、警察からの質問に答えたりした。場合によってはＢＲＡＣが、メンバーを守るために法律家を雇うこともあった。村落組織のメンバー数の増加につれ、助けを依頼される件数も増えた。

地域事務所や最終的には本部でも、増加する法的問題について多くの議論が行われた結果、一九八六年にＢＲＡＣのプログラム・マネジャーと事務局長（訳注・ＢＲＡＣ創設者アベッドのこと）は、「農村開発プログラム」の一環として法律補助サービスのプログラムを作成し、メンバーのニーズに応えることを決定した。ダッカのある敏腕女性法

農家の庭で、法律補助員が村の女性たちに相続権などについて説明する。（ＢＲＡＣ提供）

律家が、このプログラムの作成を指導した。

このプログラムも、ほぼ一年にわたってマニクゴンジ実験地域で試行、検討された。主な課題は、村人が訓練によって有能な法律補助員になれるかどうかを検討することであった。基本的な教材が開発され、村落組織のメンバー六〇人が最初の法律訓練を受けた。訓練は、家族法、遺産相続、土地に関する法律、犯罪処理や憲法のある特定の側面（不当な逮捕や拘留に対する初歩的な防衛）、基本的人権などに重点が置かれた。この集中コース（訳注・数週間にわたり全三〇時限）を修了した人だけが、ＢＲＡＣの法律補助員となり、ＢＲＡＣの「農村開発プログラム」地域事務所に雇用、配属された。彼らの仕事は、村落グループのメンバーのために法律補助教室を開講し、村人が自分の権利を守ることができるよう支援することである。

法律補助員のコストを賄うため、村人たちは出席した講義に数タカ（十数円）を支払う。一九九〇年末には九〇の農村開発地域事務所のうち一〇カ所が「法律補助員プログラム」に参加し、新たに一〇〇人の村人が法律補助員の訓練コースを終える予定であった。このプログラムは、「農村開発プログラム」の他の地域事務所にも急速に広まっているところで、訓練を修了して法律補助員の仕事につくメンバーが増えつつある。

アイシャ・アベッド基金（Ayesha Abed Foundation）

アイシャ・アベッド基金は、ＢＲＡＣの一部ではなく、財政的に独立した別の組織である。しかしこの基金は、「農村開発プログラム」と非常に緊密に協力を行っているので、ここで簡単に言及する。この基金は、ＢＲＡＣの創設者で事務局長アベッドの最初の妻アイシャの死を記念して創設された。アイシャ・アベッドは、ＢＲＡＣの活動にその創設時から積極的に参加した。親戚や友人たちは、一九八三年にＢＲＡＣの姉妹組織としてこの基金を創設したのである。この基金は常に「農村開発プログラム」との協力を行っている。基金は独立した理事会を持っているが、ＢＲＡＣの事務局長アベッドが基金の理事長も兼任している。年間予算は約六〇万ドル（約六九〇〇万円）である。すべての活動は女性に関連したものであり、その目標は、女性が持つ伝統的な織物技術を利用して所得獲得の可能性を強化したり、市場拡大の技能を獲得できるように、資金や施設、訓練などを提供することである。

この基金はこれまでに二つの主要センターと約七〇のサブ・センターを設立し、そこで女性たちが織物関連の活動を行っている。今後四二のサブ・センターを設立することを目標に、一九九一年にも二つのセンターが新設されることになっている（訳註・今は主要センター七、サブセンター二四二）。外部からの査察報告では、各センターの建物や設備は基金が建設・購入したが、存続と運営はセンターごとに自立している。主要センターは関連女性組合に対して、綿や絹の織物製品に関する機械や設備、労働する場所、訓練、品質管理、市場拡大の支援など多面的な支援を行い、その代わりに製品売上の五％を徴収する。女性組合のメンバーは、全員が「農村開発プログラム」の村落組織メンバーでもある。

アイシャ・アベッド基金のセンターで、布地に伝統的な模様を型押しする女性。（久木田由貴子撮影）

センターに属する女性組合が、そのセンターを運営する。女性組合から選出された役員が、商品の製造管理や、センターとサブ・センターで働く女性たちの監督を担当する。女性たちはアイシャ・アベッド基金か「農村開発プログラム」または「農村融資プロジェクト」から融資を受けて材料を購入し、基金所有の紡績機や巻き取り機を使って糸にし、布を織る。ローンはまた、型押しやシルク・スクリーンの道具、染料、糸、ボタン、その他の衣料付属品購入にも利用される。

品質管理の手段として、組合員は家庭ではなく主要センターかサブ・センターで仕事をする。女性たちは生産する物によって、日給制で働く人もいれば、製造物の種類ごとに決められた出来高制に従って働く人もいる。訓練期間中の日給は、最初は一五タカ（約三〇円）である。訓練終了後の日給は、その女性の技能や仕事のタイプによって二二～五〇タカ（約四四～一〇〇円）とさまざまである。訓練はふつう、必要に応じ在職訓練として行われるが、一定期間集中して実施される場合もある。

主要センターには、それぞれに糸巻き、撚糸、織り、染色、仕立て、型押しプリント、刺繍などの部門がある。サブ・センターの多くは大きな設備はないが、女性が材料を受け取る場として、また注文に間に合うよう監督を受けて仕事をする場として機能している。BRACが経営する手工芸品店アーロン・ショップ（Aarong 本章7「BRACが経営する企業」参照）は、このアイシャ・アベッド基金のセンターで作られた製品のほぼすべてを買い取っている（各センターは小売店を持ち、地元の人はそこで製品を購入できる）。アーロンはデザインの企画を支援する他、センターで生産された製品の買い取り方法を工夫することによって、製造期限の遵守、あるいは効果的な品質管理方法の改善など、効率の良いビジネス手法の開発も奨励する。

センターなくしては、女性たちは機械を利用したり材料を手に入れる方法がなかったであろうし、技術向上の手段もなく、市場に製品を出すこともできなかったであろう。センターはまた、絹を生産する家内工業に雇用されている村落組織の数千人の女性メンバーから、蚕や絹糸を購入する。

一九九〇年には、七〇〇〇人近くの女性がセンターに雇用された（そのうちパートタイムはきわめて少数）。センターやサブ・センターへの雇用は、何千人もの女性に安定した職を保証しただけでなく、この基金の広範な活動を運営することで育った女性リーダーが、マネジメント技能を身につけ他の女性たちにそれを教えるようになってきた。センターのもうひとつの重要な副産物は、若い世代の女性の結婚年齢が高くなったこと、また既婚女性については出産の間隔や子どもの数などに関心が高まったことである。

3　「農村融資プロジェクト」

一九八九年にBRACは自前の銀行を設立した。これが現在、「農村融資プロジェクト」として業務を行っている。この銀行は各支部が独立して運営と資金調達を行い、村落組織のメンバーが十分に銀行を利用できる状況になったときに、銀行サービスを提供する。この新しいプログラムは、長期的な融資活動の資金調達が自立的にできるようになることを目的としている。

図3・4は「農村融資プロジェクト」の組織図である。「農村融資プロジェクト」は「農村開発プログラム」とよく似た組織構造を持っているが、フィールドにある単位を地域事務所と呼ばずに支部（branch）と称している。各支部には三人のプログラム・オーガナイザーと九人のグラム・シェボック（村落アシスタント）がいる。「農村

図3.4　「農村融資プロジェクト」組織図

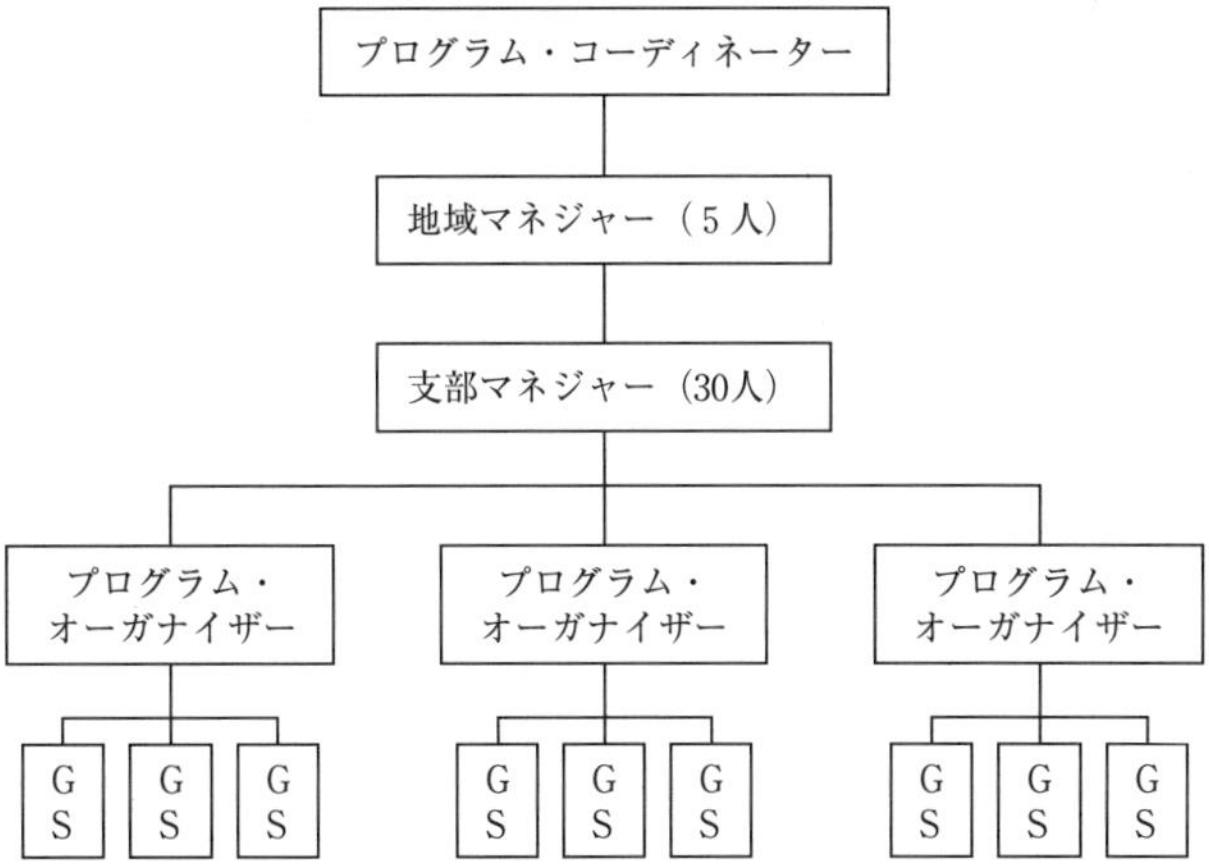

注：ＧＳ＝グラム・シェボック（村落アシスタント）。
各支部にいるプログラム・オーガナイザーは３人、グラム・シェボックは９人である。
出典：BRAC, RCP project records.

開発プログラム」の地域事務所と違い、銀行の支部は教育や法律補助、保健、その他の一般的活動を監督しない。これは支部の基本的な仕事が銀行業務にあるからである。「農村開発プログラム」によって最低四年間の開発活動が行われた後、成熟した村落組織は「農村開発プログラム」を卒業して、銀行へと移行する。成熟した村落組織とは、十分な社会開発レベルに達し、「農村開発プログラム」のもとで行われるメンバーの貯蓄や融資活動について、継続的な運営コストを十分にカバーできる状況にある組織を指す。この段階になると、「農村開発プログラム」の地域事務所（村落組織メンバーの未決済のローンや貯蓄、地域事務所の建物、スタッフを含む）を銀行が買い取り、支部とする。このようにシステム全体を買い取って支部とする利点は、すでに貯蓄や融資利用などの活動を経験し規則を守ることのできる顧客を引き継ぐことにある。ドナーからの資金は支部を開設するときに

使われるが、その後の銀行業務の運営では、貯蓄と融資活動のコストすべてを支部が自立して賄う。
一九九〇年には一〇の地域事務所が、「農村融資プロジェクト」の支部となり、一九九一年の前半にはさらに二〇の地域事務所が支部に変わった（「農村融資プロジェクト」の詳細は第四章参照）。

4　教育プログラム

ＢＲＡＣは巨大な初等教育プログラムを実施している。一九九一年にＢＲＡＣのノンフォーマル小学校は六二〇〇校にのぼり、一九九二年までに一万二〇〇〇校に増える計画である。また一九九〇年代末には、「ノンフォーマル初等教育（ＮＦＰＥ、Non-Formal Primary Education）プログラム」によって、バングラデシュ国内にあるほぼすべての村の最貧困層の子どもたちが、初等教育を受けられるようになると期待されている（訳注・二〇〇〇年一一月におけるＢＲＡＣのノンフォーマル小学校は三万一〇八二校、生徒数は一一〇万人にのぼっている。また卒業生数は一七〇万人である。BRAC At A Glance, Public Affairs & Communications, BRAC, January 2001）。

このプログラムは、機能的教育コースに参加した土地なし農民の親からの要請に応えて、一九八五年に始まった。親たちはプログラム・オーガナイザーや地域マネジャーに対して、なぜＢＲＡＣは子どもにも同様の識字教室を開設しないのかと疑問を投げかけていた。公立の小学校が抱える問題点や最貧困層の子どもたちの非就学率と中退率を注意深く検討した後、ＢＲＡＣは初等教育の実験を行うことを決定した。これは、村の最貧困層の子どもたちが、政府の学校制度ではカバーされていないことが明らかであったからである。

ＢＲＡＣは、ダッカ大学教育学部のあるコンサルタントの助けを得て、教育者による小グループを結成した。最初の目標は、二二の村落実験校を開設し、フォーマルな初等教育制度から抜け落ちた村の貧しい子どもたちに対し、コスト面でできるだけ効率的に教育を提供する方法を見つけることであった。この小グループは二年間に、教材開発やさまざまな形態の教師の選抜と訓練を実験した後、他の何千もの村落学校に適用できるような効果的な方法を

図3.5 「ノンフォーマル初等教育プログラム」組織図（1991年）

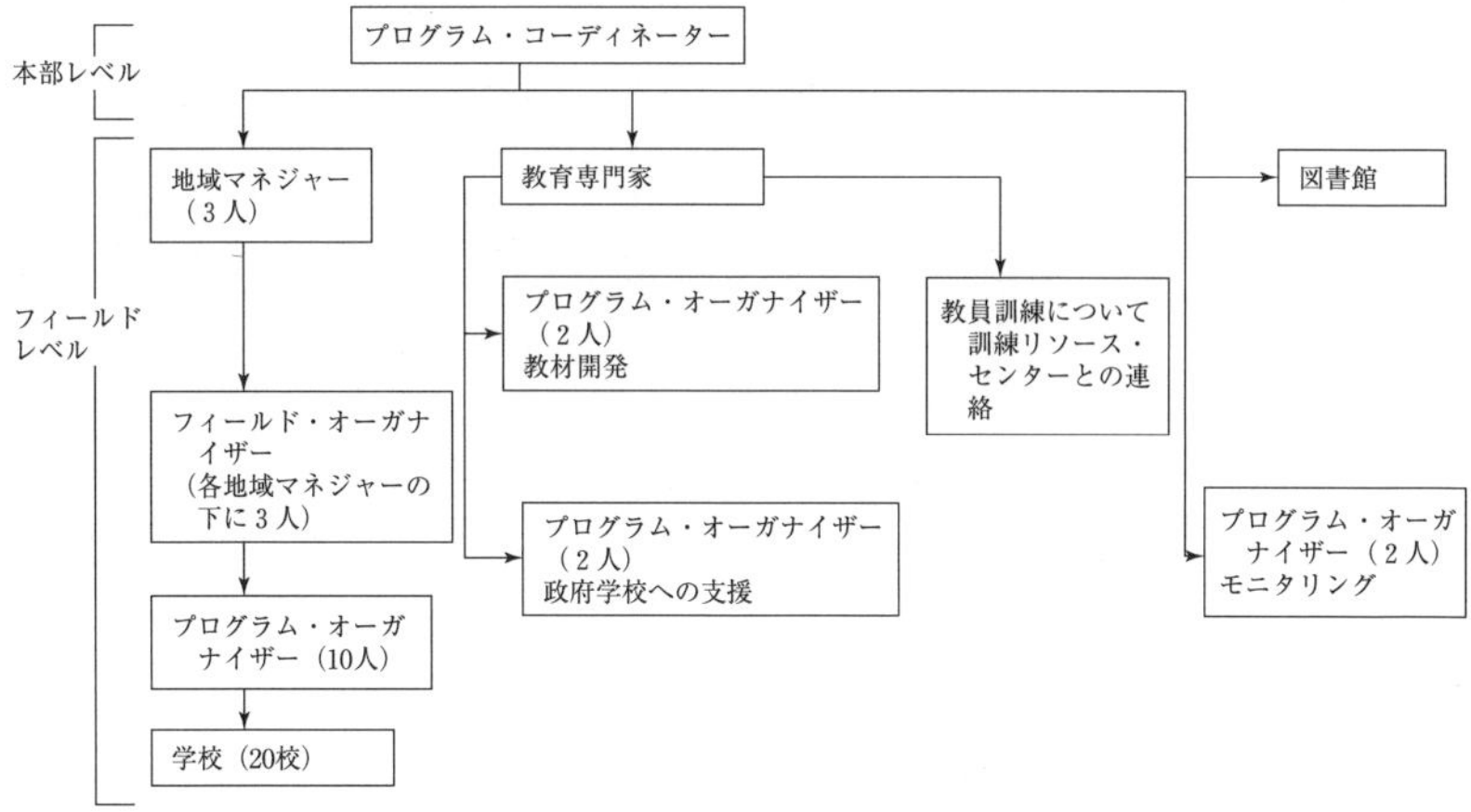

出典：BRAC, NFPE Program 1991.

開発した。それ以来、このプログラムは国際的な関心を集めてきた（初等教育プログラムの詳細は、Lovell and Fatema, 1989 参照）。

図３・５は、一九九一年中期の「ノンフォーマル初等教育プログラム」の組織図である。図にあるように、少数の本部スタッフが、政府学校の促進プログラム（後に概説）も含めたプログラム全体を運営する。本部スタッフは教材開発や統計的なモニタリングを行い、教員訓練はＢＲＡＣの訓練リソース・センターと連携して行う。フィールドは三段階の構造になっている。地域マネジャーがフィールド・オーガナイザーを、フィールド・オーガナイザーがプログラム・オーガナイザーを監督する。またプログラム・オーガナイザーは直接に教師を監督し、親のグループとも連携する。学校の大半は、「農村開発プログラム」が組織化した村に設置されているので、教育分野のプログラム・オーガナイザーは「農村開発プログラム」の地域事務所を拠点とし、地域事務所マネジャーに毎日報告ができるようになっている（図３・２参照）。「ノンフォーマル初等教育プログラム」のフィールド・オーガナイザーと「農村開発プログラム」の地域事務所マネジャーは、両方がプログラム・オーガナイザーを監督する機能を有しているので、緊密に連携して仕事を行う必要がある。

ＢＲＡＣのノンフォーマル小学校の授業風景。授業には伝統的な歌や踊りの時間もある。子どもたちの足元には、ノート代わりの小さな黒板が置かれている。（ＢＲＡＣ提供）

学校が「農村開発プログラム」の対象地域外にある場合には、「ノンフォーマル初等教育プログラム」は、プログラム・オーガナイザーのための住居を兼ねた拠点を設け、報告はフィールド・オーガナイザーに直接行う。

小学校年齢にある生徒の四四％（そして土地なし農民の子どものほぼ一〇〇％）が公立学校にまったく就学しておらず、また就学している生徒のうちの約半数が第三学年を修了する前に学校をやめてしまうという状況の中で、ＢＲＡＣの学校運営は成功をおさめている。

ＢＲＡＣの学校に入る資格があるのは、親がＢＲＡＣの村落組織メンバーとなることができるような村の最貧困層の子どもたちである。現在のＢＲＡＣ学校の大半は、ＢＲＡＣが組織化した土地なし農民の村落組織がある村に置かれているが、ＢＲＡＣの対象となっていない多くの地域でも試行された結果、同様の効果が証明された。

ＢＲＡＣは、異なる年齢集団を対象とした二つの小学校モデルを開発した。ひとつは「ノンフォーマル初等教育プログラム」で、学校に通ったことがまったくないか第一学年で中途退学した八歳から一〇歳までの子どもを対象とした三年間のコースである。三年に一度新しいコースがスタートし、コース修了まで同じ教師が担当する。重要なことは、子どもの家庭の近くに学校を開設し、生徒全員を同じ村または集落の出身者とすることである。子どもの年齢を統一したクラスを毎年新設しようとすれば、学校は離れた場所に設けられ、村の特色が失われ、監督も難しくなったであろう。

二つめのモデルは「年齢の高い子どもたちを対象とした基礎教育（ＢＥＯＣ、Basic Education for Older Children）プログラム」で、これは就学経験がないか第一学年で中途退学した一一歳から一四歳の子どもを対象とした二年間のコースである。このコースは二年に一度新設され、二年間は同じ教師が担当する（訳注・ＮＦＰＥは一九八五年に、ＢＥＯＣは一九八七年に始まった。ＢＥＯＣは一九九〇年よりコース期間を二年から三年に延長した）。

これら二つのプログラムの目標は、学校の生徒数に占める女の子の割合を七〇％にすることである。これまでにその割合は、八歳から一〇歳の年齢集団で六五・七％、一一歳から一四歳の年齢集団で七三・四三％を達成した。学校は本や教材なども含めて、すべて無償である。

子どもたちは、「ノンフォーマル初等教育プログラム」によって開発、試行、作成されたカリキュラムに従って学ぶ。カリキュラムは、子どもたちに基本的な読み書きや計算、社会的認識を身につけさせることを目的としている。科目は言語、計算、社会科の三つである。言語ではバングラデシュの公式言語ベンガル語と政府学校のカリキュラムの一部となっている英語を学ぶ。社会科では保健（栄養や清潔、衛生設備、安全、応急手当などが含まれる）、生態系、コミュニティ、国、世界および基礎科学に重点が置かれている。年齢の高い子どもは、年齢の低い子どもが三年間で学ぶことを一年半で学び終えるので、残りの一年半のためのコースが用意されている。

親たちは定期的な月例会議を持ち、出席率や授業時間の設定、休暇スケジュールの決定などに大きな責任を負う。親の参加は、このプログラムの成功にとって重要なポイントのひとつと考えられている（訳注・現在、親の会合は各学校で毎月一度開かれ、平均八〇％を超える高い出席率となっている。*BRAC Annual Report*, 1998）。

ノンフォーマル小学校に通う子どもたちの親は、月に１度定例会を開き、学校や子どもの教育についての問題を話し合う。出席率は高い。（ＢＲＡＣ提供）

学校の教師は、村の比較的高い教育を受けた人たち（九年生かそれ以上の学年を修了した人）から選出される。選ばれた人たちは、ＢＲＡＣの訓練リソース・センター（宿泊施設併設）において、二〇〜二五人のグループで一二日間の教員訓練を受ける。訓練では、学習理論の基礎的概念と実際の教授法が教えられる。村に戻って教師となった後も、毎月在職訓練（一日のみ）に参加する。在職訓練には近隣の村の教師の他、彼らを監督するプログラム・オーガナイザーも出席することになっている。また、教師になった最初の年の終わりに、六日間の再教育講習に参加することも義務づけられている。強力な教員監督システムが作られており、一人のプログラム・オーガナイザーが教師一五人を監督する。教師の七五％は女性である。これは教師の八六％が男性で占められる政府学校とは対照的である。教師は毎月決まった額の給与を受ける。最初の年は月額三五〇タカ（約七〇〇円）であり、二年目は三七五タカ（約七五〇円）、三年目は四〇〇タカ（約八〇〇円）となる。

コミュニティによって竹やトタンで建てられた教室の前に立つ女の子。（ＢＲＡＣ提供）

すべての本や学習教材は、ＢＲＡＣが作成し供給する。教師は、教授のポイントが記された簡単なモジュール方式（二つ以上の課題に関連する科目は共通の時間帯に履修する方式）で作成された学習教材を使い、しっかりした構成のカリキュラムに沿って指導する。一人の教師が同じ子どもたちをコース修了まで三年続けて教える。クラスの生徒数は三〇人ほどに決められている。子どもたちは、一年めと二年めは一日に二時間半、三年めは三時間を学校で過ごす。授業の時間帯については、村ごとに親との会合を持って決定される。授業は週に六日間、年間で平均二六八日行われる（政府学校は年間二二〇日しか授業がない）。休暇や休日のスケジュールは、親が決定する。

学校の建物は単純な構造であり、最小規模で約二二平方メートルほどの広さである。建物は、コミュニティ内のグループや個人から借りるか、土地なし農民のグループによって建てられる。土地なし農民のグループは、建築資材を購入するために融資を利用し、BRACから定期的に少額の賃貸料を徴収する。

表3.2　出席率、中退率、継続率（NFPEプログラム）

		11～14歳　2年コース 1988—90年	8～10歳　3年コース 1987—90年
学校数		532校	110校
最初の就学者数	男子	4241人（26.57％）	1132人（34.30％）
	女子	11719人（73.43％）	2168人（65.70％）
	全体	15960人	3300人
中退者数		71人	10人
中退率		0.44％	0.30％
コース修了者数	男子	4241人（100％）	1132人（100％）
	女子	11648人（99.39％）	2158人（99.54％）
	全体	15889人（99.56％）	3290人（99.70％）
公立学校への編入者数	男子	3994人（94.18％）	1116人（98.59％）
	女子	9932人（85.27％）	2140人（99.17％）
	全体	13926人（87.65％）	3256人（98.97％）
編入した学年	クラス4	4538人（32.59％）	2437人（74.85％）
	クラス5	9164人（65.80％）	815人（25.03％）
	クラス6	224人（1.61％）	4人（0.12％）

出典：BRAC, Non-Formal Primary Education Program records.

学校は大きな成果を上げている。達成された成果については詳しい記録がとられる。毎日の出席率は、「ノンフォーマル初等教育プログラム」と「年齢の高い子どもたちを対象とした基礎教育プログラム」のどちらの学校でも九五％を超えた。また、どちらも中途退学率が一％未満（前者のコースで〇・三％、後者のコースで〇・四四％）である。卒業者の九五％は、公的な教育システムの少なくともクラス4（訳注・日本の小学四年）に編入する試験に合格している。BRACは出席率と修了率の高さを期待してはいたが、これほどまでの著しい結果を予想していなかった。

もうひとつ予想外だったことは、どちらの年齢別グループからも、高い確率で生徒たちが公立学校に進学していることである。**表3・2**は、六四二の学校で二年または三年のコースを修了した一万九二六〇人の成績を示したものである（最初のコースは一九八六年に開設されたが、コースを修了した生徒数が十分に多くなった一九九〇年に初めて有効な統計を得ることができた）。

表3・2で明らかなように、年長集団の八七％、年少集団（八〜一〇歳）のほぼ九九％が、公立（政府）学校のクラス4以上に進学している。ノンフォーマル小学校で三年間勉強した子どものうち二四三七人（七四・八五％）がクラス4に、また八一五人（二五・〇三％）がクラス5に適格と判断された。年長の子どもたち（一一〜一四歳）が政府試験に合格し編入を割り当てられた学年は、ＢＲＡＣのたったの二年間の学校教育にもかかわらず、四五三八人（三二・五九％）がクラス4、九一六四人（六五・八〇％）がクラス5、二二四人（一・六一％）がクラス6であった。

ＢＲＡＣは初めの頃、コース修了者の公立学校への編入を期待していなかった。ＢＲＡＣの多くのスタッフ（ノンフォーマル初等教育プログラムを動かしてきた人も含む）やほとんどの教育家たちは、いろいろな圧力によって子どもたちは教育を継続できないだろうと考えていた。また、親たちが自分の子どもは十分に教育を受けたと考えたり、子どもたちが家庭で必要とされたりするだろうと思っていた。特に二年間のプログラムを終えた年長の子どもたち（大半は女の子）は結婚年齢に近づいていることと、家庭内での手伝いに使われるという理由から、教育を続けるとはまったく予想されていなかった。

このプログラムはまだ新しいので、クラス4以上の学年に編入した子どものうち教育を継続している子の割合や継続期間を明らかにする調査はまだ行われていない。ＢＲＡＣの調査部門は、プログラムの長期的な研究を実施しているところである。調査担当者は、サンプルとしてアトランダムに選んだ生徒を追跡調査し、彼らが公立学校に入った後にどうしているか（学校にとどまった期間、基本的な初等教育と学校教育の継続が後の所得獲得能力に及ぼした影響、結婚年齢・保健・出産間隔・家族サイズなどの多様な社会的側面に及ぼした影響など）についての情報を集めている。

かつて途上国の初等教育を調査した人たちは、最貧困層の子どもたちが学校に行かないのは、親が家庭内で子どもの手助けを必要とするからだと主張した。また、親は犠牲を払ってまで子どもに教育を受けさせる必要はないと思っていると信じていた。しかしＢＲＡＣの経験からそうではないことが明らかになった。学校への就学や出席についての親子の決定に影響を及ぼす重要な変数は、貧困や伝統以外にある。適切なカリキュラムと監督が行き届いた熱心な教師、適切なクラス規模、教育費が安いか無償の学校が家の近くにあり、子どもが勉強するにふさわしい環境があれば、彼らの教育への態度は明らかに変化する。ＢＲＡＣの学校でこうした経験を持った子どもと親は、教育の価値を認め、教育の継続のために他を犠牲にすることをいとわなくなる。

初等教育プログラムが著しい成功をおさめ、公立学校とうまく整合性を持つことができるようになってきたので、ＢＲＡＣの幹部はこのプログラムを急速に拡大する価値があると判断し、現在そのための資金調達に努力している。途上国にとって教育への投資は高い効果を生むという多くの研究結果が出されたことも、この決定を促した。それによると、就業者の過去の教育年数の平均が一年増えるごとに、ＧＤＰが九％上昇することが明らかになった。つまり、最初の三年間の教育によって、ＧＤＰが二七％上昇するのである（World Bank, 1991, p. 43）。さらにその後も学校教育を継続した場合、教育年数が一年増えるごとにＧＤＰは年間で約四％上昇する。

公教育促進のための政府への支援プログラム

一九八八年にＢＲＡＣは、四つの郡で実施されていた公教育制度（初等教育）の改善方策を試行するため、政府との間で合意を結んだ。ＢＲＡＣの「ノンフォーマル初等教育プログラム」と政府は、二二の小学校区（これらの学区から一六五校がプログラムの対象として選ばれた）で「教育促進支援プログラム（Facilitation Assistance Program on Education）」を開始した。プログラムの目標は以下の通りである。

- 就学率の改善
- 生徒の中退率の減少
- 教師と生徒の日常の出席率の向上
- コミュニティ参加の実現

これらの目標を達成するため、学校と協力して活動する「ノンフォーマル初等教育」のプログラム・オーガナイザーは、学校マネジメント委員会（訳注・この委員会は三人の親と一人の地域リーダー、一人の教師の計五人で構成され、学校の施設や設備のメンテナンス、授業時間や休暇の決定、生徒の出席率のモニタリングなどを行う）を活性化し、定期的に会議を開くよう奨励した。ＢＲＡＣは郡のアシスタント教育オフィサーや校長、教師などを対象とした訓練コースを実施した。ワークショップは学校マネジメント委員会のメンバーを対象に開催されている。また定期的な会合が開催され、子どもの教育のニーズについて親の認識を高めたり、学校行事への親の積極的な参加を奨励した。「ノンフォーマル初等教育」のプログラム・オーガナイザーは、学校と子どもおよび親を定期的に訪問した。

二年間の対策活動によって良い結果も得られたが、改善されなかった点も明らかになった。良い結果としては、就学していなかった最貧家庭の子ども約五〇〇人が公立学校に在籍するようになったこと、教師と生徒の出席率が改善したこと、コミュニティが学校への寄付金を増やしたり部分的な修理を補助するなどの関与を示してきたこと、マネジメント委員会が会合を定期的に開催するようになったことなどが挙げられる。しかしながら公立学校に特有な問題のいくつかは、二年間では解決されなかった。たとえばクラスの生徒数が非常に多いこと、カリキュラムの中に村のニーズと関係のない内容が含まれていること、教師を監督するシステムがなく教師もやる気がないこと、本やその他の備品が不足しがちであること、宿題は読み書きのできる親や家庭教師の手助けを必要とする状況が当たりまえとなっていること、特別な「料金」が徴収され続けていることなどである。

その結果、全体の大きな変革を抜きにして制度の一部のみを変えることがいかに難しいかが浮き彫りとなった。公立学校の中途退学率はいまだ平均約三〇％（ＢＲＡＣの学校では二％未満）で、「教育促進支援プログラム」実施以前の三五％以上という数値がわずかに改善されたに過ぎない。日常の平均出席率は約六五％（ＢＲＡＣの学校では九五％以上）で、これも以前の四〇％からやや改善したにとどまっている。ドナーと政府およびＢＲＡＣは、これまでのプログラムをこのまま継続するのか、他の対策活動戦略を試みるのかという選択肢を現在検討している。

（訳注・一九九八年になってＢＲＡＣは、ノンフォーマル小学校のコース期間を三年から四年に延長し、その四年間でふつう五年かかる公立小学校のカリキュラムを終える試みを開始した。これによりコース修了者は、直接に公教育の中等教育レベルに進学することができる。またＢＲＡＣは九八年以来、生徒一人当たり年間一二〇円ほどを教材費として徴収している。*BRAC Annual Report*, 1998）

5　保健プログラム

ＢＲＡＣは、設立直後から保健分野で活動し、多様な保健プログラムを実行してきた。その二〇年以上にわたる経験からＢＲＡＣが学んだことは、村の保健や栄養状況に持続的に影響を及ぼすには、保健についての意識化、コミュニティ内にある保健のニーズへの対応、所得獲得能力の強化、既存の保健関係施設の活用能力やサービスの要求能力の開発などをコミュニティが行わなければならないということであった。

ＢＲＡＣの保健プログラムは、ヘルス・ケアのサービスを「届ける」という初期の活動から、人々に健康への関心を持たせることへと、その強調点を変えてきた。現在のＢＲＡＣは、公的な保健制度におけるサービスの提供を改善するため、政府の保健制度への協力にも力を注いでいる（ＢＲＡＣの保健プログラムの詳細と評価については、Chowdhury, Waughan and Abed, 1988；Chowdhury, 1990；Chowdhury, Mahmood and Abed, 1991；Streefland and Chowdhury, 1990；Briscoe, 1978；Ghosh et al., 1990 参照）。以下に、過去におけるＢＲＡＣの基本的な保健対策活動と保健プログラム作成の現状を簡単にまとめた。

一九七二年に始まったＢＲＡＣの最初の保健プログラムは、治療中心であった。すでに述べたように、スラにおけるＢＲＡＣの最初のプロジェクトはコミュニティ全体の開発プログラムで、村の最貧困層を対象としたものではなかった。保健はその一部分であった。分離独立戦争直後にその地域で活動を始めたＢＲＡＣのワーカーは、病気の蔓延を目の当たりにし、ＢＲＡＣは医師が常駐する四つの診療所を設立した。それからほどなくして、一〇～一五種類の疾病が九五％の保健問題の原因となっていることが明らかになった。

最初の一年が終わろうとする頃、ＢＲＡＣは地元で雇用した人たちを医療活動補助員として訓練することを決定した（当時世界的に知られていた中国の「赤脚医生（はだしの医者）」をモデルとした）。医師にすべてを頼らなくても済むように、医療活動補助員でも扱うことのできる「基本的医薬品」のリストが準備された。医療活動補助員は数カ月の訓練を経て、単純な病気については患者の治療を行い、より複雑な症例は診療所に照会するようになった。村人たちのニーズに基づいて、家族計画も強化された。

保健プログラムが経済的に自立、運営できるように、ＢＲＡＣは前払い式の健康保険制度を実験的に導入した。この制度は、健康保険に入った家庭が、年間一人当たり五キログラムの米で保険料を支払うというものであった。健康保険プログラムのもとで、医療活動補助員が軽症の症例を担当し、ＢＲＡＣの医師がより高度な症例を担当した。健康保険プログラムは約一年間実施されたが、その恩恵を受けたのが裕福な村人だけだったことが明らかになって、結局中止された。貧しい村人たちが健康保険に加入しなかったのは、将来の病気に備えることより、その日食べる米の方が大切だったからである。

次に行われた実験は、複数の村で働く医療活動補助員が、主要な薬の処方など特定のサービスについて料金をとるというものであった。しかし、医療活動補助員の中には、まるで資格を持った本当の医師であるかのように治療や処方薬の範囲を拡大したり、自分の診療所を開設して、「にせ医者」の仲間入りをする者も出てきた。結局ＢＲＡＣは、医療活動補助員の中でもっとも優秀な者だけをＢＲＡＣの職員として残すことに決めた。自立的な医療制度の確立を目指したこれらの努力は失敗に終わった。

しかしながらスラでの活動は、成功した面もあった。ＢＲＡＣの努力が実り、一九七五年にスラ地域は、国内で避妊薬の利用率がもっとも高い地域になった（夫婦の二〇％が避妊していた）。避妊薬の利用継続率も国内最高で、そのうち五〇％以上が一八カ月後にも避妊を継続していた。これは、診療所が避妊薬にともなう副作用に対応することができたからである。スラでの家族計画の実験から、ＢＲＡＣは避妊法の普及率の増加を阻む要因（女性の地位、所得の欠如、非識字など）を特定することができた。

同様にスラのプロジェクトでは、その地域で流行していた下痢性疾患による脱水症状が原因の死亡を防ぐために、「ホームメイド」の経口補水塩が試行された。バングラデシュ下痢性疾患国際研究センター（ＩＣＤＤＲ・Ｂ、International Center for Diarrheal Disease Research / Bangladesh）との協力で行われたこの実験は、家庭でできる下痢の治療方法の開発を助け、後に国内全域に広まった。世界の他の地域では、補水塩の入った小袋製品が広く配布または販売されている所もあるが、インフラの問題を抱えるバングラデシュでは、多くの村にこの小袋を配ることはほぼ不可能であった。

一九七七年にＢＲＡＣは「ターゲット方式」に切り替え、コミュニティ全体よりも最貧困層の土地なし農民を対策活動の焦点とした。対象集団が変わると、保健プログラムの作成にあたっての焦点も変化し、別の治療モデルがスラとマニクゴンジ「実験地域」内で約二〇〇の村落組織を対象に試行された。新しい保健計画のもとで、村落組織から最貧困層家庭の女性が一名選抜され、ヘルス・ワーカー訓練を受けた。以前にＢＲＡＣによって選抜・雇用された医療活動補助員と異なり、女性の選抜はそれぞれの村落組織によって行われた。女性たちは、自分の活動について自分の所属する村落集団に責任を負うため、村を裏切って「にせ医者」に名を連ねることはないであろうと考えられた。彼女らは、基礎保健と家族計画の訓練を受け、村人たちに処方する何種類かの基本的な薬品を与えられた。仕事への動機付けのために、女性たちには自分が診察した患者からいくらかの報酬を受け取ることや、原価に少し上乗せした価格で薬を売ることが許された。またＢＲＡＣはこの女性たちに融資を行い、彼女らが小規模な所得獲得活動に参加できるようにした。数百人の女性が今も訓練を受け、ＢＲＡＣのもっとも総合的なプロジェクト地域であるスラとマニクゴンジで仕事を続けている。

女性ヘルス・ワーカーは当初、避妊薬の配布も行ったが、後に政府はＮＧＯによる避妊薬配布を制限した。これを機にＢＲＡＣは、政府の保健制度との協力活動を優先することにした。女性ヘルス・ワーカーに対する訓練には、村人に対して避妊の指導サービスを受けることや、ヘルス・ワーカーが対処できない疾病の治療については政府の診療所へ行くことを奨励することが含まれている。

　一方、フィールドに出た多くのＢＲＡＣヘルス・ワーカーから、母親と新生児の主な死亡原因のひとつが破傷風であると報告された。しかし、政府が十分な数の破傷風ワクチンを供給する準備がなく、また仮にワクチンがあってもコールドチェーン（冷蔵輸送貯蔵システム）が整っておらず、それがワクチンの分配や使用を困難にしているという問題があった。ＢＲＡＣの保健マネジャーが得た教訓は、保健活動に関係あるインフラが整わないかぎり、ＮＧＯがある種の保健活動を単独で行うことはできないということであった。

「全国経口補水療法プログラム」

ＢＲＡＣは、数々の保健プログラムの経験から、村人自らが自らの健康状態を改善するという活動に、積極的な関心を向けるようになった。またこの時期にＢＲＡＣは、国際的なレベルでの研究調査や政策などに積極的に目を向けた。一九七九年の国連主催の国際児童年を契機として、ＢＲＡＣの保健プログラムの作成担当者たちは、まず子どもたちに焦点を当て、その生存に大きく貢献するようなプログラムを考えるようになった。

　下痢は、幼い生命を脅かす最大の原因であった。下痢に対し経口補水療法（Oral Rehydration Therapy）を用いるというスラでのＢＲＡＣの実験は、多くの子どもたちの生命を救うことに成功した。また他のフィールドでも、バングラデシュ下痢性疾患国際研究センターによって経口補水療法が試行され、その効果が証明されていた。さらにカルカッタ地域のバングラデシュ難民（一九七一年の分離独立戦争をきっかけに発生した）キャンプで、経口補水療法が伝染病流行にどのような効力を発揮するかが証明された。

　これらの経験から、ＢＲＡＣは「経口補水療法プログラム」を全国的に展開することを決定した。一九七九年の前半に、まずスラの三万世帯の家庭に経口補水療法を教えるプログラムが試行され、効果的な教授法が作られた。試行プログラムに携わったヘルス・ワーカーたちは、ひとさじの塩とひと握りの精製していない砂糖（現地ではグルと呼ばれる）を半リットルの水に溶かすという簡単な方法で、精密に調合された粉末入り小袋製品を使ったとき

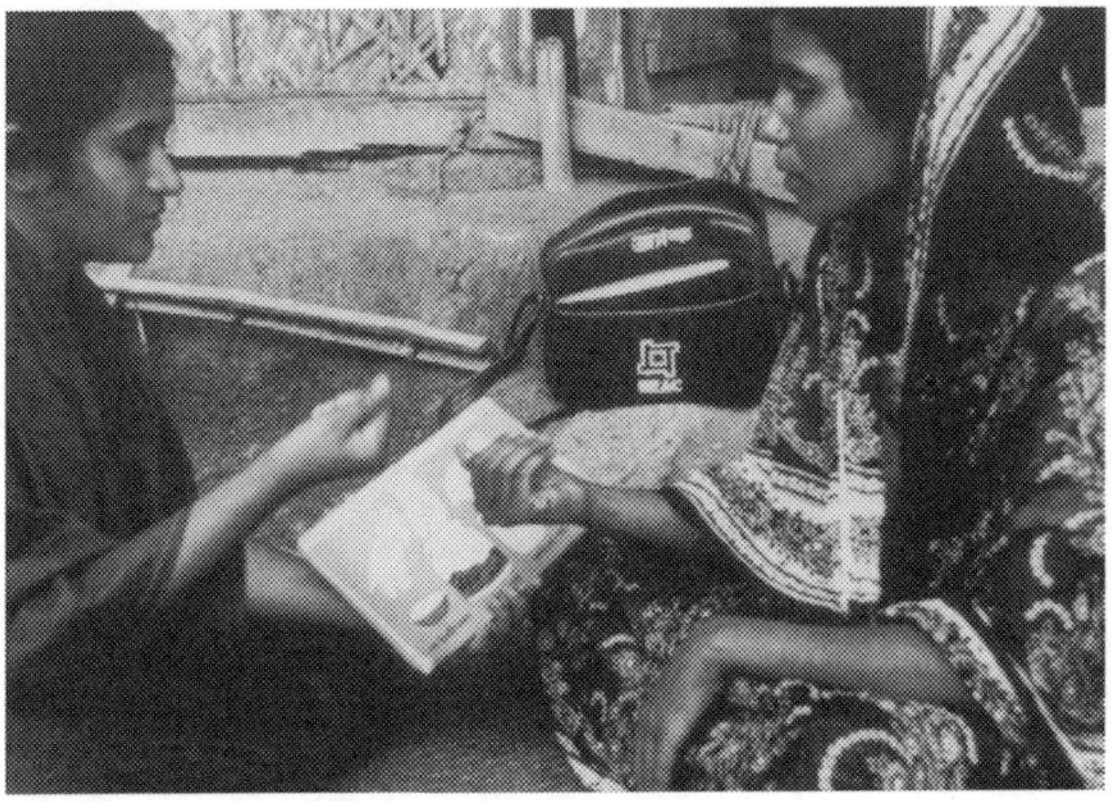

村のヘルス・ワーカーが経口補水液の作り方を教えている。（BRAC提供）

とほぼ同質の水溶液が作れることを発見した。この方法は、村の女性たちに教えるのに適していた。

一九八〇年代初期にBRACは、国内の一三〇〇万の村落世帯すべてに経口補水療法を教えるという全国的活動を開始した。これは治療プログラムに位置づけられていたが、この場合の「治療」とは、村の家庭でできる治療を意味していた。BRACは「経口補水療法拡大プログラム（Oral Therapy Extension Program）」と呼ばれるプログラムの実施に向け、新たな組織を作った。スラとマニクゴンジでは、保健プログラムの実施経験を持つ人々から成る運営チームが作られ、しっかりした構造を持つマネジメント情報システムと評価部がこれをバックアップし、訓練を受けた女性ワーカー・チームがフィールドで一軒ずつ家庭訪問をして、女性たちに経口補水液の正しい作り方や子どもへの与え方を教えた。

教授法や教材は細心の注意を払って構成され、地域の信頼構造をうまく利用することを原則とした。経口補水療法を教える女性教師は自分の出身地域を担当し、教授法の質に応じた報奨金制度のもとで仕事をした。「経口補水療法拡大プログラム」のモニタリング・チームは、隔週ごとに村を訪問し、村の女性人口の五％をアトランダムに選び、経口補水療法の理解度・学習度を明らかにするためのインタビューを行った。村の女性たちが調合した経口補水液のサンプルは、定期的に試験場に持ち込まれて分析された。村の女性たちが補水液を正しく調合できなかったり、下痢についての基本的な知識を覚えていない場合には、教師の給与が減らされた。教師への監督は、村から村へと移動しながら、厳しくかつ支援的に行われた（このプログラムの詳しい議論とマネジメント・システムの詳細は、Chowdhury, Waughan and Abed, 1988 参照）。

「経口補水療法拡大プログラム」の開始から約一〇年後の一九九〇年一一月、BRACのフィールド・ワーカーたちは、国内の一三〇〇万の村落世帯すべてに対する経口補水療法の教育を完了した。その一〇年間にBRACは、ラジオやテレビ、ポスターや広告掲示板などのあらゆるメディアを利用して、村での教育を支援してきた。

「経口補水療法拡大プログラム」は、質的にも量的にも成功したと考えられている。経口補水療法は、今では下痢の対処法のひとつとして全国的に知られている。最近の調査で、経口補水療法の知識が広く普及し（八〇％）、経口補水液を調合したり与えるために必要な技能も広く知られていることが明らかになった。

大規模な「経口補水療法拡大プログラム」の実施によって、BRACやドナー、開発の専門家たちはいくつかの重要な教訓を得た。第一に、NGOは小規模で地域に根ざした活動を行うことはできるが全国的な活動は難しい、という考えが払拭された。第二に、保健プログラムの大規模な展開は質の低下をともなうという既成概念が打ち破られた。BRACでは幹部からフィールド・スタッフに至るまで、全国規模で物事を考えることを学び、確信を持って他のプログラムにも「規模の拡大」を行った。「経口補水療法拡大プログラム」は、BRACそのものの規模拡大のきっかけともなり、一九八〇年代前半にスタッフ数が五倍に急増した。新しいスタッフの三分の二以上は、この「経口補水療法拡大プログラム」の実施に関わった。またこのプログラムの規模と機能ゆえに、BRACはプログラム支援システム（ロジスティックスや訓練リソース・センター、調査評価、教材開発など）の開発とマネジメント能力の開発にいっそう取り組まねばならなくなった。

BRACの子どもの生存プログラム

BRACは一九八六年にもうひとつの主な農村保健活動を開始した。それが「子どもの生存プログラム（Child Survival Program）」で、経口補水療法と平行して実施された。このプログラムは、予防接種やビタミンAカプセルの配布など、予防的な保健対策（これは政府や二国間協力および国際的なドナーの優先事項となっていた）に焦点を当てたものであり、経口補水療法の教育機会を利用して行われた。BRACの保健スタッフは、このプログラムでは予防接種の実施やビタミンAカプセルの配布に直接携わらず、政府と協力してサービスの実施や継続能力の改善に携わった。

BRACの「子どもの生存プログラム」では、国内の三分の一に当たる一五五の郡（二万八八五三の村が含まれる）を対象とし、BRACの保健分野のスタッフが、政府の管区・郡・村のそれぞれの保健担当官を支援して、そのマネジメントの強化や、大規模な予防接種サービスを提供する技術的能力の改善、年二回のビタミンAカプセル配布プログラムの改善などにあたった。BRACのヘルス・ワーカーと訓練担当官は、政府の農村保健責任者に対してのコンサルタントや訓練担当官として機能し、マネジメント開発プログラムを通じた支援や、農村部の予防接種制度を作る手助けを現地で行った。具体的には、BRACの訓練担当官が予防接種の技術と予防接種デーの設定や登録簿などのシステムに関して、フィールド・レベルの政府職員の訓練を支援した。またBRACのヘルス・ワーカーは、村のコミュニティを動員して予防接種の実施に協力させたり、第一回の予防接種が終了した後の予防接種サービスの継続を要求する組織を作ったりした。

四年が経過する一九九〇年までに、BRACの「子どもの生存プログラム」から支援を受けてきた政府の予防接種プログラムは、約四五〇万世帯、三〇〇〇万人をカバーすることができた。BRACが政府を支援した地域では、すべての子どもへの予防接種が達成できた。世界保健機構（WHO）の報告によると、BRACが支援したラジシャヒ管区の予防接種普及水準は、政府が単独でプログラムを実施した地域と比べて高くなった。

このように数々の成果が上がっていたが、政府が予防接種プログラムを単独で継続することにはまだ不安が残ったため、保健省はBRACのヘルス・ワーカーに対して、マネジメント開発やコミュニティの要求をまとめることに引き続き支援を要請した。BRACのいわゆる「政府促進プログラム」のもとでの協力は、予防接種普及率が最低であった約六〇の郡でその後も三年間続いた。

プライマリ・ヘルス・ケア・プロジェクト　「子どもの生存プログラム」の下位プロジェクトとして、このプログラ

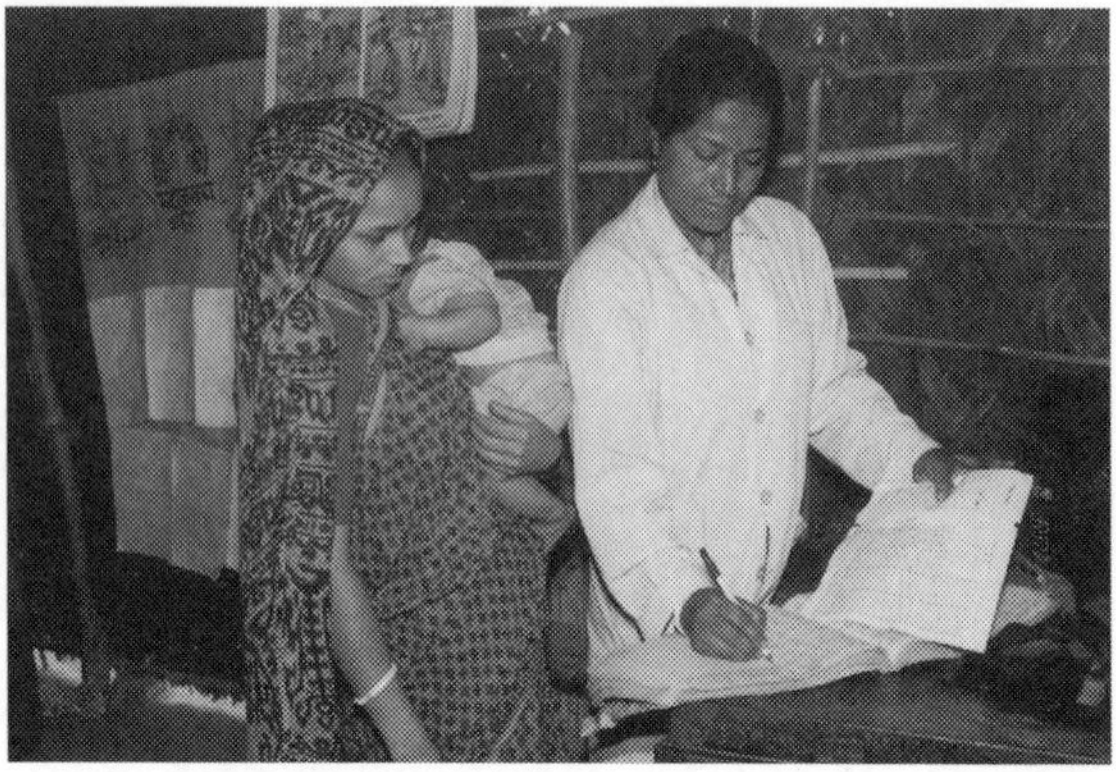

村のクリニックで行われている子どもの発育観察。（ＢＲＡＣ提供）

ムがカバーする一五五郡のうち一五郡で、重要かつ多面的な「プライマリ・ヘルス・ケア・プロジェクト（Primary Health Care Project）」が実施された。このプロジェクトは、「子どもの生存プログラム」の対策活動（経口補水療法、予防接種、ビタミンＡカプセルの配布など）に加え、発育観察、伝統的な出産介添人の訓練、清潔な水とトイレの確保、家族計画などの保健栄養教育が含まれた。このプロジェクトの目標は、「子どもの生存プログラム」と同様、ヘルス・ケアに関する政府のサービス提供能力を全体的に強化することであった。一五の郡レベルでの目標は、予防接種やビタミンＡカプセルの配布だけでなく、より広範な保健サービスを村人に提供する保健システムの能力強化にあった。この野心的なプロジェクトによってさまざまなことが明らかになった。また、効果的で継続的な保健サービスの実現には、村のコミュニティや政府の能力を高める活動がもっと継続的に行われねばならない、というＢＲＡＣの初期の教訓があらためて確認された。

一方、ＢＲＡＣのマニクゴンジ実験地域のある村で最初に開始された革新的な結核治療プログラムがプロジェクトで実験的に行われ、非常に有効な方法であることが確認された。このプログラムに参加した人の約八割が一年間の治療コースを終えたが、この数値はバングラデシュの他の地域と比べると約四倍の高率であった。もうひとつの成果は、総計で約六万五〇〇〇人が住む七五村で家族計画対策活動が実施され、新しい方法で避妊を実践する人が五一％に達したことであった（国内平均は約二三％）。「プライマリ・ヘルス・ケア・プロジェクト」の中でＢＲＡＣは、対象となった郡で政府の巡回診療所を定期的に開いたり、診療内容を改善するなどの促進活動も行った。もっとも貧しい女性から成る母親クラブが組織され、月例会議の出席率が高いことから、保健や栄養問題についての村人の認識を高める有効な手段となった。しかしながら、対象地域のすべての村の保健委員会を活性化する試みは成功したとはいえない。

「プライマリ・ヘルス・ケア・プロジェクト」によって始められ成功したと評価された活動は、BRACの「農村開発プログラム」地域事務所か、次に説明する再編成された保健プログラムのもとで続いている。

女性の保健と開発プログラム

一九九〇年の後半にBRACは保健プログラムを再編成して名称を変え、BRACの重要なプログラムである「農村開発プログラム」と「ノンフォーマル初等教育プログラム」の双方に組み込んだ。新プログラムは「女性の保健と開発プログラム（Women's Health and Development Program）」と称され、八六〇万ドル（最初の三年間の予算）をかけて、最初の二年間に一〇郡、また三年目には一五郡で実施されることになった。計画では、三年で一五〇〇村の約二四〇万人がカバーされる予定である。この新プログラムは村を基盤としたさまざまな対策活動の実施、政府の保健制度の改善、妊産婦および乳児死亡率の減少（目標二五％）という目標を掲げている。その他にも、多くの肺結核患者の治療を行うこと、他の感染症（特に子どもの肺炎）治療のための初期的な実験を行うことなどが挙げられている。「女性の保健と開発プログラム」の計画では、BRACの現行の「農村開発プログラム」と保健プログラムの作成とを、両者の時期が重なる六年の間に統合しようというものであった。このプログラムの長期的な戦略は、若い女性を対象とした識字、保健教育、融資と所得獲得、そして小規模な治療と予防のためのヘルス・ケアの促進である。また何よりも重要な目標は、BRACの支援がなくても継続可能な保健制度を作ることである。

「女性の保健と開発プログラム」の構造は、図3・6（次頁）のようになっている。一人のプログラム・マネジャーのもとに、栄養アドバイザー一名、医療コンサルタント一名、地方マネジャー四名がいる。地方マネジャーのうちの三名は、「女性の保健と開発プログラム」が実施されている一〇郡のマネジャーを監督する（一人の地方マネジャーが四郡、あとの二人がそれぞれに三郡を担当）。残り一人の地方マネジャーは、政府との活動を促進す

図3.6　「女性の保健と開発プログラム」組織図

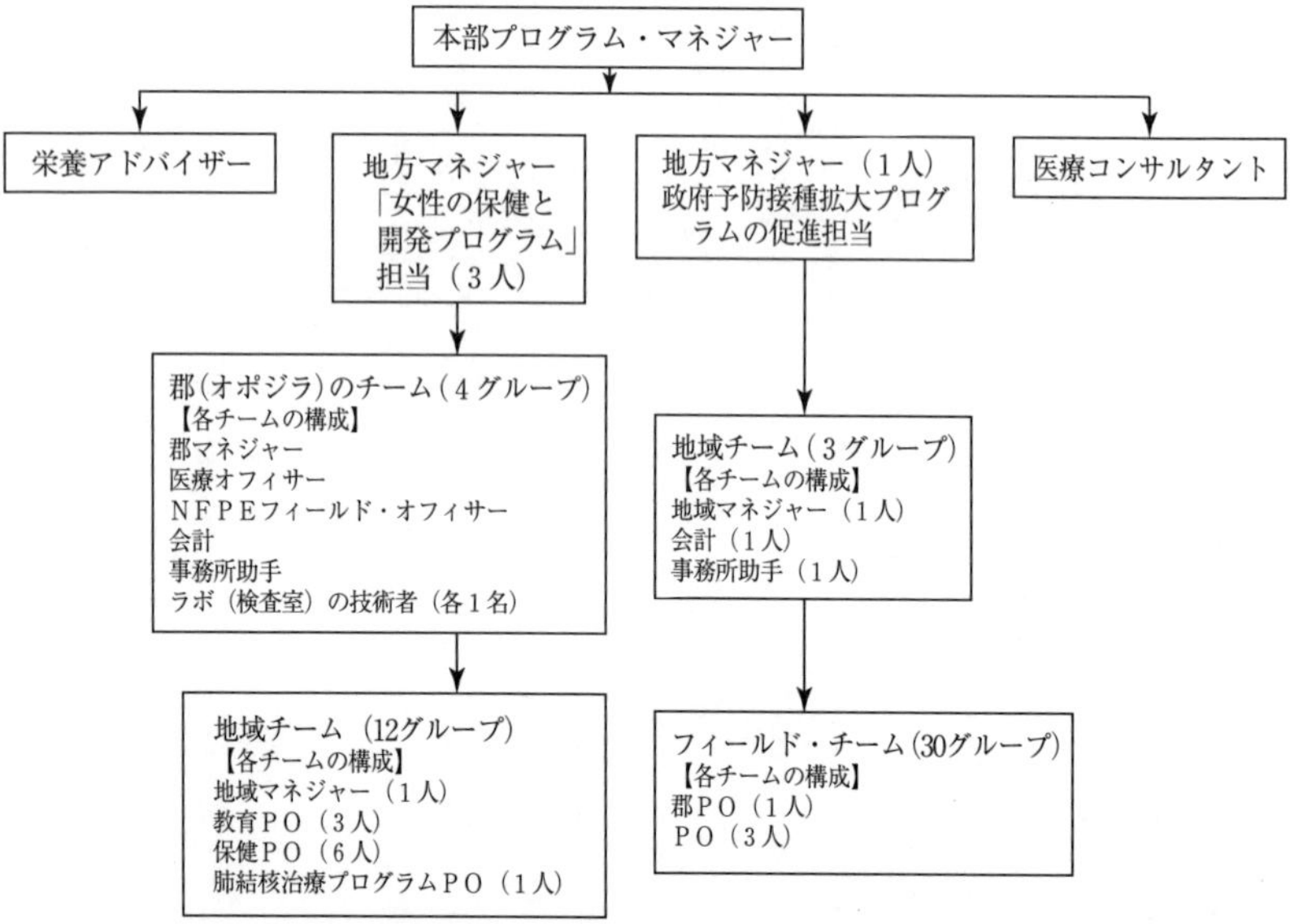

注：ＰＯ＝プログラム・オーガナイザー。ＮＦＰＥ＝ノンフォーマル初等教育プログラム。
出典：BRAC WHDP records, 1991.

る責任を負い、政府の「予防接種拡大プログラム（Extended Program on Immunization）」のマネジメントの分野を支援する。組織図では、郡と地域チームの構造が示されている。

村の組織は、選挙によって選ばれた三〇人の若い女の子（一一～一六歳まで）で構成される。彼女らはまず、年長の子どもを対象としたＢＲＡＣの二年間の初等教育プログラムを修了する。このコースには、保健問題が意識的に組み込まれている。選ばれた女の子の親は、娘が法的な婚姻可能年齢（一八歳）になるまで結婚させないことに同意し、契約にサインする。訓練が済むと、この三〇人は村の保健担当者として働き、それぞれが近所の七～一〇世帯を担当する。女の子たちの最初の仕事は、保健プログラム・オーガナイザーのもとで、トイレや栄養、予防接種、正しい経口補水療法、訓練を受けた出産介添人の利用などについて近隣世帯の手助けをすることである。また保健に関する具体的な問題を見つけ出し、それを政府の巡回診療所やもっと大きな病院などに照会する役割も負っている。さらにＢＲＡＣが活性化しよ

う と試みている政府の保健部局を手助けする。村のヘルス・ワーカーは、村ごとに訓練を受ける（これはスラとマニクゴンジのモデルに基づいている）。ヘルス・ワーカーは一般的なヘルス・ケアのサービスを提供し、単純な疾病については基本的な薬を処方する。また結核治療プログラムを手伝い、検査用の痰を集めたり適切な薬を処方する訓練を受ける。女性たちは薬品セットを持ち、下痢や赤痢、回虫、皮膚疾患など単純な病気の治療にあたる。

「女性の保健と開発プログラム」のもうひとつの構成要素として、訓練を受けた出産介添人の在職訓練が含まれる。これによって各村に少なくとも一人、きちんとした訓練を受けた出産介添人が存在することになる。妊娠中のケアおよびリスクの高い母親の判別、新生児のケア、家族計画、ビタミンAの補充、予防接種などもこのプログラムに含まれる。予防接種やビタミンAカプセル、リスクの高い妊婦や急性の呼吸器系疾患への対策活動について、政府の保健サービスとコミュニティを結びつけるための母親クラブと村の保健委員会が組織されつつある。村の保健委員会は政府に引き継ぐまで、避妊薬の貯蔵管理を行う。これら二つの委員会（母親クラブと村の保健委員会）のメンバーとなるのは、主として女性と土地なし農民である。村の保健委員会の活動は、村ごとに置かれている政府保健機関の保健スタッフとの緊密な協力によって実施され、提供されるサービスは村に密接に関連した内容となっている。「女性の保健と開発プログラム」の仕事の一部として、政府保健機関のサービスを継続的に向上させることも含まれる。

その他、「女性の保健と開発プログラム」の重要な部分として、政府の農村部保健行政官に対しては保健マネジメント以外での訓練プログラムを継続させること、また政府とフィールドで仕事をする際には「予防接種拡大プログラム」の達成を念頭に入れたマネジメント・システムを改善することが挙げられる。BRACの「マネジメント開発プログラム」は、「子どもの生存プログラム」と同様、マネジメント関連の訓練とフィールドでのフォローアップを行う。

保健リソース・センターについて　「女性の保健と開発プログラム」の資金の一部は、新しい保健リソース・セン

図3.7　ＢＲＡＣの「保健プログラム」の変遷図

1972年　**治療中心の医療活動開始**
- 保険制度導入　→　貧困層に受け入れられず失敗
- 医療活動補助員制度　→　補助員の越権行為により廃止
- 避妊薬の普及
- 経口補水療法の導入

1977年　**「ターゲット方式」導入**
- 女性ヘルス・ワーカーの養成

1978年　**「全国経口補水療法プログラム」開始**

1986年　**「子どもの生存プログラム」**
予防的な保健活動について政府を支援
- 「プライマリ・ヘルス・ケア・プロジェクト」
- 「結核治療プログラム」
- 母親クラブの組織化
- 巡回診療所

1990年　**「女性の保健と開発プログラム」**
保健プログラムの再編成、「農村開発プログラム」への統合
- 村ごとの組織作り
- 出産介添人の在職訓練
- 保健リソース・センターの設置

出典：訳者作成。

ターの開設に使われる。保健リソース・センターの目的は、農村地域に質の高い保健サービスを提供するために、ＢＲＡＣや他の組織の能力を改善することである。ＢＲＡＣの事務局長は、「ＢＲＡＣがその地域から撤退した後も継続可能な効果的保健対策活動が見出されたわけではない」と述べた。したがって保健リソース・センターの主な目的のひとつは、効果的で継続可能な保健対策活動を見出すことである。

　保健リソース・センターは当面少数のスタッフで、保健問題に関わる活動のモニタリングや評価、調査を実施し、同時に保健分野での訓練も提供する。また、ＢＲＡＣだけでなく、バングラデシュの他の組織の保健プログラムの作成を行い、将来他の地域の保健調査や訓練施設との連携を確立することも期待されている。保健リソース・センターは、最初の三年間はＢＲＡＣに属するが、その後は独立し、自己調達した資金により運営されることが期待されている。

　保健リソース・センターは、保健分野の研究者のための図書館や情報センターとしての役割も果たし、常に新しい情報を提供することも期待されている。保健リソース・センターの目標は、特に最貧困層の人々に届く保健対策

活動、しかも村の状況に最適な活動を見出すために、保健調査データの更新を行うことである。また広くは、村人や政府の保健制度に役立つ保健分野での科学的な情報を提供することである（訳註・BRACの保健プログラムの変遷については図3・7参照）。

保健プログラム作成について二〇年間に得た教訓

BRACは、保健プログラムを個別に運営するのではなく、むしろ中心的な「農村開発プログラム」に統合しようとしている。保健教育は、BRACの「ノンフォーマル初等教育プログラム」のカリキュラムにとって重要な要素となっている。また、BRACの農村組織メンバーが修了を義務づけられている成人対象の機能的教育コースの重要な部分でもある。さらに、栄養やトイレ、予防接種、経口補水療法、母乳育児、補足的な食事の摂取、家族計画などの保健問題は、七〇〇〇余りの村落グループの月例会議で定期的に討論されている。女性の開発は、BRACの開発活動全体の重要な焦点である。ヘルス・ワーカーは、女性の十分な参加とリーダーシップがなければ、保健問題に進展はあり得ないということを学んできた。さまざまな保健プログラムの経験によって、最貧困層の女性たちがいったんエンパワーされると、保健問題の改善に主導権を持ってあたることができるようになると実証されている。

BRACは、村の状況に適した複数の保健対策活動の組み合わせを見つける努力を続け、村人とともに政府の保健制度を動員し、予防とケアの水準を引き上げ、そのレベルを維持しようとしている。新しい保健リソース・センターによって行われる調査とそこから生まれるアイデアが、より効果的な保健対策活動の戦略に貢献することが期待されている。

6　緊急プログラム

ＢＲＡＣは効果的で柔軟なマネジメント能力を持つ巨大なＮＧＯであるため、大洪水や台風、旱魃など緊急事態時に、ドナーや政府から被災者への救援活動をしばしば要請される。たとえば一九八七年と一九八八年の洪水では、被災地域にあるＢＲＡＣの地域事務所やフィールドにいるスタッフは、通常の仕事を棚上げして救援活動にあたった。また、洪水後の下痢性疾患流行時には、経口補水療法に必要なものを補給し、困った村人たちに食事を提供する緊急給食所の運営や避難所の提供、衣類や薬品などの緊急物資の配布などを行った。洪水が引くとすぐに、被害を受けた地域にもっとも近い「農村開発プログラム」のフィールド事務所が、復興プログラム（家の修理や再建、家を建てるためのローン、無償の家禽小屋の設置など）を開始した。一九八九年の深刻な旱魃では、「農村開発プログラム」の地域マネジャーは、ＢＲＡＣの村落組織メンバーの雇用促進事業として、「Food-for-work プログラム」との協力活動を行った。

ＢＲＡＣはまた、一九九一年四月二九日の深夜にベンガル湾の東海岸を襲った大きなサイクロンの後に、大規模な緊急救済プログラムを展開した。四月三〇日早朝には、事務局長がすべてのトップ・マネジャーを本部に集め、最優先でＢＲＡＣの救援計画を準備するよう指示した。「農村開発プログラム」のマネジャーのうち一人がすぐに被災地域に派遣され、すでに現地に入っていたＢＲＡＣのヘルス・ワーカーと協力して現地の状況を調べ始めた。その間にも、被災地域に常駐して政府の予防接種を支援していたＢＲＡＣのスタッフから成る三〇余りのチーム（約一二〇人のプログラム・オーガナイザー）が、本部からの指示を待たずに救援活動を開始した。これらスタッフの多くも被災していたが、生存者のための飲料水や食糧を手に入れるＢＲＡＣ初の台風被災者救援活動の中心となった。五月二日にＢＲＡＣ本部から幹部チーム（事務局長とトップのプログラム・マネジャーを含む）が被災地を訪れ、現場のワーカーらと問題を協議し、他の救援組織や政府とも接触した。二六八〇万タカ（約五三六〇万円）

相当の事業案が企画され、国内の他の部署から選抜されたＢＲＡＣのスタッフが、現地の一二〇名のプログラム・オーガナイザーに合流して大チームとなった。そして五月四日、正式に救援活動が始まった。本部から送られたフィールド監督官（救援サービスの指揮者）がこの活動を率いた。

最初の段階（約一週間）は、救援物資（食糧、飲料水、薬品、衣類）の配布に費やされた。第二段階でＢＲＡＣは、他の組織からの支援が入っていない最悪の被害を受けた七郡を選び、そこでの集中的な救援および復興活動を行った。たとえば、仮設宿泊所の提供や池の水抜き*と消毒、衣類の供給、薬品のサービスなどである。第三段階でＢＲＡＣは、三カ月間の「Cash-for-work プログラム」を導入し、家の修理や整地、農地の片づけと開発、支線道路の修理、池の脱塩**と清掃、魚網の生産と修理、管井戸の修理、新しい管井戸の設置、小中学校のトイレの設置、森林再生のための植林、脆弱な集団を対象とした給食プログラムの拡大（三カ月間に一万四五〇〇世帯をカバーする）などの事業により、短期間の雇用と所得獲得活動を提供した。資金利用における間違いや適正をチェックするために、モニタリング・スタッフが定期的にフィールドを訪問した。「Cash-for-work プロジェクト」をモニタリングする具体的な方法が作成、実施された（訳注・池の水抜き*――バングラデシュの国土は一部を除き海抜の低いデルタ地域に位置している。このため雨によって池の水はあふれ出し、近隣の人々に支障を及ぼす。池の脱塩**――人々は池を日常生活の中で活用している。洗たくや水浴の場であり、ときには魚の養殖場でもある。海辺に近い淡水の池には自然災害で海水が混入することがあり、池の脱塩が必要となる場合がある）。

ＢＲＡＣはこの地域に総計約四〇〇人のスタッフとボランティアを配属し、資材や「Cash-for-work プログラム」のために約一〇〇万ドルを費やした。また、二国間協力や海外のドナーおよび個人からＢＲＡＣに寄せられた何百万ドルもの食糧と薬品を配布した。ＢＲＡＣは公正で信頼できる組織として知られていたため、現金の寄付、食糧や薬品、その他の資材についてはＢＲＡＣの能力を上回るオファーがきた（救援活動のための寄付および寄付金の収支については、BRAC, 1991, Cyclone Relief 参照）。およそ三万一〇〇〇世帯が生存救済段階で支援を受け、また二万五〇〇〇世帯が救援復興段階で支援を受けた。

ＢＲＡＣは、サイクロンの被害を受けることが多い地域での長期的な活動として、被害が最大であった沿岸の郡のひとつ（人口約三〇万人）に「農村開発プログラム」を導入した。そこでは開発活動を多面的に展開しながら、同時に効果的なサイクロン・シェルターのネットワーク作りが計画されている。

7　ＢＲＡＣが経営する企業

ＢＲＡＣは、アーロン・ショップ（手工芸品店）、ＢＲＡＣ印刷、ＢＲＡＣ冷蔵、縫製工場の四つの会社を経営している。今やＢＲＡＣ予算の約一五％は、これらの会社からの利益によって賄われている。これらの会社はすべて、ＢＲＡＣの開発活動を強化する補助的な事業として企画されている（訳注・現在のＢＲＡＣは、アーロン・ショップ、ＢＲＡＣ冷蔵、ＢＲＡＣ食品乳業、養鶏農場、養鶏用飼料工場、種子加工工場、魚と蝦の孵化場、養蚕場、牛舎を有している。これらからの収入によって、一九九九年にはＢＲＡＣの年間予算の約四四％が賄われた。なお、縫製工場は採算がとれなくなり、すでに売却されている）。

アーロン・ショップ　アーロンとは、「村の市場」を意味するＢＲＡＣの店舗の名称である。利益を上げることを目的として、バングラデシュ国内の三都市において高品質の商品を扱う小売店を六店展開し、同時に海外への輸出ビジネスも拡大しつつある。最初のアーロン・ショップは、ＢＲＡＣや他のＮＧＯが組織した女性グループと地元の職人たちによって生産される織物・手工芸品の販路を確保する目的で、メノー派中央委員会（ＭＭＣ、Mennonite Central Committee）と協力して一九七八年に開設された。最初の小売店が成功した後にＭＭＣは撤退し、ＢＲＡＣがその店とコンセプトのオーナーとなった（アーロン・ショップ形成の詳細は、Lovell, 1989 参照）。

村の産物の需要拡大と職人の生産する商品の改善のために、アーロンはデザイン・センターを開き、新しいデザインの開発や伝統デザインの改革などを行っている。また企業の多角化のために、商品の開発サービスや職人訓練、新製品のテストも行っている。

アーロンの成功のひとつは、バングラデシュの伝統的デザインの利用を推進したことである。デザイン・センターと六つのアーロン・ショップが予想以上の著しい成果を上げたことで、バングラデシュ独自のデザインを用い

図3.8　ＢＲＡＣが経営する企業（2000年）

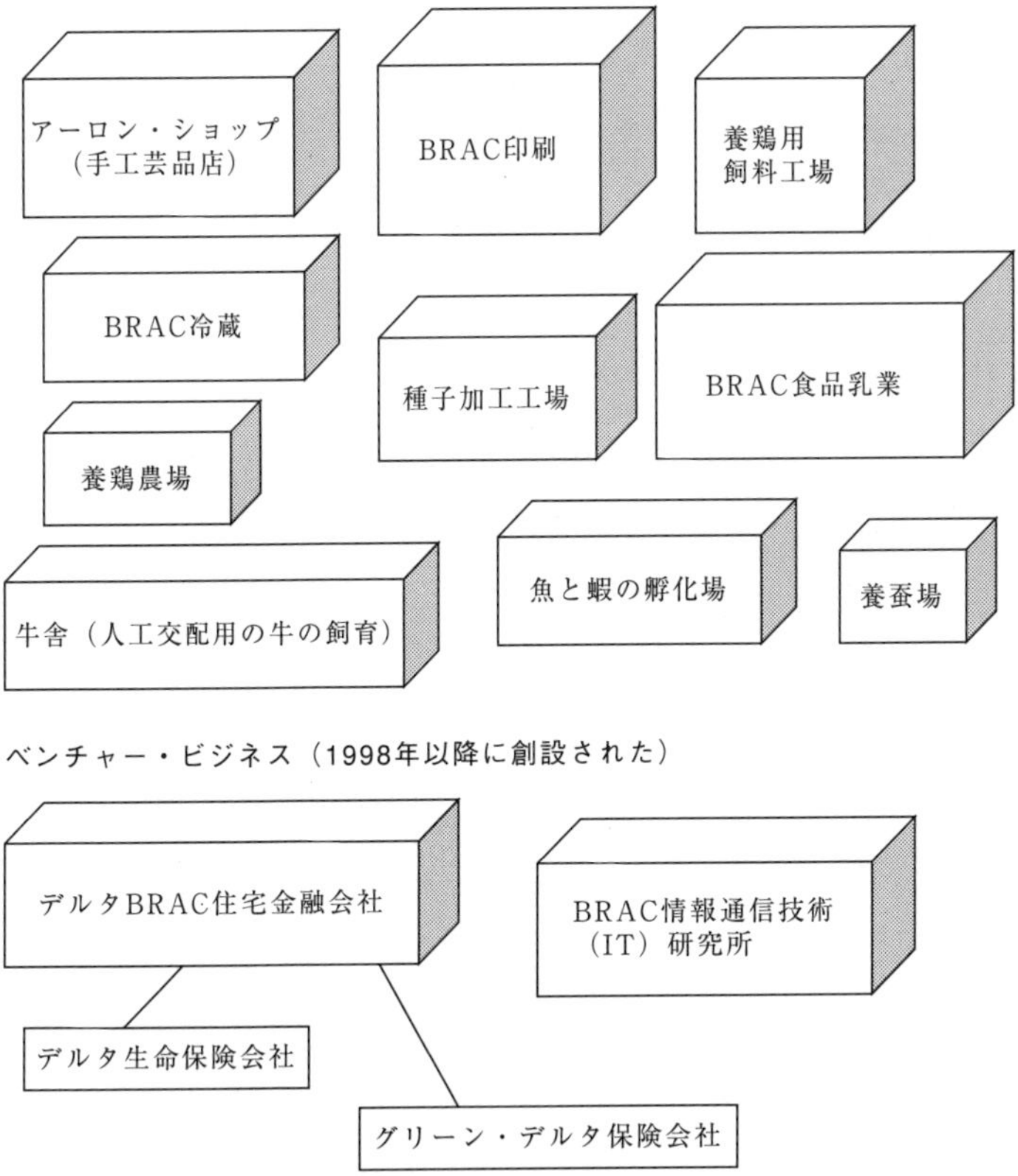

出典：訳者作成。

国内で生産された絹や綿を使った国内製のサリーを復活させることになった。アーロンはまた、多様なタイプの織物や手工芸品と同時に、ノクシカタ（伝統的刺繍）製品の販売にも力を入れている。一九九〇年のアーロン製品の約三〇％は、ＢＲＡＣの村落組織メンバーとアイシャ・アベッド基金の生産者によって製造され、残りは全国の村の職人によるものであった。アーロンの六つの店舗は、ダッカ、チッタゴン、シレットにある。一九九〇

年の売上高は二〇〇万ドルにおよぶ勢いで、二〇〇人強の常勤スタッフが店舗とサービス部門に雇用されている。

ＢＲＡＣ印刷

ＢＲＡＣ印刷は、高い利潤を上げている質の高い企業であり、一般企業や政府、他のＮＧＯを対象とした印刷サービスを行っている。またＢＲＡＣの印刷物（事業案や報告書、学校のための書籍、ＢＲＡＣの子ども向け雑誌、融資プログラムのための書類全般、訓練教材など）はすべてここで印刷される。従業員は約四〇人である。またカラー・スキャナーやコンピュータ化された写植機、オフセット印刷機など最新の印刷技術を使っている。

ＢＲＡＣ冷蔵

ＢＲＡＣは冷蔵施設も所有、経営している。これはもともと、非常に小規模な小作農家のために、収穫期を過ぎたジャガイモを貯蔵し、より高い価格でそれらを販売するために作られたものである。当時ＢＲＡＣは、村のグループに対して、コメに替わる作物としてジャガイモの生産を奨励していた。この施設は四二五〇トンのジャガイモまたは他の作物を貯蔵することができる。

縫製工場

ＢＲＡＣのもっとも新しい会社が三つの縫製工場である。この工場はすでに会社として独立させることができるが、ＢＲＡＣは縫製産業でさらに多くの経験を積んでから、衣類生産とバングラデシュの手織り産業を結びつけ、バングラデシュで生産された材料だけを使うようにしたいと計画している。現在のところ、バングラデシュの衣類工場の多くは、輸入した材料を製品にする「仕立屋」として機能しているに過ぎない。数と能力の両面においてバングラデシュでもっとも急成長を遂げている縫製工場は、特に何百万人もの女性に低賃金の仕事を提供するようになっているが、関連産業の発展にはほとんど貢献していない。縫製産業によって、バングラデシュの労働者は世界と競争する力を身につけていることが証明されたが、布地や糸、ボタン、ジッパーなどの付属品類はほぼすべてが輸入されているため、製品の最終的な付加価値は安い労働力だけである。ＢＲＡＣは、縫製産業と地元の生産物とを結びつけることで従来のパターンを変えたいと希望している。

8　結び

本章では、ＢＲＡＣがいかに成長してきたか、またニーズ主導のアプローチを通じてＢＲＡＣの幹部がどのようにプログラムを決定し、それがいかに枝分かれしてフィールドの主要なニーズに対応してきたかを述べてきたが、これらはＢＲＡＣが現在行っている複雑で多様な活動のほんの一部に過ぎない。

垂直的な統合のニーズから発展した活動がいくつかある。たとえばアーロン・ショップは、伝統的な刺繍や皮製品、彫刻、型押し染色など家内産業のための市場の提供と、養蚕業の成長により生産された絹市場の提供のために必要であり、またデザインや品質改善のリーダーシップを提供するためにも必要とされた。

一方、水平的な統合のニーズから発展した活動もある。「農村開発プログラム」の村落活動で、ひとつの活動を支援するために新たな活動がつけ加えられたことがその例である。たとえば所得獲得プロジェクトは、融資プログラム抜きには単独で実施できない。また融資プログラムの成功には、貯蓄の原則が不可欠である。所得獲得のための技能を身につけるには訓練が必要である。病気の人は所得獲得プロジェクトでは成果が上げられないので、保健対策が必要である。社会の中で力のない人が力を得るためには、自分の法的権利を理解しなければならず、そのために法律補助員プログラムが導入される……などである。

ＢＲＡＣによって行われているプログラムのどれひとつとして、広範なニーズからかけ離れているものはない。プログラムそれぞれの企画と実施戦略は、村の貧しい人々のニーズが複雑に絡み合った全体像と、それに対応して企画される他のプログラムとの関連で考えて初めて理解できる。

第四章　財政的仲介活動

ＢＲＡＣの「農村開発プログラム」と「農村融資プロジェクト」については、すでに述べてきた。財政的仲介活動（融資と貯蓄）はそれら全体の中で重要な部分を占めているため、本章ではこの二つのプログラムをさらに詳述する。ＢＲＡＣは現在、農村部の貧困層を対象とした貯蓄融資プログラムでは世界最大のプログラムのひとつを実施している。ＢＲＡＣの財政的仲介活動は、過去一〇年余りの試行錯誤を経て現在に至っている。

ＢＲＡＣは一九七〇年代の初めに融資活動を開始したが、それを開発戦略の定番として位置づけたのは一九七九年になってからである。今では、融資は開発活動における主要な構成要素となっている。

ＢＲＡＣの財政的仲介活動は、成熟した自立的な銀行運営が導入された一九九〇年初めに新たな段階に入った。一九九〇年末までの一〇年間に、ＢＲＡＣの土地なし農民の組織は、貯蓄の三〇〇万ドル（約三億四五〇〇万円）余りを資金として運用した。また、個人やグループの活動費用としてＢＲＡＣからの融資額も少しずつ増え、ほぼ二〇〇〇万ドル（約二三億円）に達した。一九九〇年だけでも、ＢＲＡＣの二つの融資プログラムから一五万人の村人（三分の二は女性）に融資が行われた。個々の融資金額は三五〜一五〇ドル（約四〇〇〇円〜一万七〇〇〇円）とさまざまであったが、年間総額は約一二〇〇万ドル（約一三億八〇〇〇万円）にのぼった。融資の九〇％は個人の小規模な所得獲得活動に、残り一〇％はグループの共同事業に使われた。より大規模な事業（たとえば深管井戸）の

表4.1　貧困層を対象とした主な融資プログラムの比較

組織名	会員数	女性会員数	1990年12月の累積融資高（タカ）	1990年１～12月の融資高（タカ）
ＮＧＯプログラム				
ＢＲＡＣ	550,449	381,662	903,852,372	443,116,335
ＰＲＯＳＨＩＫＡ	349,035	160,861	159,656,023	57,329,406
ＣＡＲＩＴＡＳ	130,861	68,047	7,595,000	1,082,227
半官半民プログラム				
グラミン銀行	869,538	791,606	7,590,663,000	2,262,563,000
政府プログラム				
ＢＲＤＢ女性協同組合	—	136,138	173,000,000	91,000,000
ＢＲＤＢ農村協同組合	—	244,568	272,000,000	99,000,000
女性省	—	39,680	1,883,200	202,500

注：タカ：1990年現在１ドルは約35タカ、2000年現在１ドルは約54タカ。
　　ＢＲＤＢは Bangladesh Rural Development Board の略称。
出典：著者によるインタビューと各組織の記録から。

ためには、複数の人が共同で融資を受け、グループ内から選ばれたマネジャーがグループを運営する。

貯蓄活動は、村落組織の設立直後に「農村開発プログラム」によって導入される。また融資活動は、グループの大半のメンバーが最初の意識化訓練を終え、責任をもって貯蓄活動ができるようになる三～六カ月の間に導入される。

ＢＲＡＣのマネジメントは常に「規模の拡大」を目指してきたが、一九八九年の初めに、より大規模な拡大を決定した。ＢＲＡＣは、「農村開発プログラム」と新銀行事業の「農村融資プロジェクト」の双方を通じ、一九九〇年からの三年間に融資活動を急速に成長させ、一九九三年には融資規模を三倍以上に拡大することを計画した。

表４・１は、バングラデシュの貧困層を対象とした主な融資プログラムを比較したもので、グラミン銀行（半官半民組織）とＢＲＡＣが最大規模である。一九七九年に始まったＢＲＡＣの融資プログラムによる融資額は、一九八三年に融資を開始したグラミン銀行の融資額の約一二％に過ぎなかった。しかし一九八八年以降、ＢＲＡＣの融資活動は成長を遂げ、一九九〇年にはグラミン銀行の融資額約六四〇〇万ドル（約二二億六〇〇〇万タカ）の約一九％に当たる約一二〇〇万ドル（約四億四〇〇〇万タカ）に達した。融資利用者数は、グラミン銀行の約八七万人に対して、ＢＲＡＣはそのほぼ三分の二に当たる五五万人である。

図4.1　財政的仲介活動の流れ

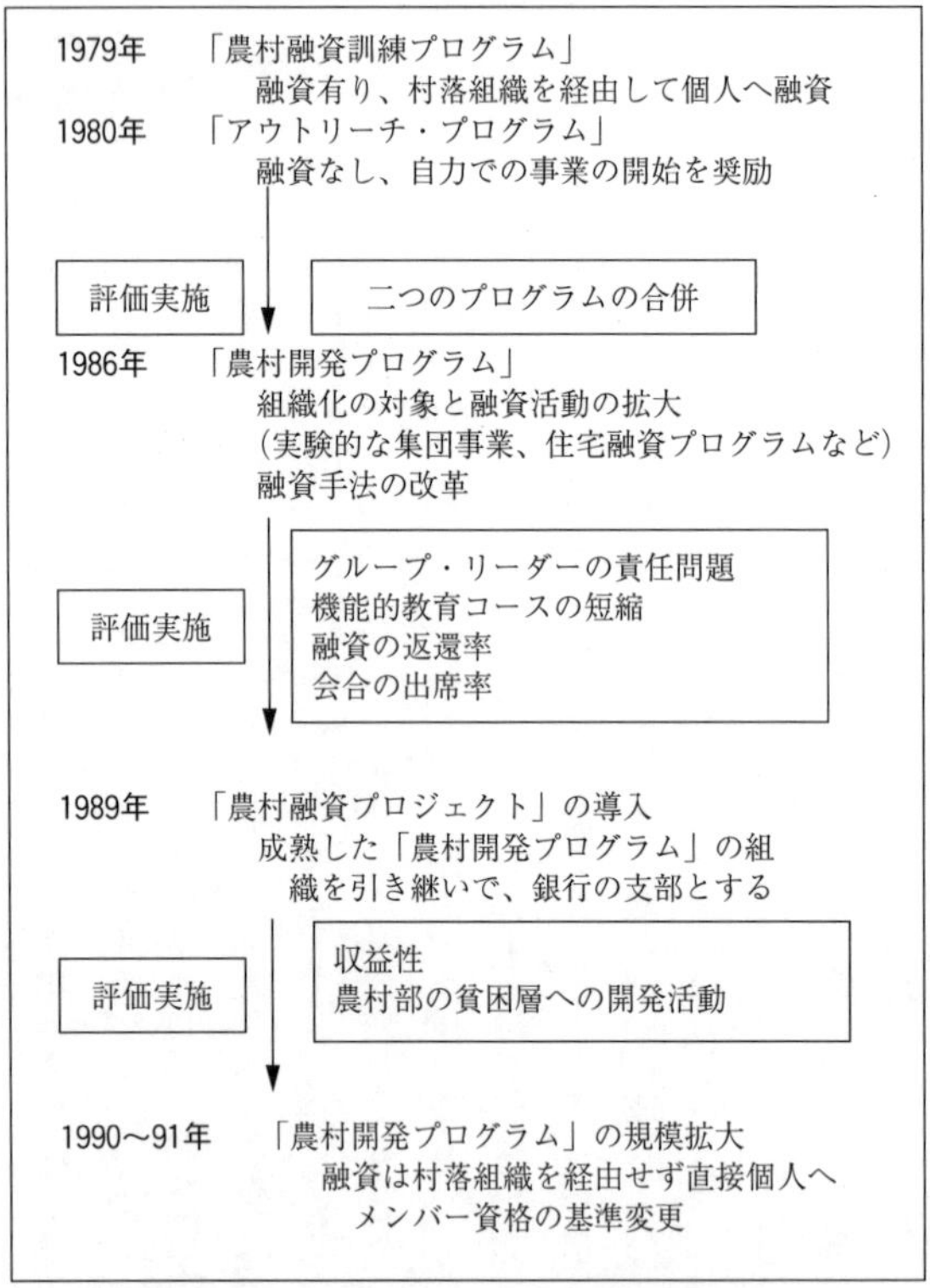

出典：訳者作成。

ＢＲＡＣは融資活動の規模を拡大してはいたが、一方で幹部とフィールド・ワーカーは、融資活動が必要不可欠ではあるが、それだけで農村部の人々の生活を継続的に変革することはできないと実感していた。村の人々の所得獲得プロジェクトの経験や他の融資プログラムをつぶさに考察した結果、ＢＲＡＣのマネジメント・チームは、農村部の貧困に効果的な変革をもたらす農村開発には、財政的仲介活動だけでなく制度的仲介活動も必要だという結論に達した。これは、インフラが不十分で政府が十分に機能しないバングラデシュには特に当てはまる。所得獲得プロジェクトが効果を上げるためには、経済の下位セクターの課題や問題点などの明確化と解決が必要であり、また政府のサービスが改善されて人々に届くようにしなければならない。さらに村の融資利用者には機会が提供され、新しい活動や改善された活動への支援が行われる必要もある。本章ではＢＲＡＣの融資活動の歴史を概略し、次の第五章では融資活動を補足するものとして重要と考えられる制度的仲介活動について述べることにする。

ＢＲＡＣの融資活動の歴史は、一九七九～八四年、一九八五～八八年、一九八九～九一年の主に三期に分けられる。

1　初期のプログラム——第一期（一九七九〜八四年）

一九七九年と八〇年に、ＢＲＡＣは農村開発の中心となる二つの新しいプログラムを作成した。それが一九七九年末の「農村融資訓練プログラム（Rural Credit and Training Program）」と一九八〇年初めの「アウトリーチ・プログラム（Outreach Program）」である。この二つのプログラムは、個別の組織と構造を持ち、郡内の異なるグループで同時に実施されて結果が比較された。どちらも土地なし農民の組織に対して似通ったアプローチを用いたが、「農村融資訓練プログラム」の方にプログラムの主な構成要素として融資を組み込んだ点が異なっていた。双方のプログラムともに貯蓄に力を入れ、貯蓄活動を支援する動機付けや便利な方法の提供を行った。

「アウトリーチ・プログラム」——融資をともなわない開発

「アウトリーチ・プログラム」は、貧しい土地なし農民が利用可能な資源や地元の資源を使って何ができるかを試みるための企画である。したがって基本的にこのプログラムでは、グループへのいかなる経済的支援も行わないことを前提とし、グループのメンバーは自分の貯蓄も含めた既存の資源を動員しなければならない。

プログラムには機能的な教育、訓練、貯蓄、問題解決会議、ロジスティックス支援などが組み込まれ、種や苗木、鶏・家畜のためのワクチン、魚の養殖用稚魚、ヘルス・サービスなどのインプット（サービスや対策活動）を政府機関から獲得しようとするものであった。

一九八五年の末までに、一一郡にある一八のセンターで「アウトリーチ・プログラム」のスタッフが活動を行い、四六二村の約四万五〇〇〇人を八〇〇〇余りの組織に組織化した。グループのメンバーによる貯蓄も、五年間で七万五〇〇〇ドルに達した。

「農村融資訓練プログラム」

ＢＲＡＣの幹部もフィールドのスタッフも、村人たちの自立の重要性を確信していたが、同時に貧困層を対象とした融資の重要性も認識し始めていた。「農村融資訓練プログラム」は「アウトリーチ・プログラム」と同様の活動の他、村落組織メンバーに融資の機会を提供した。

このプログラムのもとになった哲学は、一九七九年にドナー向けに用意された当プログラムの事業計画案の中で最初に述べられている。つまり、メンバー一人一人が自らの状況を理解する方法と技術を身につけて、その段階に至ったグループを対象に、「個人事業を始める元手となるような融資がきちんとした監督下で行われ、融資後も融資利用者への訓練や技術的支援、商品売買のための施設の提供などが行われたならば、これまで無視されてきた貧しい人々は開発に大きな力を持つことができるようになる」(BRAC, 1979, Rural Credit) というものである。

はじめ「農村融資訓練プログラム」のマネジャーは、機能的な教育と意識化活動を六カ月間実施すれば、融資プログラムを行うに十分な集団の団結が生まれるだろうと仮定していた。しかしすぐに、意識化活動の期間は六カ月から一年に延長された。ＢＲＡＣのフィールド・スタッフは、融資への期待がかえって集団の団結を揺るがしたと考えたのである。

初期の融資ルール　「農村融資訓練プログラム」のすべての融資は、まず村落組織に対して行われ、それが個人のメンバーや集団事業を行うグループに手渡されるという仕組みになっていた。村落組織が受け取った資金は最寄りの民間銀行に預けられ、村落組織のマネジメント委員会が資金運用に責任を負った。個々のメンバーは自分の通帳を持たず、銀行とも直接取り引きがなかった。

単に物の購入のためとか、わずかな土地しか持たない人から土地を買収するといった目的を持った人には融資は行われなかった。当時の融資の返還は、その融資を元手に行われる事業から利益が上がった時点で始まった。融資を受けている間、融資利用者はプログラム・オーガナイザーか村落マネジメント委員会のメンバーから、継続的かつ徹底的なモニタリングを受けることになっていた（実際にはきちんと行われていないこともあった）。優先的に融資が行われたのは、開発的要素を強く持つ活動や、経済的および社会的な利益を生み出す可能性が明確な事業に対してであった。

　融資に適格と認められるためには、村落組織は以下の条件を満たす必要があった（BRAC, 1980, Annual Report of RCTP）。

●五〇名以上のメンバーを有し、村の対象家庭の少なくとも五〇％が含まれていること。
●メンバーの少なくとも五〇％が毎週行われる定例会議に参加し、そのうちの三分の二が融資を希望していること。
●メンバー全員がそれまでに、毎週定期的に預金をした実績を持っていること。
●融資額の一〇％相当の貯蓄を融資金が配られた時点で固定金利口座に入れることができること。
●選挙によって選ばれた人たちによるマネジメント委員会があること。
●「機能的教育コース」（第三章2参照）を修了していること。
●グループの貯蓄の保護のために、すでに固定金利口座に融資額の二〇％相当の貯畜を持っていること。
●村落組織内での討議を経て作成された決議書を通じ、融資の対象（個人または共同プロジェクト）が承認されること。融資はまた、ＢＲＡＣのプログラム・オーガナイザーと地域マネジャーからも承認を受け、大規模な融資については、さらに「農村融資訓練プログラム」のマネジャーと本部事務所の事務局長からの承認も必要となる。
●融資を受けるグループへの調査に備え、公式の融資申請事業案を準備すること。

金利、期間、返還率　「農村融資訓練プログラム」は当初、金利と手数料の構造が複雑であった。融資によって行われる事業のタイプにより、多様な利子が設定されていた。共同事業が最優先され、利子は一八％であった（三％のサービス料を含む）。例外として、共同で行われる農業関連事業の利子はサービス料を入れて一五％とされた。なぜなら、この種の活動は長期におよんで利益も低いからである。人力による稲の脱穀（これはほとんどが女性による）にかかる経費を個人に融資する場合は、利子一八％＋サービス料三％であった。これ以外の個人への融資は五〇〇タカ（約一〇〇〇円）までが利子二二％、それ以上では利子二四％にそれぞれサービス料が加えられた。一九八〇年代初期の公的な融資利子は、ふつう一二％から三六％の間であった。

融資は事業の終了までに返還することになっており、次の三つに分けられた。（1）短期――一年以内に返還、（2）中期――三年以内に返還、（3）長期――三年以上かけて返還。この時点ではまだ、融資は個人を通さず、村落組織に対して行われていたので、「農村融資訓練プログラム」に対する返還は、村落組織が責任を持って行った。

「村落融資訓練プログラム」が始まってから最初の三年間の融資額は、約五万ドルに過ぎなかった。しかし次の三年間にプログラムは拡大し、多くの村落組織が設立され、融資総額は一七五万ドルにのぼった。メンバーの総貯蓄額も最初の三年間は五万六〇〇〇ドルだったのが、次の三年間で三〇万ドルに増加した。

「農村融資訓練プログラム」の期間中、遅延なく融資が返還された割合は平均で約八七・三％であった。「農村融資訓練プログラム」のスタッフは、融資の返還については事務的に処理することを決定したが、もしも事業が失敗したとき、返還を迫るべきかどうか、つまり迫っても返還が可能かどうかという問題に直面した。なぜならば、バングラデシュはきわめて多くの自然災害に見舞われ、田畑や家畜、住居、農具などを破壊され、食物の価格が高騰するからである。遅延のない返還を徹底する厳しい方法をとった場合、融資利用者はやむなく高利貸しを利用したり、わずかな資産を売り払う状況に追い込まれるかもしれない。しかし「農村融資訓練プログラム」のマネジャーは、寛容な方法をとっても返還遅滞は起こるし、再融資が利用者の返還能力を高めることにならないと認識していたので、融資の帳消しや再融資はほとんど実施されなかった。

試行錯誤の結果、「農村融資訓練プログラム」の幹部は、事業が厳しい状況にあるケースに対処する新しい方針を決定した。それは、融資の返還期間を再設定（延期）し、利益が上がると予想される新しい所得獲得事業のために融資を提供するというものであった。

「農村融資訓練プログラム」の最初の段階では、融資は主に伝統的な活動（農業、特に共同での収穫など）に対して行われた。また、抵当に入っている土地を取り戻すための融資や、農具の購入、水産養殖、漁業用具の購入、リキシャ（訳注・自転車のうしろに二つの車輪がついた座席をつけた、バングラデシュの庶民のタクシーとでも言うべき乗り物。リキシャという名称は「力車」に由来している）・小型の舟・馬車・牛車など農村で使われる運送手段の購入、織物や陶器の生産、大工仕事、仕立て、ネット（魚網）作り、食物の加工、型押し、小規模な商売、牛やヤギの飼育、養鶏、脱穀などに関連した融資も行われた。

2　二つのプログラムの合併——第二期（一九八五〜八年）

「農村融資訓練プログラム」と「アウトリーチ・プログラム」は、相異なるアプローチを試行した。ＢＲＡＣの調査評価部は、この二つのプログラムの結果を調査し、評価した。その結果、一九八四年になってＢＲＡＣの幹部は、この二つのプログラムを二者択一的なものと考えるべきではないという結論に達した。村落グループは「アウトリーチ・プログラム」のもとで十分に貯蓄を行って、メンバーへ融資できるようになることが期待されていた。しかし実際は、メンバーに十分な貯蓄を促すことができず、メンバーのニーズに見合う融資プログラムを支援できていないと評価された。また一般にこれらのグループは、民間銀行からの融資を受けることもできない状況だった。調査では、グループのメンバーの進捗状況を判断する基準として、彼らが融資を開発活動の一環と位置づけているかどうかという点が挙げられた。また、村人たちに既存の地元資源の動員を促す「アウトリーチ・プログラム」の方法は重要であり、その視点は失われるべきではないとも報告された。

一九八六年に二つのプログラムは合併され、「農村開発プログラム」となった。それまでに両プログラムによって設立された地域事務所は全部で三八カ所にのぼり、九〇〇村で一八〇〇の村落組織が作られていた。このうち村落組織数が約二三〇（メンバー一万二〇〇〇人）のマニクゴンジ、一七一（メンバー七〇〇〇人）のスラ、三八（メンバー一八六〇人）のジャマルプールの三地域では、すでに何らかの融資活動が実験的に行われていた。

新プログラムの「農村開発プログラム」は、組織化の対象と融資活動を拡大し、融資の手法でもいくつかの重要な変革を行った。また制度的な仲介活動を強化、拡大した。これについては第五章で詳述する。

「農村開発プログラム」の金利と融資期間についての初期の変化

初めの頃の「農村開発プログラム」は、それまでの「農村融資訓練プログラム」のもとで実施されてきた融資の金利と期間をほぼ踏襲していた。しかし、村で実際に融資活動に携わる地域マネジャーやプログラム・オーガナイザーの多くが、利子と手数料の構造が煩雑な点と、多様な手数料を設ける意味があまりないことを指摘するようになった。フィールドと本部事務所の間での協議の末、利子と手数料の構造を統一することで簡素化すること（年率一八％＋グループ運営費三％＋グループ税五％）が決まった。

また従来の融資はまず村落組織のマネジメント委員会に交付され、委員会から個人やグループに事業資金として配布される仕組みだったので、村落組織の口座はＢＲＡＣにではなく、まだ民間銀行に置かれていた。

大規模な集団事業の実験

一九八〇年代の半ばになると、村落組織は「農村融資訓練プログラム」からの融資で多くの大規模事業を展開し始めた。約六五の浅管井戸事業が開始され、土地なし農民のグループが他の農民に灌漑用水を提供するために深管井戸を所有・運営する試みも始まった。また三カ所の大きなレンガ工場が作られ、利益も上げ始めた。なかでも最大規模のレンガ工場については、三〇の村落組織が共同でオーナーとなった。他の地域でも、五六の男女別の村落組織が共同して小売業者に市場《いちば》のスペースを貸し出し、その運営にあたっていた。村落組織のマネジメント委員会が、これらの事業のマネジメント委員会を選抜した。

住宅融資プログラム

一九八七年には、「農村開発プログラム」に小規模な農村住宅融資プログラムが加えられ、約一〇〇万ドルの予算が当てられた。融資の種類は、四五〇〇タカ（約九〇〇〇円）、三五〇〇タカ（約七〇〇〇円）、二五〇〇タカ（約五〇〇〇円）で、二年目からは最高額の六〇〇〇タカ（約一万二〇〇〇円）が付加された。最初の年に約三六〇〇件の住宅融資（合計約二七八〇万円）が行われ、一九九〇年一〇月までに約四八〇〇万タカ（約九六〇〇万円）が融資された。

どの種類の住宅融資も三年以内の返還が義務づけられる。毎週払い込む金額は最低で二二タカ（約四四円）と定められている。融資利用者は、住宅融資を受ける前の六カ月間、一度も休まずに毎月の支払金と同等の金額を貯蓄しなければならない。

この融資プログラムは当初、女性に対する利子を五％＋手数料三％、男性に対する利子を七・五％＋手数料三％としていた。しかし後に、男女を問わず利子八％の手数料なしで統一した。利子の統一は、融資プログラムの歴史の中で融資の必要条件を簡素化するためにとられた第二の方策である。

住宅融資の需要は大きかったが、「農村開発プログラム」は住宅融資活動を拡大していない。現在の住宅融資は、新たに開設された「農村開発プログラム」の地域事務所で推進されている。「農村開発プログラム」のマネジャーたちは、資源が限られている状況の中では所得獲得活動が優先されるべきと決定した。また村落メンバーの大半は、住宅融資のために義務づけられた貯蓄を行ったり融資を返還できるほど金銭的なゆとりがないので、住宅融資を利用するに至っていない。

村落組織の問題の出現

一九八八年の末には、フィールド経験から蓄積された教訓をもとに、「農村開発プログラム」のマネジャーらが融資プログラムの実施状況を再評価することになった。これにより、村落組織の構造とマネジメント、融資事業マネジメントの方法について、いくつかの問題が明らかになった。

第一の問題は、グループのメンバーに対するリーダーのアカウンタビリティである。村落組織の中には、マネジメント委員会が十分に役割を果たさず、委員会が行った活動をメンバーに説明できないところや、汚職が発覚したところもあった。プログラム・オーガナイザーやフィールドの会計によって、村落組織のマネジメント委員会による資金の流用も見つかった。たとえば、メンバーから受け取った貯蓄金をすぐに銀行に入れず、村落組織に対して行われた融資の返還に利用したり、村落組織や他の融資利用者が新たな融資を借りられるようにするために使ったマネジメント委員会もあった。融資状況についても、あるメンバーが村落組織から融資の承認をまったく受けられずにいる一方で、別のメンバーは何度も融資を受けているという事態も見つかった。あるいは、集団で行う最大規模の事業（レンガ工場や市場の貸し出しなど）の中には、グループのリーダーとＢＲＡＣの職員（一人は地域マネジャー）が村落組織のマネジメント委員会と結託し、融資や利益について汚職をしていた例も数例あった。ＢＲＡＣ幹部の強い主張で、これらの職員はすでに起訴されている。

このようなアカウンタビリティの問題発生を回避するため、いくつかの大改革が行われた。初めに行われた改革は、村落組織が民間銀行に資金を預ける従来の方法をやめ、貯蓄と入金の口座をＢＲＡＣに置くようにしたことである。これにより「農村開発プログラム」が銀行の機能を果たすことになった。同様に重要な改革は、融資が村落組織を通さずに、直接個人に行われるようになったことである。メンバーは「農村開発プログラム」の地域事務所から融資を直接受け、貯蓄と融資返済の記録を自分で管理する。また貯蓄融資ノートも各自が保管する。村落組織のマネジメント委員会は、村落組織のグループ資金にのみアクセスできるが、これらの資金もＢＲＡＣに預けられている。

もうひとつの大きな改革は、村落組織のメンバーを五～七人で構成される小さな融資グループに分けたことである。各グループは選挙で長を選ぶ。小グループは、融資の承認や利用、返還などをお互いに監視するコントロール・グループとして機能する。融資は、小グループのメンバーの中で順番に利用される。ひとつのグループに対し同時に三つ以上の融資は行われず、またどのメンバーも小グループ内のすべてメンバーがひと通り融資を受け終わるまでは、二度めの融資を受けることができない（たとえ希望者がいて、適格者であったとしても）。小グループは個人の融資を監視する。また、すべての融資は村落組織メンバーの三分の二から承認を得る必要がある。

村落組織のマネジメント委員会の構造も再編された。新しい制度では、小グループの長が村落マネジメント委員を順番に務める。つまり長の半数が一年間マネジメント委員会で仕事をし、残りの半数が翌年交替する。また小グループも二年に一度、再組織され新しい長が選抜される。こうしてリーダーシップをとる人が定期的に入れ替わる。最後に、最初の融資までの期間については、女性は六カ月から三カ月に短縮され、男性の場合は六カ月とされた（訳注・現在の融資条件では、女性が六週間、男性は三カ月に短縮されている）。

融資にともなう第二の問題は、「機能的教育」についてである。一九七九年の「農村融資訓練プログラム」開始以来、融資を受けるのに適格な村落組織と認定されるための前提条件のひとつに、メンバーの大半が六〇時限の機能的教育コースを修了していることが挙げられていた。しかし一九八〇年代の半ばに、六〇時限のコースを実際に修了できたのはメンバーのほぼ半数に過ぎないということがわかった。多くの人、とりわけ年配の人にとって、このコースは長過ぎるものであった。フィールドで再検討された結果、必要条件としての授業時間数を六〇時限から三〇時限に減らすことになった。ただし、学習者が希望する場合は六〇時限のコースをとることもでき、実際に約半数がそれを選択している。

現在では三〇時限のコースを修了することが、融資を受ける前提条件となっている。メンバーはこのコースの中で、身につけるべき社会的態度として一七カ条を学ぶ。どのような会合でも、最初に全員で一七カ条を復唱する。

朝の集会で、プログラム・オーガナイザーとともに18カ条を復唱する村の女性グループ。（ＢＲＡＣ提供）

これらは、メンバーの貯蓄融資ノートの後ろにも記載されている。以下がその一七カ条であり、村落組織が継続的に検討し改訂する（訳注・一九九九年にＢＲＡＣは条項をひとつ加え、全部で一八カ条とした）。

（1）われわれは不正行為や不法行為をしない。
（2）われわれは一生懸命働き、生活を改善する。
（3）われわれは子どもたちを学校に通わせる。
（4）われわれは家族計画を実践し、家族のサイズを大きくしない。
（5）われわれは清潔を心がけ、家とその周囲をきれいにする。
（6）われわれは常にきれいな水を飲料水とする。
（7）われわれは食物を適正に保管し、食事の前には手と顔を洗う。
（8）われわれはトイレを設置し、それ以外の場所で排泄しない。
（9）われわれは家の周囲や庭で野菜を育て、木を植える。
（10）われわれは他の人を助ける努力をする。
（11）われわれは一夫多妻制に反対し、女性への暴力と闘う。
（12）われわれは村落組織に従い、そのきまりや規則を遵守する。
（13）われわれは意味がしっかり理解できるまでは決してサインをしない。
（われわれは行動する前に注意深く見る）
（14）われわれは毎週および毎月行われる定例会議にいつも時間通り参加する。
（15）われわれは定例会議の議決事項に常に従う。
（16）われわれは毎週定期的に貯蓄を行う。

(17) われわれは融資を受けたら期限内に返還する。
(18) われわれは女の子にも男の子と平等の機会を与える。

第三の問題点は、融資の返還率が満足いく水準ではなかったことである。融資の返還には力が注がれていたが、返還率の目標九八%に対し、多くの支部では九二~九五%にとどまった。それまでの規則のもとでは、融資による事業が利益を上げるようになるまで返還が始まらないうえに、返還スケジュールも多様であった。

一九八九年にこの返還率を改善するためのステップがとられた。「農村開発プログラム」は返還制度を変革し、融資を受けたらすぐに返還を開始するよう要求した。また毎週返還が行われるように、スケジュールも変更された。村人が利益のあまり見込まれない事業のために長期の融資を受ける場合には、毎週の必要返済額を賄う短期で利益の上がる第二の所得獲得活動を行う。すべての融資において、毎週の返済金額はきわめて少額とした。

融資を受けるための前提条件も改定された。融資を受けるために最低限必要な貯蓄額は、初めて融資を受ける場合には融資額の五%、二回目は一〇%、その後回数が増えるにつれて五%ずつの増額と定められた。すべてのメンバーは毎週二タカを貯蓄しなければならないが、多くのメンバーはそれより多く貯蓄している。特に個人や集団での事業に融資を利用し、より多くの所得を得ることができるようになってきた人はそうである。他の組織から借金をしていたり、それ以前の融資の返済をきちんとしていない人は、融資を受けることができない。融資利用者は一五週間にわたって定期的な貯蓄の記録がなければならず、また融資を受ける前に少なくとも五〇タカ(約一〇〇円)を貯蓄しなければならない。

一九八九年に「農村開発プログラム」のマネジャーたちは、再び利子の簡素化を行い、融資にともなう義務的な貯蓄と保険事業を導入した。新しい規則のもとで、すべての融資(住宅融資を除く)の利子は年率一六%となった。融資が実施されると、融資額の一〇%が源泉徴収され、そのうちの五%は個々の貯蓄に、また四%は村落組織の基金にそれぞれ入金される。残りの一%は保険料となり、融資利用者が死亡した場合にその家族に五〇〇〇タカ(約一万円）を最高額とする保険料が支払われる。

融資金利の簡素化と同時に、個々の貯蓄について九％の利息も決定された。メンバーが貯蓄をおろすことができるのは、四年以上にわたって貯蓄を継続しているか、村落組織を辞めるときのみである。

小グループ構造と毎週行われる返還によって、融資返還率は目標の九八％に近づいている。

第四の問題点は、会合の出席率の悪さである。これはプログラム・オーガナイザーにとって特に問題の種であった。なかには、会合の出席率が五〇％に落ち込んでいる村落組織もあった。この問題について、「農村開発プログラム」のプログラム・コーディネーターと地方および地域マネジャーは、プログラム・オーガナイザーと多くの議論を重ねた。その結果、会合のスケジュールを再検討し、必要に応じてより具体的な議題を持つ多様な会合を開くことにした。これで会合の目的が明確になり、魅力的になると考えたからである。

修正されたシステムのもとで、村落組織は週に一度、仕事前の早朝に短い会合を持ち、その場で貯蓄と融資返済のためのお金の回収が同時に行われる。融資金は朝の会合では交付されず、地域事務所で毎週決まった曜日に直接ＢＲＡＣから手渡される。村落組織のメンバー全員が参加する月例会議は、女性村落組織については午後、男性村落組織については夕方に実施され、グループ事業や社会問題（保健、子どもの教育、家族計画、衛生設備、女性の地位、栄養）など共通の議題を取り上げる。

五〜七人のメンバーで構成される小グループは、メンバーが必要と感じたときに会合を開く。小グループの長から成るマネジメント委員会は、毎月会合を持つ。

融資を受ける資格を得るためには、これらの会議に定期的に出席せねばならず、この資格要件が強調されている。

四つの問題への対処をめぐる反響

これまで述べてきた四つの問題に対処する新しいシステムと規則の導入は、アカウンタビリティの改善だけでなく、汚職の発生防止、個人の責任感や学習の促進、グループ内の助け合いが十分に行われる状況の維持などを目的としていた。BRACで二〇年間仕事をしてきた「農村開発プログラム」のあるコーディネーターは、過去一〇年の経験と最近の改革を振り返り、「しっかりと組織化された村人は何ごとをも成し遂げられるようになる、と確信するようになった」と述べている。しかし一方で、彼も他のBRACのスタッフ同様、メンバーの発展が不十分でリーダーシップがしっかりととれていない村落組織に、早い時期からあまりに多くの財政的責任を任せてしまったことを反省していた。彼は、「自分たちが試みようとした財政的マネジメントのシステムについて、今後どのようなことが必要かを学んだ」と述べている。BRACのコーディネーターたちは理想を持ってはいるが、バングラデシュに存在する汚職と搾取の中で、貧しい人々のグループがマネジメントを行ってグループ・リーダーの決定を実行に移すことには限界があることを思い知らされてきた。汚職の発生を防ぐための新たなシステムが必要であった。

「農村開発プログラム」のプログラム・コーディネーターと地域事務所マネジャーは、スタッフや村落組織リーダーの訓練と監督の基準や、村落組織メンバーの資格要件および融資要件の基準が、急速な拡大プロセスの中で弱体化していると考えていた。彼らはまた、より多くのグループを組織し多くの融資を行うというプレッシャーによって、村落組織の適正な発展に必要な制度構築のための活動をスタッフ自身がおろそかにしていることや、先を急ぐあまり規則を守らないスタッフがいることを指摘した。幹部とフィールド・スタッフとの間で何度も議論が行われ、より現実的な基準の設定やその基準の徹底的な遵守が決まった。「農村開発プログラム」のマネジャーは、より良いコントロールのシステムが必要であること、またそれまで弱かったサービス（たとえばリーダーシップ訓練や村落組織内のアカウンタビリティなど）の遅れを取り戻すことが必要だと考えた。

さらに「農村開発プログラム」のマネジャーたちは、フィールド・スタッフを再訓練することも決定した。従来、「農村開発プログラム」の幹部は融資の実施を非常に重視してきたため、支部マネジャーの評価は貸し付けた金額と返還率を基準に行われていた。その結果、グループ内の社会開発、融資実施の公平さ、融資の用途、村落組織の会合への参加率、その他の開発問題などに十分な関心が向けられていなかった。これらについて、スタッフの訓練が必要となったのである。

このように第二期は、融資や貯蓄プログラムの大きな改革が行われた時期であった。第三期は新しい規則や基準が実施された時期である。

3　銀行プロジェクト——第三期（一九八九〜九一年）

一九八九年にＢＲＡＣは、財政的仲介活動の新しい段階に入った。「農村開発プログラム」は大きく拡大され、新たに「農村融資プロジェクト」が導入された。

一九八〇年代の末までＢＲＡＣのマネジャーらは、制度的仲介活動を大切にしながらも、農民たちが自立した融資活動を行う方法を模索していた。それが村人の開発にとって非常に重要だと考えたからである。一九八九年にマネジメント・チームは、この二つの目的を確実に達成させる計画を作成した。そのためには、「農村開発プログラム」が第一期で実施したことを継続しながら規模を急速に拡大するという、連続した二つの段階的プログラムが必要であった。具体的には、まず最初の段階でもっとも貧しい村人たちを組織し、機能的教育を行って意識化を図る。リーダーシップとグループの技能訓練および技術訓練を同時に行い、経済の下位セクターの改善を促進し、初等教育とヘルス・ケアのプログラムを導入して、「ノンフォーマル教育プログラム」および「女性の保健と開発プログラム」と協力させる。融資と貯蓄のサービスも継続、拡大される。そして次の段階で、「農村開発プログラム」で成熟した段階に至った農村組織（結成から少なくとも四年を経過した組織）を「農村融資プロジェクト」に移し、そこから銀行サービスを提供する。

一九八九年の初めにＢＲＡＣの事務局長は、「農村融資訓練プログラム」と「農村開発プログラム」に長期的に支援をしてきたオランダ国際開発協力組織（ＮＯＶＩＢ、Netherlands Organization for International Development Cooperation）との意見交換を行った。新しい二段階方式のプログラムに必要な資金は、ＮＯＶＩＢの能力を超えたものであったが、ＮＯＶＩＢは、スリランカにおけるサルボダヤ運動（訳注・一九五八年にスリランカの高校教師Ａ・Ｔ・

アリヤラトネによって始まった農村開発運動、サルボダヤはシンハラ語で「すべての目覚め」を意味する。人々が労働に参加する過程で自分の力に目覚めることと、社会開発を同時に進行することを目的としている）の資金調達時に結成されたのと同じドナー連合を組織することを提案した。NOVIBとBRAC事務局長のアベッドは、ドナーのグループとの会合でこれを提案、協議した。その結果、九つのドナーから成る連合が形成された。連合のメンバーは、「農村開発プログラム」の拡大、一九九〇年からの新しい銀行プロジェクトの追加、一九九二年度の継続などのために必要にして十分な資金五〇〇〇万ドルの提供に合意した。ドナー連合には、一九九二年以降もこのプログラムへの資金拠出の継続と、出資額の増額が期待されている（訳注・ドナー連合は二〇〇〇年までこのプログラムへの資金拠出を継続したが、二〇〇一年になって「農村融資プロジェクト」が経済的に完全に自立したために、これへの資金拠出を終了した。今後ドナー連合からの資金は、最貧困層をターゲットとしたプログラムに当てられる計画である）。

ドナー連合の当初九つのメンバーは、アガ・カーン基金（AKF）、カナダ国際開発庁（CIDA）、デンマーク国際開発事業団（DANIDA）、ドイツEZE、フォード財団、NOVIB、ノルウェー開発協力庁（NORAD）、イギリス海外開発庁（ODA。現在のイギリス国際開発省、DFID）、スウェーデン国際開発協力庁（SIDA）であった。現在ドナー連合の資金が不足しているため、日本政府にも加入が要請されている（図8・2参照／訳注・アガ・カーン基金は非宗教の国際開発団体で一九六七年に設立された。主にアジア・東アフリカの社会開発に関わる活動をしている）。

一九八八年末に「農村開発プログラム」は改革され、貯蓄と融資の活動が銀行とほぼ同レベルで実施可能となった。「農村開発プログラム」がこれらの活動を持続してきたことで、成熟した村落組織が相対的にスムーズに銀行プロジェクトに移行できるようになった。

「農村融資プロジェクト」は、「農村開発プログラム」から〈成熟した〉地域事務所と〈発展した〉村落組織を買い取って支部とした。成熟した地域事務所とは、設立から少なくとも四年が経ち、その下にある一〇〇の村落組織が社会的に発展し、貯蓄と融資活動がある水準に達していることを意味する。このような地域事務所では、村落組織のメンバーに大きな融資が行われ、一六％の利子から生まれる利益によって運営資金をカバーできるほどになっている。移行期に「農村融資プロジェクト」は「農村開発プログラム」が地域事務所に対して行ってきた投資を買い取るが、これには村落組織メンバーの多額の融資と貯蓄、地域事務所の建物と設備、スタッフなどが含まれている。そして各地域事務所は、一〇〇の村落組織と六〇〇〇〜七〇〇〇人のメンバーをカバーする（各村落組織のメンバー数は六〇〜七〇人）。

「農村開発プログラム」の実施から四年間（この間に村人が組織化され、インフラが整備される）にかかるコストの大半は、ドナーからの出資金で賄われている。一方、銀行業務にかかるコストは、「農村融資プロジェクト」が所有する貯蓄、融資の実施、投資によって賄われる。しかし、銀行設立に要する最初の三年間に地域事務所を買い取るコストは、ドナーからの助成金によって賄われる。

「農村開発プログラム」の経験によると、少なく見積もっても村落組織メンバーの五〇〜六〇％が融資利用の常連になると仮定され、またメンバーの融資利用回数が増えるにつれて、平均的な融資額も増える。「農村開発プログラム」のもとで四年が経つと、平均的な融資額は初めの頃の一三〇〇タカ（約二六〇〇円）から三一〇〇タカ（約六二〇〇円）に増えることが明らかになっている。

「農村融資プロジェクト」の最初の一八カ月

「農村融資プロジェクト」は一九九〇年初頭から、これを正式名称として銀行業務を行っている。国の中心銀行であるバングラデシュ銀行の幹部から助言を受け、さまざまな選択肢を考察した結果、ＢＲＡＣの理事会はＢＲＡＣ銀行の構造を組み立てる二段階のプロセスをとることを確認した。そのプロセスとは、まず銀行業務を「農村融資プロジェクト」と称するＢＲＡＣのプロジェクトとして開始し、業務経験を二〜三年積んだ後に、何らかの方法で正式の銀行に組織化するというものである。

ひとつの選択肢としては、グラミン銀行のような独立した法人を設立するため、政府に設立綱領を申請することが挙げられる。しかし、この方法にはいくつかの問題がある。そのひとつは、政府からの介入によって部分的にコントロールされることである。もう一方の選択肢は、相対的に独立した貯蓄貸付組合のような銀行を組織することである。その他の選択肢も模索されている。現在、融資利用者が株主になる計画が遅れており、正確な所有権や構造的な決定も停止中である。実施されている「農村融資プロジェクト」と登録された銀行との唯一の大きな違いは、所有権とマネジメント構造にある。どのような構造が採用されるにしても、形成されたＢＲＡＣの銀行には新たな管理委員会が必要となるであろう。「農村融資プロジェクト」は現在、ＢＲＡＣ理事会の管理下にある（訳注・結果的には、「農村融資プロジェクト」は独立法人とならず、「農村開発プログラム」との統合が進められていたが、二〇〇一年から「ＢＲＡＣ開発プログラム」という名称のもとに完全に統合された）。

一九八九年後半に、「農村融資プロジェクト」は一〇カ所の「農村開発プログラム」地域事務所を買い取って支部とした。一九九一年の前半にも二〇カ所以上の地域事務所を買い取り、一九九二年にはさらに二〇カ所を買い取る計画である。一九九二年末に銀行の支部は五〇カ所になり、約五〇〇〇の村落組織と二五〇〜二七五万人の村人がカバーされる予定である。

「農村融資プロジェクト」の支部の構成はマネジャーが一人、プログラム・オーガナイザーが二人、グラム・シェボック（村落アシスタント）が一〇人である。「農村開発プログラム」と同様、プログラム・オーガナイザーとグラム・シェボックは、村落組織や五〜七人の融資利用者から成る小グループと会合を持ち、経済事業へのアドバイスを行ったり、融資申請の準備や申請プロセスを手伝い、融資の分割返済金や貯蓄の集金、具体的な融資関連問題の解決などにあたる。またプログラム・オーガナイザーの勤務時間の約二割は村落組織に対するサービス、しかも村落組織の会合などで社会問題の議論を指導するといった、金銭貸借とは無関係なサービスに費やされる。彼らのアシスタントとして、グラム・シェボックは定期的に小グループと会合を持ち、毎週決められた融資返済金の集金や貯蓄の入金を行い、その他の活動についても補助する。

最初の年の一九九〇年は、ドナーからの助成金が遅れるなどの理由で、ＢＲＡＣが予定していたほど十分に新しいプロジェクトは機能しなかった。ＢＲＡＣは「農村融資プロジェクト」に自己資金をいくらか投じることができたので、ドナーからの資金の遅延にもかかわらず、融資資金を大きく削らずに済んだ。しかしながら銀行投資は遅れ、そこからの利子を得ることができなかった。銀行プロジェクトの最初の何年かは、利益を上げられるか否かの問題は外部からの投資に大きく依存していたのである。

銀行プロジェクトを厳密に評価するための経験は、いまだに不足している。しかしながら最初の Annual Donor Review (*BRAC Annual Review*, 1990) によると、初年度の「農村融資プロジェクト」は（予測とは異なった方法ではあったが）予定通りの利益を上げた。融資利用者は予想を下回った（七万九〇〇〇人が予定されていたが実際には約六万四〇〇〇人）が、一件当たりの平均融資額は予想を上回る四〇一七タカ（約八〇三四円）であり、さらに予測外にも中・長期の融資利用が多かった。「農村融資プロジェクト」がドナーからの資金を予定通りの期限に受け取っていたら、利益の上がる投資が行われ、相当額の利子を得ていたであろう。ドナーには、遅延のために出なかった利益を補うことと、今後の資金拠出が予定通りに行われることが期待されている。

「農村開発プログラム」の地域事務所から移された貯蓄金額が予想よりも少なかったので、メンバーの資金は低く見積もられた。特に古参グループ（初めの頃に銀行支部に移された地域の村落組織には九年めに入っている所もあった）では、実際には個々のメンバーは申告したほど忠実には貯蓄をしていない所があった。また村落組織が所得獲得事業に貯蓄を投資したため、支部への移行時に銀行に振り込む現金がなく、後から現金が移されるというケースもあった。あるいは融資に付帯した義務的な貯蓄が予想を下回り、融資件数を減らす原因となった。査定チームは、「農村開発プログラム」の新しい地域事務所が貯蓄目標を上回れば、このような傾向はすぐに是正されると見積もっている。

一九九一年の公式の査定は入手できていないが、「農村融資プロジェクト」のマネジャーと会計は、銀行事業の成果がその年の目標を上回るであろうと報告している。

「農村融資プロジェクト」のもとで行われた最初の一年半の融資については、期限通りの返還率は九八％であっ

図4.2　経済分野別の融資配分率

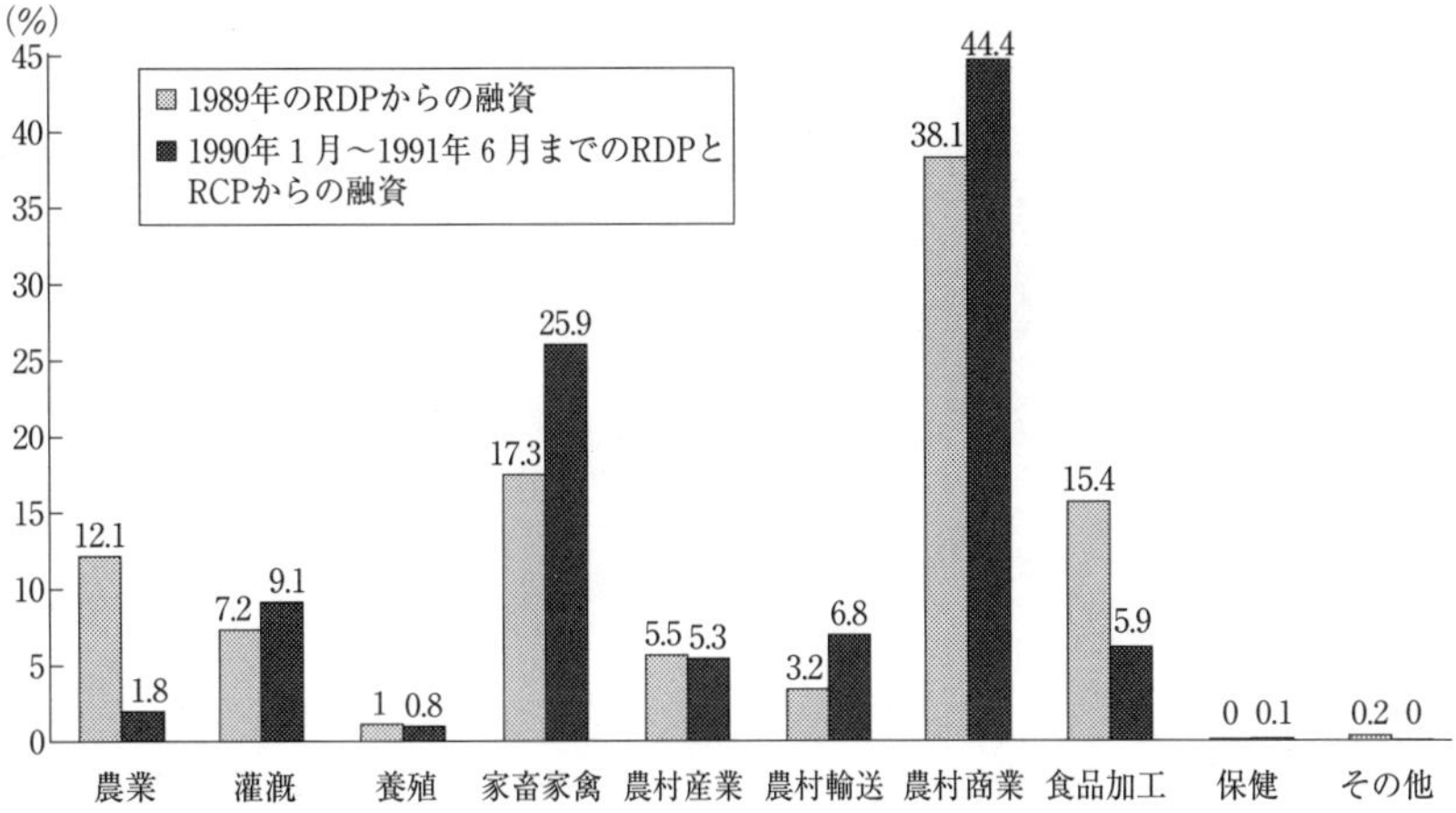

注：ＲＤＰ＝農村開発プログラム。ＲＣＰ＝農村融資プロジェクト。
出典：BRAC RED, 1991.

た。「農村開発プログラム」と「農村融資プロジェクト」によって定義されている期限通りの返還とは、グラミン銀行で用いられている定義と同様、融資を受けた金額とその金利を融資日から一年以内に返済することである。

「農村融資プロジェクト」の貯蓄率は、今のところ良い状況にある。初年度末までに、個人の貯蓄額の合計は、「農村開発プログラム」から「農村融資プロジェクト」にメンバーが移されたときより四三％増であった。口座に入金された貯蓄額も一年間で約二倍に増加した。

分野別の融資状況

「農村融資プロジェクト」により融資を行われた分野は、多少の増減があるものの、「農村開発プログラム」と似ている。図4・2は、一九八九年一月〜一二月まで「農村開発プログラム」のもとで行われた融資金額の累計と、一九九〇年一月から九一年六月まで「農村開発プログラム」および「農村融資プロジェクト」双方からの融資金額の合計とを比較したものである。この図によると後者で融資が増えたのは、家畜や家禽分野（八％増）、農村部の商業（六％増）、灌漑事業（二％増）、農村部の輸送関連事業（四％増）である。融資金額が大きく落ち込んだのは農業分野で、一二％から二％に減少した。また食品加工（特に女性の脱穀）でも一五％から六％に落ち込んだ。

これらの変化は、第五章で述べる「農村開発プログラム」の経済の下位セクターへの仲介活動と関係があることを示している。融資利用者は男女を問わず、伝統的で生産力の低い仕事からもっと利益の上がりやすい分野の仕事へと徐々に移行しつつある。

「農村融資プロジェクト」の課題

「農村融資プロジェクト」の実施には二つの大きな課題があり、今後ＢＲＡＣのマネジャーやドナーによって検討されるであろう。

第一の課題は収益性である。貯蓄者と融資利用者の買収が達成された後、果たして銀行事業は業務コストをカバーするに十分な利益を上げることができるのか、ドナーから資金的に独立できるのかという問題がある。最初の一年半の経験では、それが可能であることが示された。

第二の課題は、外部からの制度的仲介活動をともなわない財政的仲介活動は、農村部の貧しい人々が社会的・経済的貧困から脱却できるような支援に結びつけられるのかどうかということである。ＢＲＡＣを長期間支援してきたヨーロッパのある主要ドナーは、ドナー連合には加わらなかった。その理由は、バングラデシュの状況を考えると、たとえ開発活動が数年にわたって行われたとしても、その後の継続的な開発支援を抜きにした財政的仲介活動は不十分であるとドナーの代表らが判断したからであった。実際、ＢＲＡＣの幹部は「農村融資プロジェクト」の原案に沿って地域事務所を三年後に銀行事業へと移行させることにしていたが、ドナー連合査定団と「農村開発プログラム」のマネジャーは、銀行の財政的仲介活動が開発活動をともなわずに開発目的を達成できるようになるには、最低四年間の開発活動が必要であると確信していた。銀行がたとえ利益目標を達成できたとしても、開発目標を達成できるとは限らない。

ドナーと「農村開発プログラム」のマネジャーとの合意には、「農村開発プログラム」の開発期間を三年から四年に延長することの他に、「農村開発プログラム」の地域事務所が銀行支部となった後も、「農村開発プログラム」からの付加的な制度構築支援を引き続き受けること、もとの村落組織がそのまま「農村融資プロジェクト」に引き継がれること、などが含まれた。これらの合意は、先に述べた二つの課題を考慮した結果であるが、これにともない、「農村融資プロジェクト」へ移行してからの二年間、ＢＲＡＣの訓練リソース・センターは一〇カ所の支部ごとに二人の訓練担当官を派遣し、具体的な社会的訓練のニーズや村落組織が抱える組織の問題への支援を行うことになった。そして訓練担当官は、村落組織の委員会を発展させ、その進捗状況をモニタリングする責任を負う他、訓練やワークショップ、その他のニーズに応じたインプットの査定、共同で行われる大規模な経済事業へのマネジメント支援、制度の確立と社会的な改革の進捗状況のモニタリングなども行うこととなった。ドナーの中にはＢＲＡＣに対し、「農村開発プログラム」の予算にこれらの訓練担当官のサービス経費を組み入れ、銀行の支部に彼らを配置するよう強く主張したところもあった。なぜならば、緻密な銀行業務は銀行の支部で働くプログラム・オーガナイザーにとって過剰な負担となり、その結果、村落組織の継続的な制度開発に十分な注意を注げなくなることをドナーが心配したからであった。

制度的確立に十分な注意が払えなくなる事態を防ぐもうひとつの手段は、銀行支部のプログラム・オーガナイザーが、村落組織で毎月行われる社会問題会議に出席したり、村落組織メンバーの問題に対処したりすることで、自分の勤務時間の約二〇～二五％を制度的確立に注ぐことである。制度的確立への関与をさらに確実なものにするため、銀行事業に雇用されたすべてのフィールド・スタッフは、その前に「農村開発プログラム」の地域事務所で最低一年間仕事をしなければならないことになっている。

このような安全策に加え、特別なモニタリング部門が銀行予算の枠外に設けられ、一連の開発指標と財政的指標の監視を村で定期的に行うことになった（ＢＲＡＣのモニタリング活動の詳細は第六章、七章参照）。

「農村融資プロジェクト」のもとでのモニタリングと、今後数年間の詳しい調査によって、さまざまな問題がいかに解決され、村落組織のメンバーが必要としているサービスがいかに獲得されるかが明らかになるであろう。銀行の支部で融資を利用する村落組織や個人は、「農村開発プログラム」が行うサービス（訓練、必要なインプットを獲得するために必要な政府との関係への支援、所得獲得事業の技術的側面への支援など）が有益なものになることを願っている。融資利用者らは、これらのサービスについてＢＲＡＣに代金を支払う力をつけてきた。設立から四年目に入り成熟した「農村開発プログラム」の地域事務所の中には、融資利用者が自らの投資事業の成功に必要な訓練や専門家への相談に料金を自分で支払うことができるようになったと報告してきた所もある。

「農村開発プログラム」の規模拡大、最初の一八カ月――一九九〇～九一年

「農村開発プログラム」は、もとのプログラムを踏襲しながらも規模を拡大し、最初の四年間に村落組織に多くの融資を実施した。一九九一年に「農村開発プログラム」の九〇の地域事務所が融資した金額は、約一〇〇〇万ドルにのぼった。「農村融資プロジェクト」には三〇の支部があり、融資金額は約七〇〇万ドルであった。「農村開発プログラム」は財政的仲介活動の他、新しいグループの組織化や開発、問題解決を促すための経済の下位セクターへの介入、政府に対するサービス改善の要請など、制度的仲介活動も行った（これらの活動の最後の二点については第五章で述べる）。

「農村開発プログラム」の融資事業の最新段階は、融資の適切な実施に必要な新しい規則のもとでスタートした。村落組織のアカウンタビリティと組織内の民主性を強化する目的で作られた新しい規則を確実に施行するための改革には、予想より多くの問題が噴出した。規則が厳しくなると、メンバーの中には村落組織を辞める者や組織を抜けてほしいと他の人から言われる者が出たりして、年数を重ねた村落組織の多くが組織の閉鎖や再構築を余儀なくされた。最終的には全部で約一万人のメンバーが抜けた（一時的な脱会者も含む）。本章の初めに述べたような浄化と再構築のプロセスは、一九九〇年末になって終了した。

それまでは何年もの間、メンバーとしての基準に厳密には合わない人（そのほぼ全員が男性）が、融資を目的にマネジメント委員会をうまく説得するなどして村落組織のメンバーとなっていた。彼らは実際に土地を所有してい

ないが、自分が働いて稼ぐのではなく、他の人間の利益を搾り取って生活していた。改革された構造のもとでは、メンバー資格は約二平方メートル以下の土地しか所有せず、さらに生活のために年間最低一〇〇日以上の肉体労働につかざるを得ない人とされた。もうひとつの条件に、各グループ・メンバーの少なくとも半数が土地をまったく持たないことも加えられた。

新しく採用された方法では、すべての融資は村落組織を通さずに個人に直接行われ、個人が貯蓄融資ノートを管理することで、搾取される可能性を減らした。

村落組織の再構築と浄化には副作用もともなった。そのひとつが貸し付けの停滞である。その原因は再構築プロセスが途中であること、融資利用前に修了すべき三〇時限の意識化訓練コース（義務化されている）をなかなか修了できない人たちがいることなどであった。これに該当する人々がすべて訓練を修了するのに、およそ一年かかった。

しかしこれらの問題にもかかわらず、「農村開発プログラム」は、組織化したグループ数においても融資額においても、一九九〇年の拡大目標を達成した。具体的には、目標であった二〇の地域事務所を新設し、新たに一三〇〇村の土地なし農民を約一九〇〇〇の男女別村落組織に組織化し、一〇万八五〇〇人の新メンバーが加わった。また融資額は、一九九〇年には一二〇〇万ドルにのぼり、回収率は九八％であった。「農村開発プログラム」のマネジャーは、毎年二〇カ所の成熟した健全な地域事務所を銀行プロジェクトに移行させたいとしている（訳注・一九九七年までに「農村開発プログラム」の地域事務所のうちの一六五カ所が「農村融資プロジェクト」の支部に移行した。この頃までに「農村融資プロジェクト」は全体としても経済的に自立できる目途がついたと判断され、これ以降は二つのプログラムの統合が進められ、二〇〇一年に「ＢＲＡＣ開発プログラム」となった）。

4　結び

ＢＲＡＣは、一〇年間にわたって実施した貧困層を対象とした融資プログラムから、いくつかの教訓を得た。その第一が、プログラムを複雑なものにしないということである。初期の融資活動でＢＲＡＣは、多様な利子と手数料を設定し、ある種の投資を動機付けようとした。たとえばグループ事業や開発に関連した事業への融資は、他より優遇された。しかし地域マネジャーと村での融資に責任を負うプログラム・オーガナイザーは、利子や手数料が統一された方が効果や効率性が高いことを徐々に認識するようになった。もし特定の利用者を優遇するとすれば、利子以外の優遇策を採った方が良いことを学んだのである。たとえば女性は、メンバーになって三カ月で融資の利用が開始できるといった方法である（男性は六カ月後から）。

第二の教訓は、融資やその返還について個人がもっと責任を持つようにする必要があるということである。村落組織を経由してメンバーに融資を行うという二段階方式は複雑過ぎ、不平等や汚職の原因となった。個人が自分の貯蓄融資ノートを持ち自分の借りた融資を管理することはアカウンタビリティを高め、個人の責任を重くし、結果的に高い返還率につながる。

第三の教訓は、返還スケジュールの単純化と迅速性が大切だということである。初期の融資では、返還スケジュールは事業の性質や利益が上がる時期によって決められた。多くの場合、事業の利益が上がるまでは返還が始まらなかった。このシステムでは、融資利用者が約束通りその融資を投資したかどうかを確かめる厳しいモニタリングが必要であったため、ＢＲＡＣ側の関与をより多く必要とし、利便性やコスト的な効率性が軽視されていた。「農村開発プログラム」および「農村融資プロジェクト」で現在使われているシステムのもとでは、返還は毎週少額ずつ入金する形をとり、融資が実施された週から開始する。この単純で迅速な返済スケジュールによって、融資利用者たちは自分の投資活動をできるだけ早く始めようとする。小額ではあるが毎週定期的に行われる返還システムは、相対的に負担が少なく、秩序ある返還プロセスにつながっている。このシステムは結果として融資返還率を改善し、コスト的にも効率の良い融資事業を実現することとなった。

第四の教訓は、融資事業だけでは伝統的な金貸し（多くの場合、利子は一〇〇〜三〇〇％と非常に高い）から村人たちを引き離すことができないということである。ＢＲＡＣのフィールド・ワーカーは、このような高利貸しへの依存度は減少しているがまったくなくなったわけではないと報告している。ＢＲＡＣの融資プログラムは、村の最貧困層の人々のみを対象グループとしているため、その対象にならない村人たちは、いまだに伝統的な金貸しから借金をしている。実際のところ、最近の調査でパトロン—クライエント関係がいまだに存在していることや、高利貸しをする搾取的な商人たちがＢＲＡＣやグラミン銀行のメンバー以外の人々に対して力を持っていることが明らかにされた（Bhattacharya, 1990）。またＢＲＡＣの村落組織メンバーでさえも、緊急の病気や結婚など大きな出費が必要な状況では、金貸しに頼ることがある。このような問題を考慮し、「農村開発プログラム」と「農村融資プロジェクト」は、グループのメンバーの貯蓄から資金を融資する消費者金融を導入した。

最終的に、「農村開発プログラム」の制度的仲介活動（第五章で述べる）と個人が融資利用者として得た教訓によって、ＢＲＡＣの融資活動開始から一〇年余りの間に、融資内容には著しい変化が起こった。その変化とは、非常に小規模な伝統的活動のための融資から、（１）より新しくより多くの収益がある投資へ移行したこと、（２）資産利用（グループ・メンバーの貯金から資金を融資する）と長期融資へ移行する動きがあること、の二つである。

第五章　制度的仲介活動

ＢＲＡＣの制度的仲介活動については、これまでにも何度も言及してきた。それらから、制度的仲介活動とは村の最貧困層を組織化し意識化する活動を意味していることがわかる。つまり村落組織を形成し、メンバーが自分の状況を理解する方法と技術を学ぶのを支援することである。また、村人が運命論を否定し、自分のコミュニティを分析し、貧困の原因となっている経済と搾取の構造を分析するための枠組みを獲得できるよう支援することでもある。村落組織のメンバーは、政府のプログラムを通じて自分が利用できるすべての資源（たとえば使われていない政府の土地や池、「Food-for-work プログラム」など）を調べて利用するよう奨励され、そのための支援を受ける。またＢＲＡＣの保健プログラムの支援を受け、トイレや健康の改善活動をすることで、メンバーの所得獲得活動が病気によって阻害されないようにする。

ＢＲＡＣの制度的仲介活動に欠かせないもうひとつの活動に、経済の下位セクターへの大規模な仲介活動がある。この活動には、問題や障害を明らかにし、それを克服する方法を見出すことが必要である。ＢＲＡＣは、融資を利用してもわずかの利益しか得られない伝統的な活動に投資し続ける「低レベルの均衡のわな」に、村落組織のメンバーが陥らないよう支援することにした（Rahman, 1988）。ラーマンは、グラミン銀行のような「融資だけ」のプログラムでは、融資返還率があまり高くならないと述べている（Rahman, 1988, p. 226）。彼が指摘したように、貧しい人々（特に女性）が銀行を利用する以前の所得獲得活動にどのような機会があったかを考慮に入れ、返還率を査定しなければならない。ＢＲＡＣは、これらの融資利用者が以前よりも経済的にゆとりができたことは認めているが、彼らが投資する経済の下位セクターでもっと機会が改善されれば、より大きな進展が見られると考えている。ではなぜＢＲＡＣの幹部が「融資のみ」のプログラムの不採用を決定したのか、なぜ「農村開発プログラム」が経済の下位セクターでの仲介活動にスタッフの時間と資金を投資したのか。その重要な理論的根拠のひとつは、それによって「低レベルの均衡のわな」を回避、克服できるとしたからである。

経済の下位セクターに対するＢＲＡＣの制度的仲介活動は多様である。ただどの場合も、必要とされるサービスなどインプットを提供するよう政府関連省庁を促すことが必要である。また、時には国際ＮＧＯや地元ＮＧＯと結びつき、ＢＲＡＣの事業や村落組織あるいはそのメンバーが行っている事業を通じ、インプットとアウトプットについての新たなサービスを開発することも必要とされている。

一九八五年にＢＲＡＣは（フォード財団などから融資を受けて）「農村企業プログラム（Rural Enterprise Program）」と称する部門を設け、農村事業についての新たなアイデアの考察や、既存の農村産業を改善する方法の開発と試行にあたることになった。海外からのコンサルタント（漁業、養蚕、織物、灌漑、石鹼生産などの分野の専門家）が地元の専門家と協力し、下位セクターにおけるマネジメントの考察、事業の提案、フィールドでの試行の評価などを行った。「農村企業プログラム」は一一人のスタッフで運営され、新しい産業の導入という点では大きな進展が見られていないものの、ＢＲＡＣが力を注ぐことを決めた経済の下位セクターの改善には貢献している。本章では、ＢＲＡＣが選んだ経済の下位セクターへの制度的仲介活動を中心に述べる。この仲介活動は一九八〇年代の初期から中期に、五つの分野（養鶏、家畜、養蚕、漁業、灌漑）で始まった。その結果、一九九〇年代に入ってかなり大きな利益が上がるようになってきた。それぞれの分野で、「農村開発プログラム」のマネジャーと分野別の専門家が適度な仲介活動を開始し、フィールド経験から問題を学んだ後、その対処方法を試行した。ある対策活動がひとつの「農村開発プログラム」地域で成功すると、他の地域にも拡大された。

1　養鶏

農家による養鶏の質的量的改善に払われた努力は、大きな成果を生んだ。この分野では当初、多産種のヒナが入手できない、ワクチンがない、訓練を受けたワクチン接種者がいない、訓練を受けたヒナの飼育業者や卸売り業者がいない、など多くの問題があった。これらの問題点が明らかになると、すぐにその対処方法を見出すための試行が始まった。

「農村開発プログラム」の職員たちは、一九七〇年代後半にマニクゴンジ実験地域で、養鶏分野における小規模な仲介活動を開始した。まず手始めに、約四〇〇〇人の女性メンバーを対象とし、家庭での鶏の飼育状況を改善する訓練を行った。訓練は、多産の程度が中くらいの鶏に切り替えるプログラムもともなった。一九七八年にはマニクゴンジの近くにあるＢＲＡＣの主要訓練リソース・センター（principal training and resource center）が、多産種の鶏を村落の女性たちに供給する実験を行うための小さな養鶏場を作った。既存の鶏の品種改良を個人が実施するには資産が足りないことと、実験地域の村の近くに政府の孵化場がたったひとつしかなかったことから、それまでは多産種の受精卵や鶏の供給に限界があった。主要訓練リソース・センターの養鶏場は受精卵を飼育者に供給したが、最初は破損や孵化の問題があって、無駄になる卵が多かった。

この時期に、マニクゴンジ実験地域のマネジャーと新たに雇用された家禽専門家は、地域内の二〇〇の村落に住む土地なし農民の中から、一〇～二〇人の鶏の主要飼育者（女性）を育て、各主要飼育者に最低一羽の多産種の雄鶏と一〇羽の雌鶏を所有させるという目標を設定した。しかし多産種のヒナの供給が需要に追いつかないという深刻な問題も明らかになったため、マニクゴンジの幹部はヒナ専門の小規模な養鶏場の設立に向け、より良い女性ヒナ飼育業者を養成することにした。ヒナ鶏の飼育を行う女性たちには、必要な設備の購入やその設置のために融資が行われた。設備とは、基本的には小さな竹製の小屋である。その小屋でヒナを生後一日目から一歳になるまで育て、ヒナ飼育業者になりたいと望む村の他の女性たちに売却する。融資は他に、生後一日目のヒナを大量に購入する鶏の主要飼育への支援にも使われた。

政府の孵化場から多産種のヒナを直接購入できるヒナ飼育業者は少数で、多くは孵化場から遠く離れて住んでいる。このプログラムを他の地域に拡大するため、「農村開発プログラム」は四台のトラックを提供し、週末返上で、生後一日目の多産種のヒナを政府の孵化場から仕入れ、あちこちの「農村開発プログラム」地域事務所へ配達する。村のヒナ飼育業者たちは、自分の最寄りの地域事務所にヒナが到着する曜日になると、必要な数のヒナを買い取りに行く。輸送費用を捻出するために、「農村開発プログラム」のトラック運転手たちは、政府の孵化場からヒナ一羽を七タカ（約一四円）で買い取り、ヒナの飼育業者に八タカ（約一六円）で販売する。一九九一年の半ばには一カ月に一五万羽のヒナがトラックによって輸送され、年末までには二〇万羽に増えると予想されている。現在、トラック輸送を中心とした事業運営を村落組織へ任せることが議論されている。そうなれば持ち株制度により、融資を利用してトラックの購入や運転手の雇用、トラックのメンテナンス、最初のヒナの購入などができるようになる。

ヒナの飼育が増加するにつれて、今度は多くのヒナ鳥が家禽特有の病気で死んでいるという第二の問題が明らかになった。ヒナは孵化後七日以内にワクチン接種が必要である。最初の一カ月以内にワクチン接種または薬の投与が行われなければ、成鳥になるまでに一〇羽のうち九羽が死んでしまう。この問題を解決するために、マニクゴンジのマネジャーと養鶏専門家は、家畜家禽課（Directorate of Livestock and Poultry）の地域事務所と協力し、マニクゴンジ地域の二〇〇の村落を対象にワクチン接種プログラムを計画した。各村落組織は、ワクチン接種担当者訓練を受ける女性を一人選出するよう要請された。ＢＲＡＣが五日間にわたるワクチン接種担当者訓練を行い、政府が訓練修了者に無償で注射器とワクチンを供給した。ワクチンは政府の管理下にあり、一般市場では入手できない。訓練を受けた女性たちは、家禽特有の病気の処置に必要な薬品を購入する。薬は現地の薬品工場で生産されており、女性たちは政府から購入する他に一般の市場でも買い求めることができる。また薬屋や政府の事務所がない場合には、最寄りの「農村開発プログラム」の地域事務所から市場価格より五％高い価格で購入することができる。「家

図5.1　ＢＲＡＣによる養鶏プロジェクト

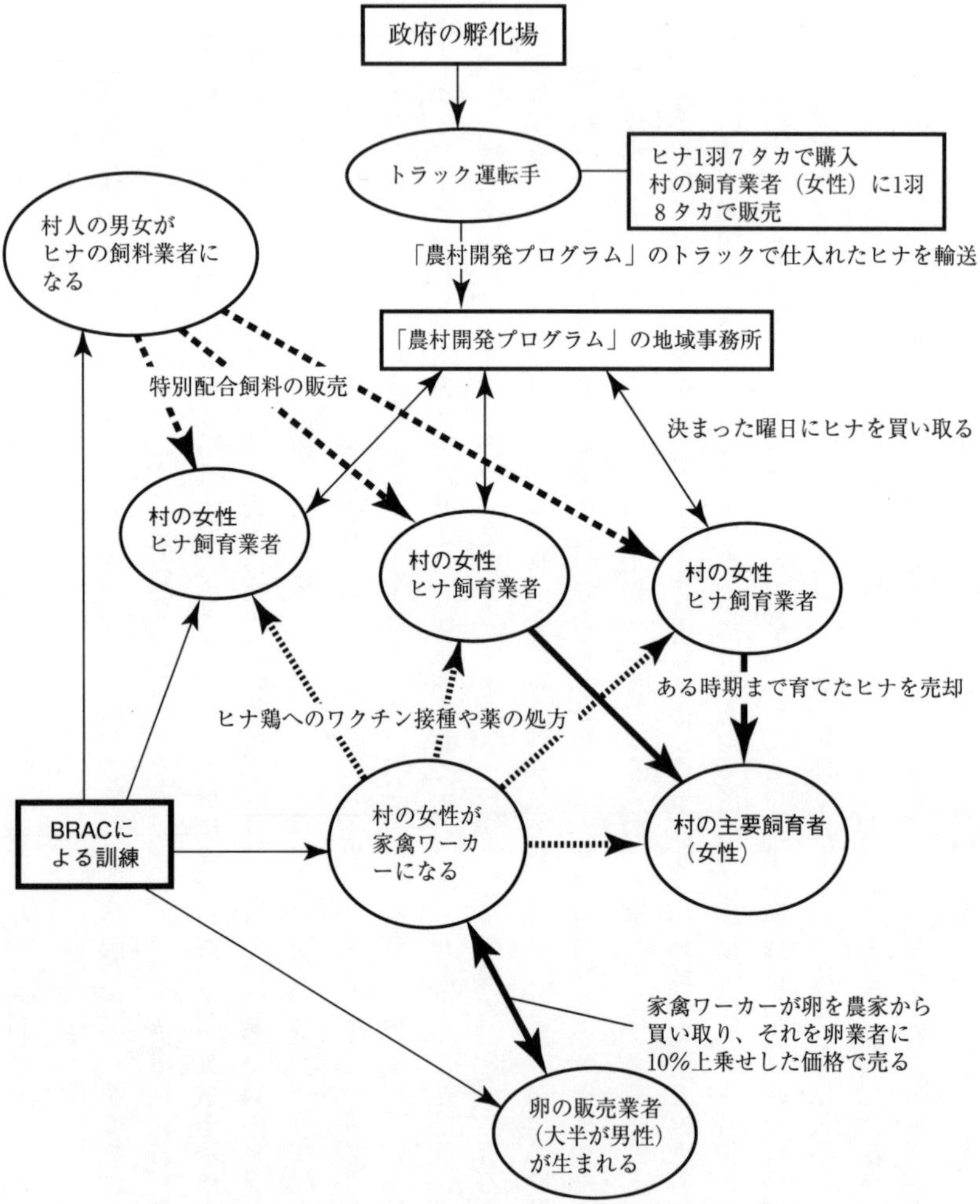
政府の孵化場
トラック運転手
ヒナ1羽７タカで購入
村の飼育業者（女性）に1羽
８タカで販売
村人の男女が
ヒナの飼料業者に
なる
「農村開発プログラム」のトラックで仕入れたヒナを輸送
「農村開発プログラム」の地域事務所
特別配合飼料の販売
決まった曜日にヒナを買い取る
村の女性
ヒナ飼育業者
村の女性
ヒナ飼育業者
村の女性
ヒナ飼育業者
ある時期まで育てたヒナを売却
ヒナ鶏へのワクチン接種や薬の処方
BRACによる訓練
村の女性が
家禽ワーカーになる
村の主要飼育者
（女性）
家禽ワーカーが卵を農家から
買い取り、それを卵業者に
10%上乗せした価格で売る
卵の販売業者
（大半が男性）
が生まれる

出典：訳者作成。

家禽事業の訓練を経て、鶏を飼育する村の女性。（ＢＲＡＣ提供）

禽ワーカー」と呼ばれるこれらの女性ワクチン接種担当者は、薬の処方やヒナへのワクチン接種の代金として、一羽当たり数タカ（十数円）をヒナの飼育業者から受け取る。家禽ワーカーは鶏一〇〇〇羽当たり一人の割合で必要なことが明らかになっている。

　このプログラムは、一九八〇年代の半ばにマニクゴンジ実験地域から「農村開発プログラム」実施地域全体へ拡大され始めた。一九九一年の半ばには、一万一〇〇〇人を上回るヒナ飼育業者がおり、三五〇〇の村落に住む一三万二〇〇〇人の鶏の主要飼育者（家庭内で鶏の飼育を行う人々）のもとに、約七五万羽の多産種の若鶏（一歳以上）を供給した。これらの飼育業者にサービスを提供する家禽ワーカー（女性）は九〇〇〇人いて、ヒナと成鳥へのワクチン一二六〇万本を接種したり薬品を供給していた（訳注・二〇〇〇年にはヒナ飼育業者と主要飼育者の総数は一三五万人、家禽ワーカー数は四万一五八六人と報告されている。出典 BRAC At A Glance, *Public Affairs & Communication*, BRAC, 2001）。

　「農村開発プログラム」が行う訓練期間は、家禽ワーカーとヒナ飼育業者が各五日間、主要飼育者が一日である。収入は、家禽ワーカーで一人当たり一カ月一五〇～二五〇タカ（約三〇〇～五〇〇円）となる。またヒナ飼育業者は一人当たり三羽の雄鶏と二二羽の雌鶏を飼い、小さなヒナをある時期まで育て、一カ月に約五〇〇タカ（約一〇〇〇円）の利益を上げる。主要飼育者は一羽の雄鶏と一〇羽の雌鶏を飼い、一カ月に約一一〇タカ（約二二〇円）の収入である。多くの女性にとって家庭での鶏の飼育や予防接種の仕事は、家事の片手間にできるパートタイムの仕事となっている。

　養鶏活動が盛んになり、他の「農村開発プログラム」地域に拡大するにつれ、別の問題も出てきた。家庭で飼育される鶏は周辺のものを食べて大きくなるが、家庭の主要飼育者に多産種のヒナを卸すヒナ飼育業者は、非常に小さなヒナのために特別配合飼料が必要である。それが市場で購入できなかった。このため、「農村開発プログラム」は飼料製造と供給のための人材を訓練し、彼らに融資を開始した。訓練には飼料となる材料の選び方と購入方法、飼料の配合割合、市場調査の方法などのマネジメントの側面も含まれていた。これにより、一旦配合されると貯蔵寿命が短い飼料を売却前に腐らせずに済む。一九九〇年の半ばまでに、九五人の男女が飼料業者としての業務を開始し、急速にその数が増えている。

その他の問題も明らかにされ、解決されつつある。ひとつは、卵の生産が非常に広範に行われるようになると、卵の販売制度を作る必要が出てきたことである。一九八九年に「農村開発プログラム」は、何人かの村落組織メンバーに卵販売業者となるよう奨励を始め、この業種の発展のために融資を行った。一九九〇年には「訓練を受けた卵業者」が八八人いて、それぞれが一五〜二〇村を担当して卵を買い取り、都市部の大きな市場で売却した。卵業者の数は急増しており、仕事を促進するための集荷システムが考案された。今では卵業者（大半が男性）は村の家禽ワーカー（女性）と連携し、家禽ワーカーがワクチン接種の仕事の他に、村の生産者を一軒一軒まわって卵を買い取り、それをあらかじめ決めた日に卵業者に手渡すシステムになっている。卵業者は家禽ワーカーに対して、家禽ワーカーが卵の生産者から買い取った代金より一〇％高い金額を支払わねばならない。これは、卵販売業者が女性である家禽ワーカーから低価格で卵を買い取ろうとする傾向があったので、「農村開発プログラム」と村落組織が決定したことである。

「農村開発プログラム」の養鶏分野は成功をおさめ、現在は世界食糧計画（ＷＦＰ）やバングラデシュ政府の救済復興省および家畜家禽課と協力し、貧窮女性を対象とした「脆弱な集団の開発のための所得獲得（ＩＧＶＧＤ、Income Generation for Vulnerable Group Development）プログラム」の主要な活動となっている。第三章で述べたように、このプログラムの目的は女性に訓練と系統的な支援を提供し、二年後には女性たちが救済プログラムから自立し、少なくとも救援食糧（一カ月に小麦粉三一・二五キログラム）に匹敵するだけの所得を得られるようにすることである。

「脆弱な集団の開発のための所得獲得プログラム」は、女性の組織化、動機付けや訓練、システム開発、融資支援などをＢＲＡＣが行うという点で、基本的にはこれまで述べてきた養鶏プログラムと同じである。家畜家禽課が、最初に多産種のヒナとワクチンを提供する。これらの供給については問題もあるが、一九九〇年には八万人以上の貧窮した女性が養鶏分野でのさまざまな訓練（鶏の主要飼育者から飼料業者まで）を受けた。そして彼女らに対して、仕事を始めるための約六六万八〇〇〇ドル（約七七〇〇万円）が融資された。融資の返還率は九八％を超えている。

養鶏分野の投資額に対する利益

経費と利益をさまざまな方法で算出すると、村落の女性とその家族の利益が大きかったので、非常に妥当な投資が行われたといえる。養鶏プログラムの経済分析のひとつ（Ahmad, 1991）によると、ＢＲＡＣと政府によって行われた一九九〇年の総投資額は四七万一四九四ドル（約五四〇〇万円）で、家禽ワーカーや主要飼育者、飼料業者、卵販売業者の所得は二一七万二四三四ドル（約二億五〇〇〇万円）に増加し、純益は一七七万九四〇ドル（約二億円）であった。

これまで述べてこなかったその他の利益としては、自分の所得を得ることができるようになった何千人もの女性の地位が大きく改善したこと、卵や鶏を食べることで養鶏業に関わる家庭やその顧客の栄養状況が改善したこと、飼育業者の間で貯蓄や融資利用および銀行利用の習慣が根づいたことなどが挙げられる。

もうひとつの研究（Malick, 1989）では、ＢＲＡＣの多産種養鶏プログラムのもとで飼育を行った人たちの経済的利益と、伝統的な繁殖飼育方法を利用した人たちの利益とが比較された。その結果、ＢＲＡＣのもとにあるグループが、もう一方のグループのほぼ二倍の所得を獲得していた。

2　家畜

家庭でヤギや牛（荷車などの力仕事や牛乳・食肉用）の飼育を行う家畜分野に対して、ＢＲＡＣは一九八〇年代半ばから力を注ぐようになった。特に女性メンバーが、融資の利用により家畜を飼うことができるようになった。家畜の飼育は、ごく小さな土地があれば可能である。養鶏と家畜飼育への融資は、融資全体の約二六％を占めている。ＢＲＡＣのフィールド・ワーカーはこの分野を非常に重視し、改善策を探りながら村落組織メンバーの要求に対応した。まもなくフィールド・ワーカーたちが見出したのは、家畜の死亡率がきわめて高いという問題であった。あるスタッフの研究によると、家畜飼育の大きな障害は訓練を受けた獣医がいないこと、飼育方法についての知識の欠如、飼料の不足、品種改良の必要があることなどであった。

「農村開発プログラム」は一九九〇年末までに、ワクチン接種や単純な病気の治療、飼育技術のアドバイスなどを行う六三六人の家畜専門の獣医補助員（その半数以上は女性）を訓練することにした。獣医補助員は診療代を徴収し、一九九〇年末までに約四五万頭の家畜にワクチンを接種した。ＢＲＡＣは政府の家畜家禽課とも協力し、品種改良のための人工授精担当者を養成する訓練プログラムを設けた。一九九〇年の末までに、六〇人の村人が政府による二週間の人工授精訓練を受け、新設または改善された二四カ所の人工授精センター（政府が精液および設備を提供している）で活動している。さらに多くの人工授精担当者が今も訓練を受けている（訳注・二〇〇〇年には獣医補助員は三六五四人となった。出典 BRAC At A Glance, 2001）。

一九九〇年の末までに三万人以上の飼育担当者が、飼育方法の改善、飼料生産と選定方法などを学ぶＢＲＡＣ主催の三日間の訓練を受けた。

このプログラムの重要な目的のひとつは、穀物生産が可能な土地に家畜を放し飼いにするといった土地の無駄な利用をやめ、家の周囲や土手、農業に向かない土地などで家畜を飼育することである。訓練の重要項目には、飼料となる植物の新たな生産方法と選定方法の教授が含まれている。

家畜の投資コストと利益

このプログラムは相対的に新しいので、コストと利益についての厳密な分析はまだない。しかし政府とＢＲＡＣが、訓練、精液の改善、薬品などに最低七万二〇〇〇ドルを投資し（これらのコストは飼育担当者へ課される料金から回収）、相対的に良い結果が達成されつつある。ある村で伝統的な品種の牛と品種改良した牛とで牛乳生産量を比較したところ、前者は一日一・二五リットルであったのに対し、後者は二二〇％増しの四リットルであった（Ahmad, 1991）。また肉の量も、品種改良した牛で五〇％増しであった（Ahmad, 1991）。

現在、六三〇人以上の獣医補助員と六〇人の人口受精担当者が常時雇用されている。家畜死亡率の減少（七％から〇・三％へ）や牛乳と肉の生産量の改善によって、三万人を超える家畜飼育者の所得が増えてきた。訓練を受けた家畜ワーカーの数も確実に増えている。

一九九〇年の後半になると、村落組織の融資利用者の中で家畜分野へ投資する人（大半が女性）が急増した（図4・2参照）。

一九九〇年にＢＲＡＣは、政府との新たな協力プログラムを開始し、政府の家畜家禽課マネジャーがＢＲＡＣの「マネジメント開発プログラム」（第六章および七章参照）の訓練を受けた。

3　養蚕

一九八〇年代の初めにＢＲＡＣの幹部は、バングラデシュの北部地域から国内の他地域へ、養蚕（絹生産）の拡大を試みる決定をした。絹の需要は大きかったが、輸入に大きく依存していたからである。またマニクゴンジのマネジャーらは半官半民組織の養蚕委員会と協力し、マニクゴンジ実験地域で実験を行い、問題点とその対処戦略を見出した。

養蚕に取り組む村の女性。（ＢＲＡＣ提供）

養蚕は養鶏と同様、家庭を中心に行われる労働集約型の活動で、女性がパートタイムで収入を得る手段となる。少ない資金で始めることができ、リスクも小さい。比較的早い時期から収入があり、たとえば蚕の卵を孵化させてから生後一〇日めまでの幼虫を育てる人は毎日、また、生後一〇日を経た幼虫をさなぎまで育てる人は二カ月半から三カ月ごとに収入を得ることができる。難しい技術が要らず、副産物をすべて使うことができる。しかし、養蚕によって織物業の雇用を促進することができても、一方で絹が国内の需要に応じることができていない現状もある（絹は主に女性のサリーや男性のシャツに使われ、その多くが中国やインドからの輸入である）。

ＢＲＡＣは養蚕委員会との良い関係を確立した。養蚕委員会は、希望するすべての人に品種改良をした蚕の卵を供給できるようになることが期待されている。しばしば問題となるのが、供給ルートである。バングラデシュでは品質管理のために、この委員会を通さずには蚕の卵を買うことができない。「農村開発プログラム」の養蚕専門家は、絹の生産者に対して飼育や糸紡ぎ、クワの木の育て方などの訓練を行い、養蚕委員会は飼育業者への卵の供給とマユの買い取りを行う。

養蚕を急速に拡大する場合、上質の絹生産に必要な蚕の飼料となるクワの葉の不足、すなわちクワの木の不足が大きな問題である。一人の飼育者が高い収入を上げるには、樹齢二〜三年のクワの木が約一〇〇本必要である。またそれらは、蚕の生産者から近いところになければならない。クワの葉の貯蔵時間は摘み取られてから数時間に過ぎず、その後は葉の栄養が激減するからである。バングラデシュのように土地の少ない国では、絹産業は国内のあ

「Food-for-work プログラム」のもとで植えられたクワの木の水やりや手入れ、保護を行う女性。赤い旗は世話役が見回りのときに掲げる。（ＢＲＡＣ提供）

ちこちに散在する小さなクワの木畑と、小規模な蚕の飼育業者やマユの生産者に依存しなければならない。

一九八〇年代の初め、バングラデシュの中央部と南部にはクワの木はほとんどなかった。ＢＲＡＣが中心となって一九九〇年までに、数百万本が植えられた。「農村開発プログラム」はクワの木問題を克服し、クワの木を増やすための多くのプログラムを実行した。ＢＲＡＣはクワの苗木を獲得するため、養蚕委員会と協力している。養蚕委員会は現在、特別なＮＧＯ養蚕委員会を設立し、そこを通じて苗木を配布している。ＮＧＯ養蚕委員会は、養蚕委員会に供給量の増加を促すことができる。ＢＲＡＣはＮＧＯ養蚕委員会の中で積極的な役割を果たし、配布される苗木の約半数を受け持ち、クワの木を育てる村人にこれを供給し、家の周りや道路沿い、池の土手、農民と地方政府との協力で見出された未使用の土地などに植えるよう指導している。

クワの木の供給数をさらに増やすため、木の生育プロジェクトがいくつか行われた。ＣＡＲＥやＷＦＰが運営する「Food-for-work プログラム」と協力し、「農村開発プログラム」の六五の地域事務所のもとで、一九九〇年には七五万本のクワの木が道路沿いに植えられた。木が三年後に葉を供給できるようになるまでの水やりや手入れ、保護などを行う女性たちには、手当てとして「Food-for-work プログラム」を通じ小麦粉が支給される。三年経つと、葉を利用する女性絹生産者らが木の世話を引き継ぐ。

このように木の生育に努力が払われてきたが、需要に供給が追いつかず、ＢＲＡＣの村落オーガナイザーの中には土地を借りてクワのプランテーションを作る者も出てきた。プランテーションの中には、村落組織とＣＡＲＥとが協力して最初の労働力を投資し、クワの木を葉の生産段階まで育てている（この段階まで来るとコストを減らすことができる）所もある。

政府によるクワの苗木の供給不足を補うため、「農村開発プログラム」は、小規模な養樹業者のネットワークの開発をすすめ、クワの木を育てている人たちにさらに多くの苗木を追加供給する努力も行っている。家庭で木を育てたいという人には融資を拡大する。柵の設置、肥料や種、道具、土地の借用などの費用も、必要に応じて融資される。

このような多様な方策によって、現在は年間約二〇〇万本の木が植えられている。ＢＲＡＣが養蚕課から割り当てられた今年の苗木は一八〇万本であった（訳註・二〇〇〇年の苗木の本数は約三六〇万本であった）。

現段階では、養蚕分野の市場に深刻な問題はない。なぜならＢＲＡＣが、余剰のマユや絹糸を買い取ることができるような他の事業を常に推進しているからである。しかし、養蚕委員会はすべてのマユが購入されるよう手配しなければならない一方で、マユの販売業者と養蚕委員会との間では、価格や支払いの遅延などの問題がある。アイシャ・アベッド基金（第三章九四頁で略述）はいくつかの織物センターを設立し、政府に売却されないマユをすべて活用するために、十分な数の糸巻き機を配備した。一九九〇年にはこの基金によって、マユを絹糸に紡ぐ糸巻き係りに一〇〇人余りの女性が雇用された。また村の生産者の多くが自分で糸を紡ぐ方法を学び、マユよりも紡いだ糸の方を売るようになってきた。ＢＲＡＣは女性たちに、糸紡ぎ機やその他の必要な備品を購入するための融資を行っている。またこの基金の織物センターは入手可能な糸をすべて購入し、ＢＲＡＣの販売窓口であるアーロン・ショップでは、ＢＲＡＣ関連の生産者やその他の多くの生産者から入手した絹の衣類を売ることができる。

ＢＲＡＣの村落組織メンバーは生糸の主要生産者であり、一九九二年までに（養蚕委員会を除き）国内で最大の生産者となることが期待されている。一九九一年半ばのバングラデシュの絹生産高は三〇トンであった。一九八九年にＢＲＡＣのメンバーが生産した絹は一トンであり、一九九一年は七トンと見積もられた。一九九二年の目標は、クワの木が過去二年間に成長していることから、一五トンとなっている。目標達成のために養蚕業に関わる女性の数は二五万人と予測されている。

一九八八年に融資が始まって以来、養蚕分野で利用された融資総額は約一万五〇〇〇ドル（約一七〇万円）に過ぎないが、ＢＲＡＣと政府は訓練や仲介活動に投資してきた。これまでに約二〇〇〇人の女性が蚕の飼育とマユの生産にあたったり、唯一の問題であったクワの木を育てて供給してきた。一〇〇本以上のクワの木を利用できる女性は全体の二五％で、年間に約九〇〇〇タカ（約一万八〇〇〇円）の所得がある。また五〇本のクワの木を利用できる五〇％の女性が年間五〇〇〇タカ（約一万円）、二五本未満の木しか利用できない残りの女性たちが二〇〇〇タカ（約四〇〇〇円）の所得となっている（一九九一年当時のバングラデシュの年間平均所得は約七〇〇〇円）。苗木業者や栽培業者、大規模な絹織物生産業者、小売店など、副次的なビジネスも発展しつつある。

養蚕における投資と利益

ＷＦＰ、ＣＡＲＥ、バングラデシュ政府、ＢＲＡＣ、アイシャ・アベッド基金、村の女性たちなどが協力し、クワの木の購入と植樹、栽培など、将来の利益が見込まれるものに大規模な投資が行われる。「農村開発プログラム」は、方法の訓練、技術アドバイザーとプログラム・オーガナイザー（女性を組織化し養蚕業に携わるきっかけを作る）の給与、支援コストなどに出資する。アイシャ・アベッド基金は糸紡ぎ機に出資し、絹の販売から出た利益によってそのコストを賄う。

投資と利益についての公的な分析はまだであるが、簡単な計算は可能である。マユの飼育者になる女性は、年間少なくとも八〇〇〇タカ（約一万六〇〇〇円）の収入があると仮定される（これはクワの木が十分に供給されているという前提での数値）。三〇年以上をかけて割賦償還されるクワの木のコストと、ＢＲＡＣが組織化や訓練、政府促進事業に投じた費用とを合計すると、ひとりの新しい飼育業者育成にかかる費用は年間約二〇〇〇タカ（約四〇〇〇円）である。つまり、概算では投資に対して四〇〇％の利益が上がり、またそれは年々増加すると予想される。なぜならば、いったん組織化と訓練が行われクワの木が導入されれば、これらのコストは二度と必要ないからである。

この計算には女性の地位についてのメリットが含まれていないが、当然その地位は改善すると考えられる。絹織物の分野には、貧しい村落世帯が所得を増やす大きな可能性が確実に存在している。

4　漁業と魚の養殖

漁業分野での問題点は、すでに明らかである。バングラデシュでは、既存の池や新たに掘られた池、川をせき止めて作られたイケス、川や海などで何種類かの漁業が行われている。ＢＲＡＣが組織化した村のほとんどが内陸部にあるため、ＢＲＡＣはこれまで淡水漁業の発展に力を注いできた。

漁業の問題は、（1）もっとも有用な種類の稚魚（川や池で育てる大量の稚魚）の供給不足、（2）魚の養殖に関する技術的知識の不足、（3）池の所有権を確立し組織化することの難しさ（これは克服されねばならない唯一の困難な問題である）、（4）マネジメント技術の不足などであった。内陸部の川と海岸部の両方で、漁業を発展させる豊富な資源が未開発なままになっている。

「農村開発計画」の漁業投資は、ある種類の魚（特に鯉やティラピア）の供給量の増加、稚魚生産のための養殖プログラム、漁業従事者と養殖業者への技術的アドバイスと訓練、などに集中して行われてきた。「農村開発プログラム」の地域事務所の多くに、漁業専門家が配属されている。

問題点の多くは、漁業課との協力で解決されてきた。たとえば「農村開発プログラム」の専門家と村落グループは、政府による稚魚の供給や、品種改良した稚魚の生産を組織化する手助けをした。また村落組織のメンバーは約一六〇の池で稚魚を生産し、今では政府に稚魚を販売している。稚魚は一般の河川に放流されたり、他の村落組織に売却され池で養殖されている。池や川の一部を利用して作ったイケスのマネジメント問題は解決され、政府や国際ＮＧＯ（特にＤＡＮＩＤＡ）との協力の結果、洪水を防ぐダムの建設、放置された池や川床の掘削、市場までの道路建設などが行われた。

規模のわりに大きな資本が必要ない漁業および養殖事業は、ＢＲＡＣの融資プログラムを通じて行われた融資総額の約一％を占めるに過ぎない。「農村開発プログラム」の漁業専門家によって、漁業従事者に技術的支援と訓練が実施された。また漁業従事者と養殖業者に五〇〇〇万タカ（約一〇〇〇万円）が融資され、魚網やボートなどの備品購入や、イケスで飼う稚魚の購入に当てられた。現在一〇〇〇カ所以上の池で、村落組織のメンバーが魚の養殖を行っている。稚魚生産は延べ面積約二四二アール（二万四二〇〇平方メートル）以上の池と川で実施され、ティラピアは約八〇アール（八〇〇〇平方メートル）、鯉は約八〇〇アール（八万平方メートル）におよぶ場所で養殖されている。一九九〇年に約二五〇〇人の男女が、これらの活動に雇用された。

漁業プログラムの経費と利益

ＢＲＡＣの淡水魚養殖プログラムの経費と利益についての最近の調査で、政府とＢＲＡＣの投資から非常に高い利益が上がっていることが明らかになった（Hasan, 1991）。ただこの分析には、漁業従事者の家族の栄養状況改善や、他の村人に及ぼした影響などは含まれていない。

魚の養殖池で魚をとる村人たち。（ＢＲＡＣ提供）

5　灌漑

ＢＲＡＣの村落組織が灌漑事業を始めたのは、一九八〇年代の初めである。最初は浅い管井戸と圧力の低い吸い上げ式ポンプを使っていたが、後に深管井戸をともなう大規模な灌漑事業を導入した。村落組織のメンバーにより、非常に小規模なものから大規模な灌漑事業まで約九〇〇〇もの事業が行われてきた。初めの頃、浅管井戸はメンバーが賃貸した土地の灌漑に利用されたが、灌漑用には掘削の深さを変えねばならないという問題があったことと、経済的な利益を上げるためにはかなり広範な土地に灌漑用水を供給する必要があるという問題が出てきた。

一九八〇年代の半ばになると、BRAC以外にもいくつかのNGOが、深管井戸を試験的に使い始めた。それは、土地なし農民のグループが深管井戸の購入と設置、運営を行い、灌漑用水を売って収入を得るというものであった（それを行ったNGOプロシカの経験については、Wood and Palmer-Jones, 1991に詳しく分析されている）。BRACの村落組織は、これらさまざまな経験を集約し、問題を明らかにした。すなわち訓練を受けた整備士やオペレーターがいないこと、水路や排水溝の建設知識がないこと、そしてもっとも重要なことに管井戸を利用する地域の決定やそこに住む農民の組織化、価格と支払い方法の設定などにおいてマネジメント技能がないことが明らかになった。また、灌漑事業が利益を上げることができたとしても、一方で農民たちは多くの収穫が可能な作物品種、肥料、改良された農業技術などを導入する必要があり、そのための技術的アドバイスも必要であった。

深管井戸をめぐって失敗を重ねた後、BRACとプロシカ、グラミン銀行はCAREと合意を結び、管井戸の管理とマネジメントにCAREが技術的支援を行うことになった。それまでの数年間、CAREは比較的大規模な農場と協力し、約一二〇の深管井戸プロジェクトを実施し、そのマネジメントについて多くの経験を蓄積していた（Haggblade, 1990）。CAREは、その経験といくつかの地元NGOとの協議の結果、農地を持った人々よりもむしろ土地なし農民のグループが管井戸を所有し管理した方が良いという結論に至った（Haggblade, 1990）。

BRACとCAREの間での協力は小規模であったが、このプログラムは土地なし農民のグループが初めて二基の深管井戸に投資するという形で一九八五年に始まった。その後は着実に成長し、一九九一年の一月までにBRACのグループは、合計四五〇基の深管井戸に投資した。その数は毎月増加し、一九九一年だけで四〇〇基の新しい井戸の設置が予定された。試行段階でCAREは、「農村開発プログラム」のスタッフと村落組織のメンバーのごく少数に、機械の管理方法を訓練した。この経験をもとに、定期的な共同訓練と監視プロジェクトが実施された。「農村開発プログラム」は今では管井戸のマネジメントについて多くの経験を積み、スタッフにも何人かの管井戸マネジメントの専門家を抱えている。また訓練を受けた五〇人の管井戸機械整備士がスタッフとなり、今年中（一九九一年内）にさらに四〇〇人が加わる予定である。CAREの支援は訓練担当官の養成が中心であったので、一九九二年から段階的に撤退することになっている。

BRACは助成を受けて管井戸を政府から購入し、政府はその設置場所と管井戸利用地域の承認を行う。深管井戸への政府の助成金は徐々になくす方向で進められ、価格も一般市場価格とほぼ同じ水準にまで引き上げられる予定である（訳注・CAREが行ってきた訓練担当官の養成への協力活動は終了した。また深管井戸への政府の助成金も撤退が終了した）。

政府はその農業拡大サービスとして、農民たちに収穫の多い作物品種について技術的アドバイスを行っていく必要があるが、実際にはあまり効果を発揮していない。したがって、村落組織の管井戸グループは、水供給のサービスとともに農業技術のサービスを提供する準備をしなければならない。

「農村開発プログラム」は村落組織のリーダーと協力し、深管井戸の所有方法の問題を解決した。すなわち村落組織のメンバー（男女を問わず）が共同購入し灌漑グループを結成し、マネジメント委員会を選出し、委員会メンバーがマネジメント訓練を受けるというものである。委員会は村落組織メンバーから人を雇用し、彼らに技術的訓練を受けさせる。もっとも重要なことは、「農村開発プログラム」の灌漑専門家と農業アドバイザーの支援を受けた委員会メンバーが、灌漑地区内の農民とサインを交わし、農民の必要に応じて技術的支援を提供できるようにすることである。「農村開発プログラム」の専門家が提供するアドバイス・サービスでは、約四〇〇〇平方メートル当たり二〇〇タカ（約四〇〇円）の費用が共同所有者に請求される。

農民は通常、収穫の二五～三三％を灌漑用水の費用として支払う。井戸の共同所有者は、収穫の分配が行われる収穫期に、農民と管井戸オペレーターとの間で公正な分配が行われるように立ち会う。また共同所有者は、収穫期には穀物の価格がもっとも低いため余剰米を売却せず、価格が上がる時期まで備蓄するよう指導を受ける。

一九九〇年一二月には、ＢＲＡＣの村落組織に属する灌漑メンバーは四五〇基の深管井戸を所有し、そのうち一三七基はすでに一年以上にわたって運営されていた。また一〇六基が黒字であった。利益を上げていない三一基は、水の供給地域が足りないうえ試行期間中であった。これら三一基については、灌漑用水供給地域を拡大する試みがさまざまに行われている。灌漑用水の供給地域が十分に広く（少なくとも二八万平方メートル）、マネジメント上の問題も解決されたところでは、投資に対して約三七％の利益が上がることが確認されている。

ひとつの管井戸購入では、村落組織のメンバーが一人一〇〇〇タカ（約二〇〇〇円）を出資する。利益が出るようになった管井戸では、一人当たり年間二〇〇～三〇〇タカ（約四〇〇～六〇〇円）、すなわち二〇～三〇％の利益を得ることができる。共同所有者（男女を問わない）は、管井戸事業に関わる仕事をする。たとえば用水路の清掃や修理、異なる田畑への導水、機械整備士としての活動、メンテナンス、農民との相談などである。また作物の品種改良やかけ合わせ、農場での手伝いなどの肉体労働も行う。

深管井戸の運営から得られる総利益の約六〇％は農民へ、三〇％は労働者へ、残りの一〇％は共同所有者にいくようになっている。一九九〇年に、ＢＲＡＣの村落組織の深管井戸関連の雇用延べ日数は直接的な雇用で八万二一六〇日、間接的な雇用（農場での仕事）で四万日であった。

一九九〇年六月までに「農村開発プログラム」と「農村融資プロジェクト」が行った灌漑分野での融資は、総件数五万三〇〇件、融資総額三七〇〇万タカ（七四〇〇万円）であった。灌漑事業への融資額は、「農村開発プログラム」と「農村融資プロジェクト」による総融資額の九％に過ぎなかったが、その割合は確実に増加している。灌漑融資は各種の投資の中ではもっとも資本集約型投資である。

土地なし農民のグループは、灌漑や農業の助言サービスに重要な役割を果たし、それがより多くの土地を生み出すと同時に、年間生産高を高めることにもなった。また農民の所得の向上をもたらし、より多くの食糧をバングラデシュに供給し、灌漑事業ワーカーや農業従事者などの雇用機会を拡大するようにもなった。さらに土地なし農民の地位が向上し、土地を所有する農民に対しても力を持つようになった。

国としては、管井戸プログラムは特に重要である。なぜならば、小規模な灌漑事業は一九八〇年以来農業の主導的な部門であったし、今後もそうあり続けると予測されるからである（Wood and Palmer-Jones, 1991）。農業生産の拡大や食糧自給の問題解決に灌漑が主導的な役割を果たすことは、バングラデシュの農業政策の中心である。

ＢＲＡＣは管井戸の推進に非常に積極的ではあったが、融資提供の他はほとんど資金を投じてこなかった。今日までの大規模な投資は、政府が管井戸に助成金を出すという形で行われてきたし（土地なし農民の集団が関与する以前は、この助成金はより豊かな農民に流れていた）、ＮＧＯへの訓練や技術的アドバイスのサービス提供はＣＡＲＥが担当してきた。ＢＲＡＣは現在、訓練担当部門の中心として、また技術的サービスの提供者としてＣＡＲＥに取って代わりつつあり、管井戸の共同所有者に費用負担を委ねることで、これらのサービスにかかるコストの大半を回収している（深管井戸の詳しい利益分析については、Ahmad, 1991, National Profitability 参照。訳注・灌漑事業は、その後の査定によって、貧しい人々の利益につながらないことが明らかとなり、ＢＲＡＣは灌漑事業を中止した）。

6　経済の下位セクターに対するＢＲＡＣの仲介活動の重要性

開発専門家の中には、政府もＮＧＯも、小規模な所得獲得活動より大規模な新産業の設立や改善、工場やその関連物資を供給する職種、市場の運営といった多くの人を雇用できる活動に投資する方が良いという人がいる。反対にＢＲＡＣのような対策活動は、大規模な工場の発展よりも農村部の多くの人々の所得獲得能力を改善し、また農村部の雇用の促進によって、機能不全に陥るほどの過剰な都市化を防ぐことにつながるという人もいる。

ＢＲＡＣは継続的に規模を拡大し、一九九一年の半ばまでに七〇〇〇以上の村落組織と五五万人以上のメンバーを有するようになった。それゆえにＢＲＡＣは、村の貧しい人々に迅速かつ低コストで望ましい対策活動を行うことが可能な立場にある。対策活動はＢＲＡＣの実験地域で試行され、成功が実証されればすぐに規模が拡大される。

このようにしてＢＲＡＣは、ニーズが最大でしかも恩恵をもっとも多く受けるべき村の最貧困層に対し、迅速な対策活動を行ってきた。

グループのメンバーは問題を解決するために、新しい事業（たとえばクワの木栽培や家禽用の飼料作りと販売、魚の養殖など）を開始するよう奨励され、直接その利益を受ける。彼らは労力を提供する代わりに利益を得る。しかし外部からの投資事業では同じような結果は得られず、多くの場合、村人が必要とする場所で必要なサービスを受けられないでいる。

7　今後の仲介活動が予定されている下位セクター

一九九〇年にＢＲＡＣは、皮製品および手織り産業分野にも乗り出した。これらは多くの融資が必要であるが、生産性や利益が低く、問題が明らかにされ解決されなければこの現状が続くと考えられている。皮製品や手織りの布地は、品質が良く安価であれば市場はある。いくつかの専門的な研究もすでに依頼済みである。村落組織のメンバーが急速に家畜の飼育に携わるようになったことで、皮の供給体制も出来上がっている。アイシャ・アベッド基金とアーロン・ショップが持つ洗練されたデザインと生産能力、ＢＲＡＣの衣類工場の能力などによって、手織り製品のための支援システムは整っている（訳注・絹や手織り物、皮を素材とした衣類や靴、バッグ、その他の日用品は、現在のアーロン・ショップの主力商品となっている）。

8　結び

これまで述べてきた経済の下位セクターにおける対策活動には、ＢＲＡＣの本部事務所とフィールドの分野別専門家が支援を行っている。彼らの仕事は、「農村開発プログラム」の地域事務所と協力して問題点を明らかにし、分野ごとの問題を解決することである。問題を解決し、下位セクターで利益を上げるために、土地を持たない投資者が専門家を雇用し、訓練やコンサルタントのサービスを受ける。開発に関わるインフラ面での活動と、技術的コンサルタントおよび訓練担当官のサービスがなかったならば、多くの下位セクターで機会が限定され、融資利用者の活動は問題を抱えたまま行き詰まってしまっただろう。

これまで五つの経済の下位セクターについて述べてきたことから、インフラが不十分なバングラデシュで、なぜＢＲＡＣが財政的仲介活動と同時に制度的仲介活動の必要性を説いてきたかがわかる。開発研究者の間では、特にアメリカで、小規模な融資プログラムが拡大しやすいことから多くの支持を集めてきた。しかしＢＲＡＣの経験から、財政的仲介活動と制度的仲介活動とを組み合わせれば規模の拡大を回避する必要はなく、融資利用者の期待を大きく改善することができることが証明された。

下位セクターの対策活動が、女性の村落組織メンバーにとってどのような意味を持つかを考察しよう。女性たちは、賃金が低く困難で時間のかかる生産性の低い投資（脱穀など）をやめた。女性たちは今では管井戸を共同所有し、投資額の二〇～三〇％の利益を上げている。また死亡率が低い改良種の鶏を飼育し、余暇を利用して近所の鶏にワクチンを接種し収入を得たり、稚魚の養殖事業を共同で行っている。女性たちが収入を得ることで、家族の生活が改善した。彼女らは金持ちではないが、地位を獲得した。生活していくのがやっとという水準から、生活を支えることができるようになりつつある。男性も、下位セクターの対策活動から同じように積極的な機会を得ている。

ＢＲＡＣはその経験から、真の開発がバングラデシュで行われ、人々が多くの問題を抱える伝統的職業に従事してやっと生活している状況から脱却するのを支援するには、融資だけでなくその他の活動も必要であると指摘している。ＢＲＡＣのチームは、市場原理と起業家精神の効力を強く信じている。もし経済のさまざまな下位セクターを改善するのに必要な資源とサービスが、外部からの対策活動抜きに市場の需要に対処することで入手できていたら、ＢＲＡＣは仲介活動が必要とも望ましいとも考えなかったであろう。

バングラデシュは特殊な状況にあるのかもしれない。他の多くの国では、政府とビジネスのインフラは、市場の機会が効果的な反応を引き起こし、政府とビジネスの双方からの供給が需要に応えようとする段階にある。この場合、市場は問題を自ら明確化し解決することができる。しかしバングラデシュの農村部の小規模な投資家が関与する多くの下位セクターでは、同じことが起こらないことがわかっている。ＢＲＡＣの対策活動は必要かつ有用なものなのである。

第二部

ＢＲＡＣのマネジメント

扉写真：ＢＲＡＣから融資を受けて小さな雑貨屋を営む村の女性。（久木田由貴子撮影）

第六章　ＢＲＡＣのマネジメント

プログラムの効率性は、それらを機能させる組織能力、すなわち組織のマネジメントの効率性に左右される。これまで見てきたように、ＢＲＡＣはあらゆる点から、巨大な事業といえる。また単に大きいだけでなく、多面的なフィールド・プログラムと大規模な支援システム、営利を目的とした事業を組み合わせたきわめて複雑な事業を行っている。したがって、効果的なマネジメントこそがＢＲＡＣの成功の鍵と考えられている。ＢＲＡＣは外国人を職員として雇用せず、彼らを特定の任務について必要に応じ短期のコンサルタントとして雇用する。また実質的で多様なプログラムを実施し、急速に拡大させると同時に高い効率性と効果性を維持している。

最近、オランダの評価チームはこう述べた。「ＢＲＡＣのマネジメント技術は、目的を実行する点で国際的にも高い水準にあることが実証されている。（略）ＢＲＡＣは円滑な運営とその効率性ゆえに、その組織とマネジメントのスタイルが広く評価されている」(Wils, Passtoors, and Van Leeuwin, 1988)。さらにこのチームは、ＢＲＡＣが量のために質を犠牲にしないことや、スタッフを継続的に訓練する現代的なマネジメント技術を用いていることなども指摘した。

残念ながら、第三世界における開発プログラムを探求する場合に、これまでマネジメントは無視されがちであった。ある世界銀行のオブザーバーが一九八〇年代初期に指摘したように、議論の焦点は開発プログラムの経済的、財政的、政治的要因に集中し、マネジメントの役割がほとんど議論されなかった（Paul, 1982）。マネジメントを無視する状況は過去一〇年間に部分的に改善され、政府の開発プロジェクトの管理運営に関して研究が行われた（たとえば Bryant and White, 1982；Leonard, 1977；Leonard and Marshall, 1983；Israel, 1989；Paul, 1982 参照）が、ＮＧＯのマネジメントについての詳しい研究はほとんど行われてこなかった（数少ない例外として、Korten が引用文献で記載した業績、Mann, Grindle, Shipton, 1989；Edgcomb and Cawley, 1990；Manitoba Institute of Managemet, 1989；Vindent, 1989 などが挙げられる）。

本章では、ＢＲＡＣのマネジメントの現状を中心に述べる。効果的に活動しながら規模も急速に拡大できたＢＲＡＣの組織的力学（内在的特質と環境との相互作用）を説明するため、マネジメントの哲学、構造およびプロセスを考察する。本章は、プログラム支援システムを説明した第七章と併せて読んでいただきたい。支援プログラムは、訓練リソース・センター、調査研究と評価、マネジメント開発、モニタリング、教材開発と出版、人事、ロジスティックス、建設、コンピュータ、経理などの支援システムの領域をカバーしている。

1　職員数の増加

一九九〇年末の時点で、ＢＲＡＣには四二二二人の常勤職員と約四〇〇〇人のパートタイム教師が雇用されていた。九一年の前半期には常勤職員は四七〇〇人に、教師は六〇〇〇人に増加した。図６・１は、一九八六〜九〇年に職員規模が特に急増したことを示している。

2　ＢＲＡＣマネジメントの視点

ＢＲＡＣのマネジャーは「開発マネジメント」を他の「マネジメント」とは違うと考えている。ＢＲＡＣの創始

図6.1　BRAC常勤職員数の増加（1980～90年）

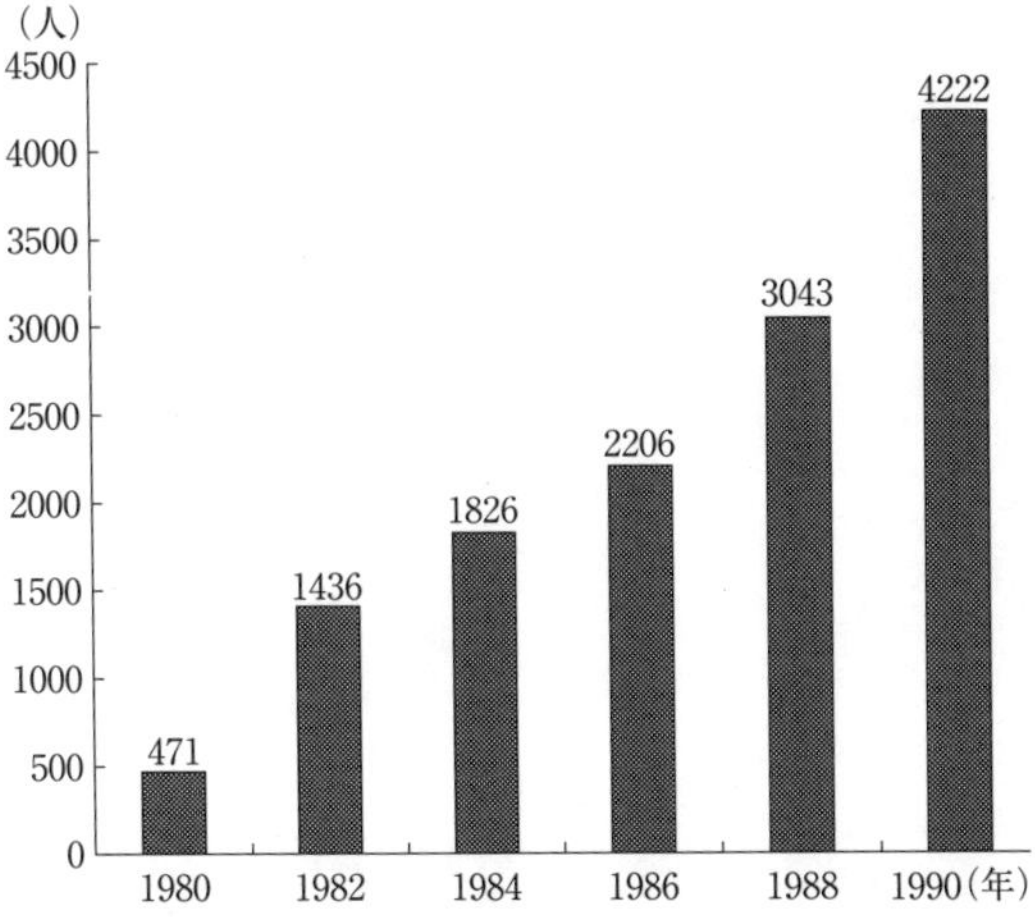

注：これらの数値にはノンフォーマル初等教育の教師の数は含まれていない。
2000年現在の正職員数は2万4709人。
出典：BRAC personnel records をもとに、訳者が簡略化。

者で事務局長アベッドは、最近次のような考えを説明した。

> 五つの基本のひとつに、開発は人間による活動であるということが挙げられる。開発は人々が自ら行うものであり、さもなくば何も起こらない。資本や物理的資源やインフラは、開発に明らかに必要ではあるが、二次的なものである。一番重要な要因は人にある。これは特に農村開発に当てはまる。農村開発は基本的に個人と社会の変革、すなわち農村の貧しい人々の態度や価値、技術、認識、制度、生活様式の変革である。この変革は複雑で時間がかかる。人の行動によってこの変革を促進するために、「効果的な環境」が必要である。その環境下で、人々は自分の活動の計画作成や実施、モニタリング、評価などに参加できるようになる。この効果的な環境を作ることが、開発マネジャーの責任である。開発マネジャーの第一の関心は、どのようにして参加を促し実現するかということである。一方、営利を目的としたマネジメントも大切である。開発は複雑な仕事であり、そのマネジメントは普通考えられているよりもはるかに複雑である。農村開発はもはやアマチュアの仕事ではない（Abed, 1990, *Commencement*）。

一九九〇年と九一年に筆者が行った一連のインタビューの中で、アベッドは開発マネジメントについての持論を展開した。彼は、成功する開発マネジメントとは参加型で分権的でなければならず、共通の価値観を持つマネジャーとスタッフ次第であると述べた。開発をめぐる価値観の創造と維持は、ＢＲＡＣのシステムの中で継続的に行われているプロセスである。マネジャーは貧しい人々に関与しなければならないので、個人的な利益の追求に代わる価値観が必要である。マネジャーは自分の価値観を他のスタッフに伝え、プロジェクトより大きな「大儀」に向かってスタッフを勇気づけ動員できなければならない。

アベッドは、指示通りにしか動けない人間に開発の仕事はできないとも述べた。開発の仕事を成功させるためには、自分で考え自分の価値観を適用させ自分で活動する人材が必要である。起業家的な態度と実験が奨励され、その報酬として昇進する。リスクを犯したことや失敗したことで罰せられるべきではない。ＢＲＡＣは労働倫理を強く推進し、マネジャーは労働倫理を体現するモデルでなくてはならない。スタッフは自分の仕事が重要だという実感と、自分のハードワークが人々の利益に何らかの貢献をしているという実感とを持つことが期待されている。

このようにマネジャーの開発と奨励のため、ごく少数の例外を除いてＢＲＡＣは、経験を持ち自分の価値観を立証したフィールド・ワーカーからマネジャーを選抜する。ＢＲＡＣが新設したプログラム・オーガナイザー（フィールドでの最初のポスト）は全員が大学卒業生であり、筆記と口述試験から注意深く選抜される。（ある種の技術的専門家や本部の事務職員を除いて）すべてのＢＲＡＣワーカーは、訓練リソース・センターで行われる農村開発の基礎的入社訓練を受けた後、プログラム・オーガナイザーとしてフィールドでの仕事を開始する（第七章参照）。

新人プログラム・オーガナイザーは、見習いとして一年間仕事をする。フィールドのキャンプで、村人と直接に関わって働く。また、同じ地域事務所にいる他のフィールド・ワーカーとの定期的なグループ討論に参加し、村人たちの会合に議題を提案する。フィールドでの仕事は困難で多忙であり、朝の六時から夜更けまで、あるいは村の夕方の会合が終わるまで続く。以下にラーマン（Rahman）という名のプログラム・オーガナイザーの典型的な一日を紹介しよう。

ラーマンは六時前に起床し、洗面と祈りのあと早々と朝食をとってから、自転車かバイクで三〇分の距離にある村へ出る。村で一人のアシスタントに会い、貯蓄の回収と融資の返済が行われる村落グループの朝の会合に出席する。このグループはある問題を抱えていて、プログラム・オーガナイザーからの回答を必要としている。

午前九時にラーマンは、村の他のアシスタント数人と二時間余り会議をし、村のグループが抱える問題について議論する。そのあと村評議会事務所に寄って委員長と問題を協議し、自分のキャンプに戻るのが二時頃である。昼食をとり、その問題について地域マネジャーと話した後、一時間の休息をとる。しかし午後七時までには一時間ほど離れたもうひとつの村に行き、村落組織の会合で議論を促すことになっている。その準備のために自分のノートを再読しながら一時間を過ごす。五時三〇分に同僚のスタッフと食事をしてから、村に出かける。午後一〇時過ぎに帰宅し、友人と少し話した後に床につく。

毎日がまったく同じではない。週に一日くらいは、プログラム・オーガナイザーは自分のベースキャンプで時間を過ごし、村のアシスタントが会いに来たり、村人たちがそこで融資の回収をしたり、スタッフ会議が行われたりする。金曜日は休日で、キャンプでは意見交換やゲームなどが行われる。

見習い期間の最初の一年間で、新規採用者の約半数が仕事を辞める。ＢＲＡＣは、組織のために働こうとする人のうち約三分の一は農村開発の仕事に適しておらず（動機付けがされていない、厳しい労働倫理に適応できない、農村生活になじめないなど）、次の三分の一はふつうのレベルで仕事を十分に行うことができ、残りの三分の一は非常に優秀で能力があり献身的であると見積もっている。フィールドでプログラム・オーガナイザーとして数年（普通は最低三年）を経ると、スタッフはようやく最初のマネジメント関連職である地域マネジャーになることができる。

バイクに乗った女性プログラム・オーガナイザー。女性オーガナイザーの数の増加によって、最近の村では珍しい光景ではなくなった。（久木田由貴子撮影）

マネジャーとしての女性たち

女性のためのプログラム作成を強化してきたことは、ＢＲＡＣの際立った特徴のひとつと考えられるが、ＢＲＡＣの女性マネジャーの数は今も少ない。二年前までは、マネジャーとしての十分な経験を持つ女性がいなかったので、プログラム・オーガナイザーの女性はいなかった（第一章参照）。現在は女性もプログラム・オーガナイザーとして雇用され、地域事務所に配属されて、男性と同じ仕事をこなしている。女性グループが全村落組織の半数以上を占めている現在、女性プログラム・オーガナイザーの増加は特に必要である。

過去二年以上にわたってＢＲＡＣは、高い資質を持った女性をプログラム・オーガナイザーとして雇用し、男女の比率を逆転させようと試みてきた。その結果、現在は男性より女性が一割がた多くなっている。プログラム・オーガナイザーへのインタビューは、男性の場合はダッカにある本部で実施されるが、女性の場合には地方センターで行われ、ダッカまで出てこなくても良いよう配慮されている。男性は自分の住む場所から近い村で仕事をすることができないが、女性は近隣の村に配属され、自分の家族を訪問したり連絡をとることが容易である。女性職員は二、三人が一組で地域事務所に配属され、単独での配属や男性職員とペアを組むことはない。これらはフィールドでの経験から決定されたもので、女性の雇用状況の改善や女性職員の増加につながった。三～四年後には、多くの女性が十分なフィールド経験を経て、マネジャーやその上の地位へ昇進する人が出てくると期待されている。

女性諮問委員会は一九九一年の初めに設立された。この委員長は、ＢＲＡＣのただ一人の女性プログラム・コーディネーターで、ノンフォーマル初等教育プログラムの長である女性が就任している。「農村開発プログラム」、「農村融資プロジェクト」、「脆弱な集団の開発のための所得獲得プログラム」、「養蚕プログラム」から女性プログラム・オーガナイザーが各一人、調査研究部と人事部および法律補助プログラムから各一人の女性が出て、委員会を構成している。諮問委員会の目的は、ＢＲＡＣにおける女性の雇用の進捗状況を監視し、その推進を支援することにある。一九九〇年には、法律補助プログラムを作成したある女性弁護士がＢＲＡＣの理事会に迎えられ、現在は理事会メンバー七人のうち二人が女性である。

3　組織の構造

ＢＲＡＣ全体の組織図は、第三章の図3・1（八〇頁）の通りである。ＢＲＡＣは組織登録条例と海外寄付条例のもとに登録されている組織である。組織の幹部は九人から成る。外部から雇用される監査官は幹部に報告を行う。執行理事会は、幹部から七人が選ばれて構成する。執行理事会は事務局長を指名し、事務局長は執行理事会の機能に責任を負う。

ＢＲＡＣの基本的な構造はほとんど変化しないが、プログラム構造の細かい部分は常に経験に基づいて決められるので、フィールドで試行後に変更されることも多い。プログラム構造は柔軟であるが、変わらない一般的原則もある。たとえば参加を奨励し可能にする構造、最小限の官僚機構、アカウンタビリティの実現、意思決定の分権化、できるだけフィードバックの機会や柔軟性を持つことなどである。

第三章で概略したように、ＢＲＡＣの構造は非常に平らで、トップの幹部とフィールドとの間に介在するレベルはほとんどない（第三章のＢＲＡＣの全体構造およびＢＲＡＣの四大プログラムの組織図／図3・1〜3・6参照）。

ＢＲＡＣのプログラムではすべて、フィールドのマネジメント単位が大きくなり過ぎないよう、意識的に配慮されている。これらの単位が日常の運営に関する決定を行い、スタッフは経験年数にかかわらず全員が意思決定プロセスに参加しなければならない。フィールドの幹部は、常に新たな問題に直面しているため、環境の変化に適応せねばならない。

BRACは大きな組織であるが、基本的には小さな単位からなるマネジメント・システムを持っている。意思決定を小さな単位に任せるという分権制により、官僚機構は最小限に抑えられている。それは危険防止の目的も果たしている。小さな単位での実験が奨励され、あるマネジメント単位で間違いが生じた場合でも、その影響は小さな地域にとどまる。また反対に、あるマネジメント単位で新たな試みやイニシアティブが成功したら、それは他で試行することができる。

本部職員の数を少数に保つ

機能的なプログラムのすべてで、本部の職員数は非常に少数である。「農村開発プログラム」は七〇〇〇以上の村落組織を持ち、さらに毎年新しい村落組織が二〇〇〇ずつ加わっているが、本部のスタッフ数は二五人未満である。その中に経済のさまざまな下位セクターの技術アドバイザーと事務職員が含まれる。「ノンフォーマル初等教育プログラム」では、本部職員の数は八人だけである。その内訳はプログラム・コーディネーターが二人、秘書が一人、統計官が二人、教育専門家が一人、教材開発官が二人である。「女性の保健と開発プログラム」は一五〇〇村で村人約二四〇万人を動員する計画であるが、本部にはプログラム・コーディネーターを含むたったの五人しかいない。

このように、各プログラムの本部職員数は意図的に少なくされている。なぜなら、もっとも重要な仕事はフィールドでの実施にあるからである。したがって責任と権威はフィールドに委ねられている。何が起こっているかを把握し効果的なマネジメントを行うため、プログラム・コーディネーターも地方マネジャーも多くの時間をフィールドで過ごさねばならない。

地域事務所や支部、フィールド・チームのマネジャーの質は、BRACプログラムの成否を握る鍵である。地域事務所は遠く離れた村に置かれ、電話はなく、郵便が届くのにも時間がかかり、必ずしも確実に届くわけではない。コミュニケーションは、地方事務所と本部の間の人の往来によって維持する必要がある。このような状況下では、フィールド・レベルで多くの決定がなされねばならない。地方マネジャーと地域マネジャーの間では定期的な地方会議が開催されるが、地域事務所が自律的にマネジメントを行うことに変わりはない。

BRACは、すべてのプログラムを支援する共通の強力な支援システム（調査研究、訓練、ロジスティックス、教材開発など。詳細は第七章参照）を持っている。そのため本部事務所のプログラム関連の職員数を小規模に保つことが可能である。

4　スタッフの育成

BRACの事務局長は、マネジャーを内部から採り立てるべきという信念を持ってきた。良いマネジャーになるためには、村でのフィールド経験がなければならない。この信念ゆえに、フィールドでの最初のポスト、プログラム・オーガナイザーになるには、大学卒業という学歴が重要な基準となる。プログラム・オーガナイザーは、組織の成長とともに昇進して幹部スタッフになることが期待されているので、基本的な学歴が必要である（バングラデシュでは公的な教育資格が非常に重視され、尊重、尊敬される）。BRACの職員は多様な学問分野の出身者であり、そのほとんどはマネジメント訓練を受けた経験がない。BRACに入る前からBRACのプログラムで開発の経験を積んだり技術的訓練を受けた経験がある人は、ごく一部に過ぎない。したがってBRACのスタッフ開発プログラムでは、プログラム関連の技能とともにマネジメント技能の開発が重要な部分となっている。

スタッフのマネジメントの技能および技術的能力の開発は、いくつかの方法で行われる。たとえばフィールドの経験を積ませること、意思決定プロセスへ参加させること（これも経験の重要な一部である）などである。BRACの水平的で分権的な構造と数多くのフィードバック・プロセスは、日常的な参加と学習を可能としている。

マネジメントと技術的能力の開発は、よりフォーマルな訓練でも行われる。ＢＲＡＣは現在、スタッフの開発に給与のための予算の七％を使っている。ドナーへ提出される事業案もすべて、資金の七％がスタッフ開発経費である。マネジャーは全員が訓練リソース・センターでマネジメント訓練を受け、新しく作成された「マネジメント開発プログラム」のコースを修了する。また関係のある経済の下位セクターの「農村開発プログラム」専門家からコースを履修する機会も与えられる。さらに、多くのマネジャーが南アジア諸国のフィールドを訪問し、成功した開発プロジェクトを観察したり、毎年かなりの数が選ばれて海外での訓練を受ける。なかにはマネジメントや経済、保健、教育、財政管理、研究調査などの分野で、大学院での学位を取得する人もいる。渡航先はフィリピン、インド、カナダ、ヨーロッパ、アメリカなどが主流である。一九九〇年の末までに、高いレベルの教育を受けるために三七人が派遣された。一九九一年の初めには、九人が海外で研修中であった。

海外での訓練やその他の制度的開発活動は、ドナーからの特別な資金で賄われている。ＢＲＡＣがスタッフの開発のために予算から決まった割合の資金を確保するようになる前は、事務局長がフォード財団から二度にわたり制度的開発助成金（一九七七～八〇と一九八二～六）を得た。これらの助成金は、国内外での短期のスタッフ訓練プログラムや修士号・博士号取得、研修旅行、短期コンサルタントの給与、マネジメントおよび開発分野の本やジャーナルを集めた小さな図書館の設立などに使われた。これらの資金で行われたコンサルタント業務は、調査評価部やコンピュータ・センターの設立と質の向上にきわめて重要な意味を持っている。

イギリス文化振興会（ブリティッシュ・カウンシル）やオランダ政府、カナダ政府、アジア開発銀行、スイス開発機関などからも、海外での修士号・博士号取得のための奨学金が提供された。

5　階層制度と参加――コントロールとエンパワーメント

バングラデシュは基本的に階層文化である。階層制度は家庭生活や村の生活、政治などの根底にある。バングラデシュでは階層の上位にある人が家庭の内外で尊敬され、その人に逆らうことは失礼なことと考えられている。階層制度はまた、バングラデシュのすべての組織に支配的な特徴である。ＢＲＡＣも例外ではない。なぜなら、雇用される人々すべてが階層的価値観を持ってＢＲＡＣに入ってくるからである。ＢＲＡＣは内部構造を水平なものにし、参加型の訓練方法を採用し、職場での参加を強調し、多くのフィードバック体制をとることで、階層志向の良くない側面を最小限にしようとしている。階層制度を克服する主なメカニズムとなるのは、仕事中心または問題中心に進行されるスタッフ会議を頻繁に開催することである。この会議にはすべてのレベルが協力し、誰もが参加するよう要求される。

一方で階層的価値観は、ＢＲＡＣの中で良い役割も果たしている。たとえば、リーダーシップを尊重し構造や規則を承認する基礎となるので、安定性が増す。ＢＲＡＣのように大きく複雑な組織は、混乱した状況やしばしば腐敗した状況で運営されがちであるため、コントロール構造が明確にされることや、仕事のいくつかの側面について確固たる規則が必要となる。

組織理論家は「機械的な」組織構造と「有機的な」組織構造とを区別してきた。機械的組織構造では任務がはっきり分化され、役割責任と技術が明確に定義され、ほとんどの運営は階層的な権威やコミュニケーションによって行われる傾向がある。有機的組織構造では任務が常に分業化され、役割責任と方法が柔軟に定義され、仕事への態度は同僚からのアドバイスやコミュニケーションによって導かれる傾向がある（Burns and Stalker, 1961）。機械的組織は型にはまった状況に適しており、有機的組織は変化する状況に適していると考えられている。

ＢＲＡＣはどちらのタイプの特徴も備えている。この本の初めの方で、ＢＲＡＣは「学習する組織」であると何度も強調したが、それは「有機的な」組織構造の重要な特徴である。しかしながらＢＲＡＣは、ある種の「機械的な」要素も持ち、複雑さをものともしない首尾一貫した確固たる規則と構造によって構築された組織ともいえる。ＢＲＡＣのトップ・マネジャーは「柔軟性」と「コントロール」との相違、そしてそれぞれの重要な役割を理解しているようである。彼らは、コントロールの適用が必要な状況（財政的業務、事業の対象となる人々の媒介変数、人事規則、ロジスティックスなど）もあること、そこでコントロールが拒否されると組織的な崩壊につながりかねないことをよく認識している。それゆえにＢＲＡＣは、細心の注意を払って明確化された多くのコントロール・システムを持っている。

ＢＲＡＣのマネジャーは、不適切な環境ではコントロールできないし強化すべきでもない、あるいはまた、スタッフの自主的な活動を奨励すべきであり、フィールドで能力構築と柔軟性を実現することで力をつけたスタッフこそ、村人たちのエンパワーメントにより良い役割を果たせると考えているようである（村落開発のマネジメントにおける柔軟性とコントロールの詳しい議論は、Bryant and White, 1982, p. 286–89 参照）。

ＢＲＡＣの幹部は、アカウンタビリティとコントロールのメカニズムを強化することと、権限を与えエンパワーメントを強化することとの間で、常に難しい選択を迫られている。ひとつの方向で失敗があっても、全体に普及した活発なフィードバックのプロセスが問題を認識し、失敗が拡大したとしても、それを建設的に修正する能力が維持されるように働いている。

6　フィードバックと調整のプロセス

ＢＲＡＣのマネジャーは、上下方向にフォーマル、インフォーマルな数多くのフィードバック・システムを働かせている。フィードバックは、あらゆるレベルで定期的に開かれる多くの会合や、絶え間ない対話を通じて行われる。村からの、そして村へのフィードバックは、学習の基礎である。プログラム・オーガナイザーは村落グループと定期的に会合を開き、課題や問題を議論する。地方マネジャーと本部の人間は村の会合を訪問し、フィールドに出れば個々の村人を訪ねる。これらの会合とインフォーマルな対話は、村のフィードバックの基礎である。

フィールド事務所での生活を通じ、スタッフ相互間の対話が頻繁に行われる他、フォーマルなスタッフ会議も毎週開催される。これらの会議では、村で起きていることの話し合いや翌週の仕事計画の作成を行い、フィールド・

スタッフ間の上下方向および水平方向のコミュニケーションの機会ともなっている。地域マネジャーは毎月、少数グループで地方マネジャーと会合を開く。地方マネジャーは毎月このような会議を一〇回から一二回担当し、すべての地域マネジャーと対話を持つ。これらの会議は水平的なコミュニケーションの機会となり（地域事務所のマネジャー間で経験や問題の共有が図られる）、また本部とフィールド事務所との上下方向のフィードバック機会ともなっている。

本部事務所では、地方マネジャーとプログラム・コーディネーターが、毎月事務局長との会合を持ち、フィールドでの経験の査定や問題解決、プログラム変更についての意思決定などを行う。その他、何か問題が起こるたびに多くの臨時会議も開かれる。事務局長のリーダーシップのスタイルは、困難な問題について広く討論し、顕在化した過ちを受け入れ分析することを奨励するが、必要な場合には確固たる決定を下す。

もうひとつのインフォーマルなフィードバックは、訓練中にプログラムや態度についての情報をフィールド（村人とスタッフの双方）から得ることが可能な立場の訓練担当官を通じて行われる。それぞれの訓練リソース・センターのマネジャーは、そこがカバーしている地域内での地方マネジャーと地域マネジャーとの会議に参加し、彼らが気づいていない問題を提起することができる。訓練担当官は、他のスタッフとは違う観点から見聞したことを議論できる。また訓練担当官がマネジメント会議においてフィールドでの観察結果を提起し、該当するプログラム・マネジャーや本部にデータのフィードバックを行う。

調査評価部から派遣されるフィールド調査員も、さまざまな調査プロジェクトの実施にともない膨大な時間をフィールドで過ごし、情報を集めたり自分が観察したことを非公式に報告する。

事務局長（親しみをこめてE．Dまたはお兄さんを意味する敬称をつけアベッド・バイと呼ばれる）は、非公式なフィードバックの機会を意図的に持つようにしている。たとえば、ある金額以上の融資は彼の個人的な認可が必要なため、「農村開発プログラム」の地域マネジャーや「農村融資プロジェクト」の支部マネジャーと直接に話をする大切な機会を作る必要があると事務局長は考えている。また、希望するスタッフは誰でも予約すれば直接彼と面会できるようにしている。すぐに面会できない場合でも、スタッフはその日の終わりまで待てば、事務局長の帰宅前に必ず面会できる。彼の秘書は「ノー」と言ってはいけないといわれている。また彼は、ＢＲＡＣを辞めたいと願い出たマネジメント・レベルの職員には、退職前にインタビューを行う。

本部事務所のスタッフは、事務局長も含めて、フィールドへの訪問を頻繁に行う。フィールド事務所や村のグループにその訪問を知らせる手段はないので、訪問はふつう予告なしで行われる。各地方に一台電話を置く計画があるが、フィールド事務所に電話を設置することが不可能な場合も多い。

事務局長は、村落組織のメンバーとも直接にコミュニケーションを持つ。彼のもとには毎日一、二通の手紙が村人から来る。これらは関連プログラムの長宛の手紙で、プログラムの長は必要な手続きや返答のために調査を行い、その結果を事務局長に報告する。村人たちは、緊急な問題が起きた場合、グループや個人で本部事務所を訪問することもある。

公式なフィードバックは、調査評価部の調査報告、プログラムごとに作成される会計報告や報告システム、そして最近開設されたモニタリング部の定期報告などの形態で行われる。ＢＲＡＣはずっと以前から、財政と活動の報告システムであるマネジメント情報システム（management information system）を持っているが、これは地域事務所レベルで定期的に集めた村の記録が情報源となっている。報告書は地方マネジャーが見直し、整理保管のために本部事務所に送る。これらのデータは一般的活動と分野別の活動の両方の情報が含まれている。たとえば村落組織の数、メンバー数や男女数、貯蓄総額、融資件数と融資総額、融資実施統計、家禽ワーカーによってワクチンが接種された鶏の数、獣医補助員によって販売された家畜用薬品の量と種類、訓練セッションの数と出席者数などである。また詳しい財政的記録も集積されている。

一九八八年には、既存のマネジメント情報システムが十分でないことが明らかになり、ＢＲＡＣはマネジメント情報システムを明確化、合理化し、より質の高い指標についてのデータを集めるためにモニタリング部を設立した。新しいモニタリング・システムによって、財政と活動のデータに加え、より精度の高い融資返還報告が毎週行われるようになった。さらにシステムの構築や社会的変化に関連したデータを収集することも導入された。これらは、弱い村落組織をより強力な村落組織と区別し、必要に応じて重点的に対策活動や修正活動を行うためである。

フィールド・ワーカーや村人との協議の中で、組織的側面、社会的側面、保健の側面、貯蓄や融資の側面など三〇の村落指標が作成された。モニタリング部から派遣されるフィールド・ワーカーが、これらの指標をモニターする。各指標はインプットかアウトプットかにデータ分類され、村落組織の質を示す基準となる。指標の具体的項目としては、村落組織が開催する週ごと月ごとの会合数、会合への出席率、貯蓄ノートや通帳の更新状況、グループの規則本の利用度、マネジメント・グループの選挙実施の公正さ、トイレのある世帯数、就学年齢の子どもの通学率、該当年齢の子どもの予防接種完了率、過去一年間のグループ・メンバーの離婚数や一夫多妻のケース数、ノンフォーマル初等教育を修了した子どものうち公立（政府）小学校への就学数、過去一年間に破傷風の予防接種を受けた妊婦の数、三年以内に第二子を産んだ母親の数、過去一年間に実施された村落組織の決定事項の数などが挙げられる。モニタリング部は、集められた数値を百分率やその他の方法で処理する。

モニタリング部は現在、各地方にプログラム・オーガナイザーを配置し、フィールドでの実施を監督したり、「農村開発プログラム」地域事務所と「農村融資プロジェクト」支部による報告書の作成を質的量的に支援している。また、より詳細な経理報告も行う。融資方法を改訂するために最初に行われた研究は、幹部へのフィードバックとして有用で、規則の改定さえ示唆するものであった。

一九九〇年一一月の『ドナー査定チーム年次報告書（*Annual Donor Review Team Report*）』によると、モニタリング部と経理部の両方に関係した問題が未解決になっていた。またマネジメント情報システムの問題、たとえば予算と財政報告に大きな食い違いがあることや、行われた活動と支出との間で報告システムがきちんと統合されていないことがわかった。これらについてドナー・チームは、ＢＲＡＣのプログラム作成へのアプローチが動的で、ある程度は状況により変化するため厳密な青写真がなく、プログラムの活動の中には、初期の計画および予算と実際の支出との間に問題が生じるものがあると説明している。

プログラムの実施の中で、もとの計画と現実とが食い違うにつれ、活動や財政報告がひとり歩きをし、学んだ教訓と次の計画および予算の作成とを緊密に連携させることがだんだん難しくなる。これは、ＢＲＡＣのような組織ではいっそう複雑である。なぜならＢＲＡＣでは、マネジャーが常に好機をとらえニーズに応えようとしており、柔軟性こそが重要だからである。査定チームは報告システムに強制力を持たないが、マネジャーと外部からの査定官に対しては、それまでの成果の記録（どのような活動が実施されたか）の中で予算関連の記録を出すよう提案した。新たな予算は、それまでの教訓に基づいてより注意深く作成することができるからである。ＢＲＡＣがもっと小規模だった頃は、このような情報は毎日マネジャーから報告され、査定側も容易に観察できた。しかし今やＢＲＡＣは非常に大きくなり、明らかによりフォーマルな報告システムが必要である。

査定チームはまた、「農村開発プログラム」と「農村融資プロジェクト」に対し、融資とそれが使われた活動との関係をマネジメント情報システムにもっと明確に報告する方法を作るよう要請した。これにより、経済の下位セクター（たとえば小規模な商売、農村部の交通運輸、家畜など）における融資の質と効果がより理解しやすくなると主張した。

7　監督と仕事計画の作成

ＢＲＡＣは仕事の計画作成にさまざまな方法を用いている。本部事務所と地域事務所のほぼすべての部が仕事計画を作成し、一定時間の枠内での目標を設定している。地域事務所に行くと、さまざまな段階での所要予定時間と仕事計画を示したガントチャート（行程表）がしばしば張られている。フィールドの各プログラム・オーガナイザーは、一週間の仕事計画を準備することになっており、その中には日割りの行動日程と目標が記されている。これらは毎朝地域マネジャーと話し合われ、一週間に一度の会議で進捗状況と問題点が検討される。「農村開発プログラム」地域事務所と「農村融資プロジェクト」支部は、各変数についての年間目標および月目標を設定している。

変数には融資利用者数、融資総額、貯蓄総額、新しい村落組織数、メンバー数、機能的教育コース修了者数、訓練を受けた家禽飼育者数などがある。目標に対する実際の成果がモニタリングされ、年に四度発表される。

本部事務所の部の中で可能なところでは、アウトプットに関する基準も作成される。たとえば、物資購入を担当するロジスティックス部は、仕事に特定の基準を設けている。すべての物資がダッカの市場で入手可能な場合、プログラム側からのオーダーを受けて三日以内に調達を完了しなければならないとされている。海外から物資を購入する場合にも、このような時間制限が設けられている。

監視は仕事の計画や対象となるシステムを通じて行われるので、マネジャーはより戦略的な問題解決に自由に取り組むことができる。

8　BRACの中の調整メカニズム

調整は組織にとって欠かせない要素である。組織のさまざまな部分が協力し、組織全体の目標達成のために機能しなければならない。組織は相互に依存する部分から構成されているので、協調的なメカニズムを組み込んで設計される必要がある。BRACではプログラム内で、また異なるプログラム相互間で、そしてプログラムと支援システムとの間で、調整が要求される。

一般に組織内の調整は、少なくとも主に三つの方法で行われる。すなわち（1）階層的に行われる「上部からの調整」——中央部の意思決定者からの指示を他の部分に適用する場合に、意思決定者らが行う調整、（2）規則や手続きを用い、スケジュール、結果、目標をあらかじめ設けることによる調整——さまざまな反応を見込んで計画作成をし、成果を意志決定者にフィードバックすることで、活動を調整、（3）「自己調整」による調整——さまざまな交渉や情報の共有、その他の関係によって特徴づけられる意思決定者間での相互調整、この場合、プログラムすべてが他のプログラムと完璧に調整されていなくても、相互に理解できるような意思決定が行われる（諸タイプの調整の詳しい議論は Lindblom, 1965；Dahl and Lindblom, 1953；McCann and Galbraith, 1981；Gerwin, 1981 参照）。

ＢＲＡＣの中の調整は前述の三つすべてを兼ね備えているが、特に第三の方法、自己調整に非常に重点を置いている。さまざまな公式、非公式のメカニズムを通じ、プログラム・マネジャーと支援システム・マネジャーとが相互に情報を共有し、その関係を取り決めている。第七章では、プログラム・マネジャーと訓練マネジャーとの間でどのように訓練計画が作成されるのか、プログラム・マネジャーがロジスティックス・マネジャーとどのようにして多様なサービスを決めるのか、相互の調整を通じて調査計画がプログラムのニーズとどのように調整されるのか、などを見ていくことにする。同様の自己調整は、本部事務所でもフィールドでもプログラム相互間で行われている。同じ村に対して複数のプログラムを実施する場合にも、プログラム相互間の調整メカニズムが働く。たとえば「農村開発プログラム」と「ノンフォーマル初等教育プログラム」とが同時に行われる場合、「ノンフォーマル初等教育プログラム」のプログラム・オーガナイザーは「農村開発プログラム」の地域事務所を拠点とし、同じ村で活動する他のプログラム・オーガナイザーの仕事と自分の仕事とを非公式に調整する。「ノンフォーマル初等教育プログラム」の地方マネジャーは、「農村開発プログラム」の地域事務所マネジャーと自己調整を行う。これは、「ノンフォーマル初等教育プログラム」のプログラム・オーガナイザーが効果的に業務を行うことで、双方のプログラムの利害が一致しているからである。

水平的な構造の中では、上部からの調整よりもむしろ自己調整が重要になる。共通の価値観と戦略、短期・長期の明確な結果目標、相互承認された規則や手続きなどの枠組みなどがある場合、自己調整は非常にうまくいく。ＢＲＡＣではすべてのプログラムが、村人の地位を向上させるという長期目標の達成に向けられている。各プログラムは短期的な目標を持ち、それらを達成するために他のプログラムや支援システムとの調整を行わなければならない。

上部からの調整は、自己調整が失敗したりあまりに多くの争点がある場合、あるいは規則や手続き、計画などが不十分で調整の枠組みがない場合に行われる。複雑で多面的な顔を持つにもかかわらず構造が水平的なＢＲＡＣでは、今述べたような特別な場合にかぎり上部からの調整が適用される。ＢＲＡＣがより階層的な組織になったりコントロールのメカニズムを強化しないかぎり、ＢＲＡＣ内で上部からの大規模な調整が行われることはないであろう。

自己調整は時にコストがかかると考えられている。なぜなら中間マネジメントの多くの時間が会合や対話、インフォーマルな議論などに費やされるからである。しかしＢＲＡＣのマネジャーらは、広範で長期的な利益を考えれば時間をかけることは価値があると考えている。また基本的にＢＲＡＣは、似通った問題について活動する小さな単位から成る組織なので（もちろん各単位は、異なる課題も抱えているが）、調整のコストはある程度抑えることができる。さらに、自己調整の方法を用いることで問題解決が促進され、組織的な適用が強化される。なぜならさまざまな下位システムは、似通った背景や独自の背景から生まれる要求に順応する自由を持っているからである。

9　財政的マネジメント、利益追求のモデル、起業家的態度

ＢＲＡＣはマネジメントの方針を含むすべての活動に、一貫して利益追求の視点を持ち、起業家的態度を奨励している。村での仕事については、問題の克服や明らかな搾取の防止以外、日常の利益追求活動に介入しない方針である。村人は、受けた融資に対して一般市場と同じ率の利子を支払い、自分で書類や通帳を購入し、自分の事業へのインプット（コンサルテーションやアドバイス）にも代金を支払う。組織内でも、支援プログラムを行う部署の多くが、コスト中心主義とコストの回復を規範とし、それが効率性にもつながっている。たとえば訓練リソース・センターは、プログラムのための訓練や外部のグループへの訓練、農場経営などから、訓練にかかる経費と同等かそれ以上の利益を生み出さねばならない。コンピュータ・センターは、各プログラムへのサービスを有料にしたり、一日三部制の二四時間営業として有料のサービスを外部企業や政府に提供して、十分に自立した運営が可能となった。印刷会社も黒字経営で、ＢＲＡＣの印刷物すべてのコストをカバーしてもゆとりがあるほどである。

フィールド事務所の交通手段の手配もひとつの例である。移動（旅行や出張など）およびそのコストは、基本的で統一的なシステムにより単純化されている。フィールド・ワーカーの一番下のポジションにいるグラム・シェボックは、ＢＲＡＣが提供する自転車で移動する。プログラム・オーガナイザーも見習い期間中は同様である。正式にＢＲＡＣに雇用された後、プログラム・オーガナイザーの移動手段はバイクになる。バイクの手入れと使用に責任を持たせるため、プログラム・オーガナイザーはバイクを分割払いによって購入する。バイクの代金はプログラム・オーガナイザーの給与から六〇カ月払いで天引きされる。仕事にバイクを使う経費として、プログラム・オーガナイザーは毎月最初の五〇〇キロメートルについては一キロメートル当たり二タカ（約四円）、その後は一キロメートル当たり一・五タカ（約三円）が支給される。バイクの所有をＢＲＡＣから個人に移すというこのシステムの導入により、プログラムの経費からバイク利用とメンテナンスの管理コストを減らすことができた。現在のところ、バイクのメンテナンス状況は非常に良い。

これらの例から、ＢＲＡＣには市場原理、すなわち常に効率性やより良いサービスに直結する原則があることがわかる。この考え方は、スタッフと村人に自信と起業家としての思考を強化することになり、ＢＲＡＣがドナーから受けた拠出金以上のことを実現させてきたのである。

10　マネジメント・システムは急速な成長と多様性を維持できるか？

一九七〇年代の半ば以来、ＢＲＡＣのドナーや外部の評価者らによって長年蓄積されてきた査定と評価を見直すと、一貫して次のような警告が発せられてきたことがわかる。すなわち、ＢＲＡＣは今は順調であるが、従来のような急速な規模拡大を続ければ、マネジメントが困難になる、というものである。このような警告は、ＢＲＡＣが二つの主要プログラムを持ち数百人の職員を雇用した時点から始まり、四つの主要プログラムを実施しながらそのすべてを急速に拡大し、いくつかの企業活動を行い、四五〇〇人を超える常勤職員と六〇〇〇人の教師を雇うようになった今日まで続いている。

しかし警告にもかかわらず、BRACはさらに大きくさらに速く規模を拡大し続け、その能力も維持している。最近では、BRACは効果的にそうすることができる能力を持っているとも評価された。このことは、BRACが規模の拡大をやめたり多様性を制限すべき理由が、規模や複雑さあるいは多様性に関係ないことを意味しているのだろうか。実際のところ、この疑問に答えることはできない。おそらくは限界点があるのだろうが、それがどこなのかを予測することは不可能である。

BRACのトップ・マネジャーは、もしも組織が、プログラム拡大のスピードと同じかそれより速いスピードで支援サービス（調査や訓練、ロジスティックスなど）を構築し続けることができるならば、継続的成長が可能であると考えている。また、スタッフと村落の訓練能力そしてマネジメント開発能力がもっとも重要な変数になると認識している。かつてはこれらの能力に格差があったが、それほど深刻で長期的なものではなかったので、プログラムに悪い影響はなかった。BRACのマネジャーたちは、需要が増すにつれて有能なマネジャーの数を増やさねばならないと認識している。同時に、大卒の高い質を持つ男女の人材が、定期的にBRACに加わるよう配慮している。実際、新規採用のプログラム・オーガナイザー二〇〇名を募集すると、それに一〇〇〇人以上が応募してくる。

何人かのオブザーバーがもっとも心配していることは、ますます多様化する活動に対処する幹部の能力である。「農村開発プログラム」と「農村融資プロジェクト」（銀行プロジェクト）が急速に成長している一方で、BRACは同時に大規模な保健および教育のプログラム作成にも着手し、さらに企業活動も行っている。BRACはこのような多様性に対処するだけの人材を幹部に備えているのだろうか。外部のオブザーバーは、答えを出すことができていない。

ドナーからの資金を入手できるかどうかも、成長と多様化にとって常に問題となる。BRACの経営企業からの収益は、現在予算の一五％以上を支えるようになったが、まだ外部からの資金に大きく依存している。ドナーの能力には限界があり、第八章で述べるように、BRACは多くの潜在的な資源をまだ開発していない。今のドナーが警戒し過ぎてＢＲＡＣの成長に歯止めをかける可能性もあるが、たぶんそれはないであろう。

過去の成果に基づけば、ＢＲＡＣのマネジャー自身は、この組織の潜在的なマネジメント能力が、規模と多様性においてどの程度のものであるかよくわかるであろう。上層部（執行理事会、事務局長、プログラム・コーディネーターら）が、もはや規模や複雑さ、多様さに対処できないと感じるときには、いくつかの活動を削る方法も考案されるであろう。たとえば事務局長は、すでに保健調査研究所か教育基金を削減する発言をしている。この間にも外部の評価者は警告を繰り返すであろうし、ＢＲＡＣは自らの決定を実行し続けるであろう。

第七章　プログラムとマネジメントの支援体制

これまでの章で、ＢＲＡＣを「学習する組織」として述べてきた。そこでは、土地なし農民たちとＢＲＡＣのフィールド・スタッフ、そして中央幹部との相互作用の中で行われてきたプログラム学習が強調された。さらにＢＲＡＣは、組織自体の体系的な学習と開発にも意識的に取り組んできた。その学習のあり方ゆえに、ＢＲＡＣはある特定のプログラム支援のニーズやマネジメント・システムのニーズなどに、早くから効果的に対処できたのである。ＢＲＡＣはその初期の段階から、フィールドでの仕事を支援しプログラムの急速な規模拡大を可能にする構造やシステムの構築を緊急課題と考えてきた。またＢＲＡＣは、自らの制度的開発にも定期的に投資を行ってきた。

以下に、これらの支援体制の中から一一の体制（支援サービス）を中心に述べることにする。最初の二つ、訓練リソース・センターと調査評価部は、それ自体が重要なプログラムと考えられているが、きわめて重要な支援的役割を果たしているので、第三章（ＢＲＡＣのプログラム）よりむしろここで中心的に議論することにした。残りの九つの体制は地理的に分散しており、規模の大小を問わず活発なマネジメントとフィールド支援体制を持っている。これらについては簡単に言及する。

1　訓練リソース・センター

すべてのBRACのプログラムは、必ずさまざまな訓練と技術協力をともなっている。BRACの訓練リソース・センター（TARC）は、BRACのスタッフと村落組織メンバーの訓練の大半を実施提供する責任を負っている。また、さまざまな所得獲得プロジェクトのための技術協力も行っている。

しかし、訓練リソース・センターがBRACのすべての訓練を行っているわけではない。土地なし農民グループのメンバーに対する基礎的な職業技術訓練の大部分（たとえば基本的な家禽飼育訓練、管井戸や耕運機のメンテナンス訓練、魚の養殖、養蚕、家畜飼育に関する訓練など）は、一九八八年から「農村開発プログラム」のフィールド事務所が実施責任を負うようになった。現在は「農村開発プログラム」の専門家が、村や所得獲得活動が実施されようとしている所に近いフィールドで、職業技術訓練を実施する。したがって、訓練リソース・センターで実施される土地なし農民に対する訓練は全体の三分の一に過ぎない。あとの三分の二の訓練は、「農村開発プログラム」のフィールド事務所に「農村開発プログラム」の専門家や訓練リソース・センターの訓練担当官が出向して実施する。訓練リソース・センターと「農村開発プログラム」はまた、土地を持たない融資利用者に技術的支援を共同で行う。

一九九〇年一二月には、BRACは国内六カ所に宿泊施設兼用の訓練リソース・センターと七三人の常勤訓練担当官を持つようになった。最大の訓練リソース・センターは、宿泊施設と訓練用の教室に同時に一〇〇人を収容できる。他のセンターは小さい所で五〇人、大きければ九〇人が収容可能である。各センターには教室や講堂、事務所、訓練参加者用の宿泊施設、カフェテリア、倉庫、図書室、訓練担当官が日用品を購入する小さな共同組合小売店などが備わっている。また、訓練スタッフのための住居スペースも付設されている。一九九一年初めに新規オープンしたBRACマネジメント開発センター（通称BRACセンター）のひとつは、BRACのスタッフ、農村部

ＢＲＡＣマネジメント開発センター。ダッカから車で40分ほどの距離にあり、周囲には実験農園や養殖池などが広がっている。（久木田由貴子撮影）

の人々へのサービス提供を任務とする政府省庁のフィールド・マネジャー、他のＮＧＯのオフィサーなどを対象としたマネジメント開発のみを目的として建てられた。

各センターは、魚の養殖や家畜・家禽の飼育、野菜や果物の栽培などの実験や実演のための土地として、周囲に一万二〇〇〇平方メートルから一二万平方メートルの敷地を持っている。これらの土地は、村人の実演訓練の場、実行可能なアイデアやモデルの開発と試行の場、時には村人の所得獲得事業に役立つ野菜の種子や木の見本、魚の稚魚などの改良品種生産の場として使われる。また、センターの台所に料理用食材（野菜や果物、牛乳、卵、魚など）を供給する場ともなっている（訳注・二〇〇一年現在、訓練リソース・センターが一八カ所、ＢＲＡＣマネジメント開発センターが二カ所となっている。そのうちの一〇カ所のリソース・センターと二カ所のマネジメント開発センターには宿泊施設が併設されている）。

訓練参加者とその数

訓練リソース・センターの訓練参加者は、主に四つのグループに分けられる。ＢＲＡＣのスタッフ（一九九〇年の訓練参加者の二二％を占めた）、土地なし農民グループのメンバー（同六五％）、他の開発組織のスタッフ（同六％）、政府のマネジャー（同七％）である。また九〇年の訓練参加者は、女性が六割を占めた（BRAC, 1990, *1990 Annual Review*）。（訳注・一九九八年の訓練参加者はＢＲＡＣスタッフ四六％、農民メンバー七％、他の開発組織スタッフ六％、教師・栄養士・司書などのプログラム職員四〇％となっている。参加者のうちの女性の割合は六割である。出典 *BRAC Annual Report*, 1998）。

訓練リソース・センターで行われるコースは、（1）人間開発とマネジメント、（2）職業技術開発、の大きく二つの分野に分けられる。

一九九〇年の統計では、訓練リソース・センターは二万一三六六人を対象に計九二五のコースを開設し、訓練延べ日数は一五万八五五八日であった。これらの訓練の約九〇％は、人間開発とマネジメントの分野である。全コースのうち五四コースのみが職業技術開発分野であった。その理由は先にも述べたように、村人への職業技術訓練の大半が「農村開発プログラム」によって地域事務所で実施されるようになっているからである（訳注・二〇〇〇年に開設されたコース数は七万以上、参加者は一六〇万人を超えた。出典 BRAC At A Glance, April, 2001）。

土地なし農民グループのメンバーは、訓練リソース・センターで行われる多くの訓練を受けてきた。過去一〇年間の記録では、土地なし農民への訓練が平均七割を占めてきた。今では訓練リソース・センターの訓練の六五％はグループ・メンバーを対象とし、これに「農村開発プログラム」が提供する訓練を加えると、ＢＲＡＣが実施する訓練の実に七五％以上が村落組織のメンバーを対象としたものといえる。

訓練リソース・センターが提供するさまざまなコースの中で、過去数年間にもっとも変わったのが職業技術開発分野である。訓練担当官の訓練や専門職補助員の訓練が最近特に強化され、それに反比例して訓練リソース・センターでの職業技術訓練が減少した。現在、「農村開発プログラム」が家禽、管井戸の技術的側面、家畜、園芸、養蚕、漁業などの分野で基礎的な職業技術訓練を行っているため、訓練リソース・センターは訓練担当官や専門職補助員の訓練に専念するようになってきた。具体的には小学校教員訓練（修了者六〇〇〇人以上）、法律補助員プログラムのための教員訓練（同二〇〇人以上）、スタッフや村人を対象とした保健分野の専門的訓練（同一〇〇〇人以上）などである。農村部の経済や保健の分野でＢＲＡＣと協力して働く政府機関の職員訓練も、訓練リソース・センターの重要な役割となりつつある。

特筆すべきことは、過去一〇年余りで訓練参加者の男女比が逆転したことである。一九八一年に人間開発とマネジメントの分野で訓練を受けた女性は、全参加者の二割に過ぎなかった。しかし一九九〇年には全体の六割を占め、ほぼすべての女性村落組織から一万二二五五人の女性が訓練を受けた。一九九〇年に女性が参加した訓練延べ日数は、その前年の五九％増となった。職業技術開発分野では、一九八一年の女性参加者は全体の三分の一であったが、「農村開発プログラム」がフィールドで訓練を実施するようになった一九八八年には四八％に上昇した。その後も割合は増加し、フィールドで実施される職業技術訓練では、女性が少なくとも半数を占めている（訳注・一九九八年の年次報告で、参加者に占める女性の割合は九五％以上となっている）。

訓練リソース・センターでの村落ヘルス・ワーカーの訓練風景。女性たちが子連れで参加できるよう配慮されている。（ＢＲＡＣ提供）

もうひとつの顕著な傾向として、村落組織メンバーに対する職業技術訓練が強化されてきたことである。ＢＲＡＣの村落組織活動が開始されてからの何年かは、人間開発訓練（リーダーシップやグループ技術など）が非常に重視され、土地なし農民のメンバーを対象に行われた訓練の約六五％がこの分野であった。しかし一九八五年にその比率は変化し始め、人間開発訓練と職業技術訓練が半々となった。それ以降、土地なし農民を対象に訓練リソース・センターと「農村開発プログラム」が実施した訓練は、四〇％が人間開発とマネジメント分野、残りの六〇％が職業技術開発分野となっている。

職業技術訓練の重要性が増すことで、ＢＲＡＣは村の貧困層の組織化や動員だけでなく、経済的な要因（融資によって支援される所得獲得や雇用の促進など）も同等に重視するようになってきた。経済関連のプロジェクトをもっと効果的に実施し、より良いマネジメントを可能とするために、職業技術訓練は欠かせないものとなっている。今日、訓練リソース・センターと「農村開発プログラム」によって提供される職業技術訓練は、土地なし農民を対象とした訓練全体の約六五％を占めている。

訓練リソース・センターによって行われるコースと技術的支援のタイプ

訓練リソース・センターの目的は、ＢＲＡＣの多様なプログラムのニーズに対応した適切な訓練を企画し実施するだけでなく、土地なし農民が経済活動を行うためのアイデア、方法、技術などを開発し普及すること、訓練参加者にフォローアップと技術的なガイダンスを提供すること、ＢＲＡＣの目標達成に必要な革新的アプローチや戦略を開発、試行、実施することなどが挙げられる。

訓練を効果的に実施するため、訓練リソース・センターの訓練担当官は特定の指導原則に沿って訓練を行う。その原則とは以下の通りである。

- ●学習者中心
- ●問題に基づく
- ●ニーズに沿う
- ●経験に基づく
- ●柔軟性
- ●参加型
- ●活動／結果の優先

訓練担当官は、親しみやすく、相互の信頼と尊敬が持てる雰囲気で訓練を進め、「教師」というより学習のファシリテイター（facilitator 促進者）となることを期待される。

毎年後半の何カ月間かを使って、訓練リソース・センターはＢＲＡＣのプログラム・マネジャー（ＢＲＡＣではプログラム・コーディネーターと呼ばれる）との緊密な協力のもどに、翌年の年間訓練計画を作成する。またプログラム・コーディネーターは、スタッフと相談し翌年の訓練ニーズの分析を準備することが毎年求められる。この分析には、スタッフと村のグループ・メンバーのニーズに基づき、必要な訓練コースの数とタイプについての予測、実施場所、スケジュールの提案などが含まれねばならない。プログラム・コーディネーターと訓練リソース・センターのマネジャーとの間で複数のプログラム間会議が開かれ、各訓練リソース・センターの役割に応じて翌年の訓練の調整が行われる。訓練計画は、特別な機会やニーズがある場合、年内に変更することも可能である。

次頁**表7・1**は一九九〇年に行われた訓練コース名と参加者を示したものである。この表は、一九九〇年のプログラムの優先順位も示唆している。

訓練担当官によるフォローアップとセンター外授業

訓練リソース・センターの訓練担当官の重要な任務は、訓練後のフォローアップを行い、土地なし農民やBRACのスタッフが訓練で学んだことを補足強化することである。初めの頃、ほとんどのフォローアップは訓練担当官によって行われたが、今では訓練担当官の負担が重くなっているうえに、組織化された村が地理的に拡散しているため不可能である。フォローアップのための別の方法を計画する必要が出てきた。訓練担当官がフィールドのプロジェクトを訪問し、フォローアップ活動の一環としてグループのメンバーやフィールドのスタッフに会うことは可能であるが、土地なし農民のメンバーに対するフォローアップの必要性が大きく、現場にいる「農村開発プログラム」のプログラム・オーガナイザーが代行せざるを得ないのが現状である。現在の訓練リソース・センターのシステムでは、土地なし農民グループのメンバーが訓練コースを受ける場合、村で彼らともっとも緊密かつ定期的に仕事をするプログラム・オーガナイザーも一緒に訓練に参加する。たとえば、所得獲得事業が実際に計画されるプロジェクト計画作成クラスでは、プログラム・オーガナイザーは、議論された問題や訓練結果に応じて提案された戦略を書き留める。これらのノートは、後にフォローアップ訓練を企画するときの資料となる。

表7.1　訓練リソース・センターが実施したコース（1990年）

参加者	人間開発とマネジメント分野のコース	職業技術開発分野のコース
土地なし農民のグループ・メンバー	・意識化 ・リーダシップ開発 ・プロジェクトの計画作成とマネジメント ・グループ・ダイナミックスとリーダーシップ ・機能的教育のための教員訓練 ・特別訓練 ・ワークショップ ・法律補助員訓練 ・法律補助教員訓練 ・法律補助員再教育訓練 ・農村プライマリ・ヘルス・ケア	【農業】 ・野菜専門職補佐員 ・社会林業 ・園芸苗木ワークショップ 【養魚】 ・魚の養殖とマネジメント ・養魚業準備 【家禽・家畜】 ・上級家禽マネジメント ・家畜飼育と獣医学療法 ・家禽ワークショップ ・農村獣医ワーカーの在職訓練 ・家畜ワークショップ ・鶏のヒナの飼育とマネジメント 【適正技術】 ・養蜂とマネジメント
ＢＲＡＣスタッフとその他の組織のワーカー	・開発へのアプローチ ・ＦＥのための教員訓練 ・ＦＥ教員の再教育訓練 ・就職前基金 ・開発コミュニケーション ・農村開発へのアプローチ ・社会的オリエンテーション ・社会的問題 ・マネジメント開発 ・訓練担当者の訓練 ・マイクロ・クレジット・マネジメント ・プロジェクト間のワークショップ ・訓練担当者ワークショップ ・プログラム・ワークショップ ・ＮＦＰＥシェボック訓練 ・ＮＦＰＥスタッフ訓練 ・ＮＦＰＥ再教育訓練コース ・ＮＦＰＥ訓練担当者訓練 ・リーダーシップ開発 ・開発と変化 ・ＷＨＤＰ在職訓練 ・フォローアップ・ワークショップ ・人間開発 ・人間開発再教育訓練 ・訓練のニーズ査定 ・調査方法学	【農業コース】 ・灌漑マネジメント ・灌漑と稲田耕作 【養魚コース】 ・魚の養殖とマネジメント

注：ＦＥ＝機能的教育。ＮＦＰＥ＝ノンフォーマル初等教育。ＷＨＤＰ＝女性の保健と開発プログラム。
出典：*TARC Annual Report,* 1990. (TARC=Training and resource Center)

訓練担当官は、ＢＲＡＣのスタッフがフィールドで問題に遭遇した場合、コンサルタントとして、また支援的ネットワークとして機能し続ける。また、訓練やフィールドで出てきた問題を明確化することによって、マネジメントのための重要なフィードバック機能も果たす。また、問題について本部事務所あるいはフィールド・マネジャーとの話し合いも行う。

ＢＲＡＣの訓練担当官に誰がなるか、どのように訓練されるのか？

訓練リソース・センターの訓練担当官は、きわめて少数の例外を除き、ＢＲＡＣのフィールド・スタッフから選ばれる。訓練担当官は、まずフィールド事務所のプログラム・オーガナイザーとして何年か勤務し、村人からの信頼を得なければならない。家禽や漁業、家畜やその他の職業技術専門家は例外で、フィールドでの知識よりも技術的知識を買われて雇用される。ただ、これらの専門家は村についての知識や経験が不足しているため、問題も起こった。結局、専門家はフィールドのコンサルタント兼訓練サービスの提供者と位置づけられたり、実際にその地域に住んで村人と仕事をしながら訓練をフィールドの条件に調整する「農村開発プログラム」の訓練担当官の技術的向上のために利用される頻度が高くなっている。技術能力訓練の大半は、一九八八年に訓練リソース・センターから「農村開発プログラム」へと委譲され、より現場に密着し村人に近いところで行われるようになった。

訓練リソース・センターが設立された初めの頃は、外部のコンサルタントが訓練方法と戦略の開発を支援し、訓練担当官のための訓練を提供した。現在、訓練リソース・センターの新任訓練担当官は、経験豊富な訓練担当官が行う一連の訓練担当官向け訓練コースやワークショップを受講する。毎年、訓練担当官から数人が選抜されて、海外のコース（多くは人間開発またはマネジメントの学位取得プログラム）に派遣されたり、地元の大学や研究機関の短期コースを受ける。このようにして、訓練スタッフは常にグレード・アップを図らねばならない。二つある訓練部門（人間開発とマネジメント、職業技術開発）のそれぞれが、定期的に訓練リソース・センター内部のワークショップや再教育講習を担当し、すべての訓練担当官が自己開発活動のために参加する。

過去数年、女性担当官の雇用が行われてきたが、訓練リソース・センター所属の七五人の訓練担当官は大半が男性である。女性の訓練担当官が少ない理由は二つある。ひとつは、女性が訓練担当の役割やマネジメントに関わる地位につけなかったからである。なぜならば、ＢＲＡＣの一般的ポリシー（プログラム・オーガナイザーとしてまず働き、必要要件としてのフィールド経験を持つ）から女性が除外されてきたからである。二つに、フィールドで訓練コースを提供したり、訓練リソース・センターで行われたコースをフィールドでフォローアップするため、訓練担当官は大変な旅をしなければならないが、それは公の交通網（主にバス）を使い、しばしば長距離に及ぶ。バングラデシュではふつう女性がバスを使って一人で長旅をすることはなく、親戚がいなければ宿泊する所を見つけることも難しい。

「農村開発プログラム」のフィールド事務所は、女性のプログラム・オーガナイザーを徐々に増やしており、訓練担当官となるために必要な経験を女性たちが獲得できるよう推進活動を行っている。また女性の訓練担当官は、「農村開発プログラム」のフィールド事務所に宿泊できるようになった。そこにはＢＲＡＣの女性スタッフが住み込んでおり、女性のための宿泊設備を持っている。今後、訓練リソース・センターはより多くの女性訓練担当官を育てることが期待されている。

自立的な存在としての訓練リソース・センター

ＢＲＡＣは市場原理と起業家的な態度を維持しているので、それぞれの訓練リソース・センターも自立して運営されることが期待されている。六カ所の訓練リソース・センターの収入は、合わせて年間約七〇万ドルである。訓練リソース・センターは、ＢＲＡＣが行うさまざまなプログラムについて、スタッフやプログラムの対象となる村人に有料で訓練を提供する。外部のＮＧＯからの参加者も、訓練料金を支払う。もうひとつの市場原理の特徴は、外部の訓練がどこの訓練より良いと判断されたときには、ＢＲＡＣがそれを購入する点である。

ＢＲＡＣの各プログラムには、訓練のための予算が組み込まれている。その予算および訓練リソース・センターが外部から徴収する料金で、すべての経費（訓練担当官の給与・旅費・食費、施設のメンテナンスと修理を行う支援スタッフのコスト、参加者の食費・宿泊費など）が賄われる必要がある。したがって経費は最小限に抑えられ、どの訓練参加者も自分の部屋を掃除し、毎朝授業開始前の一時間を教室やグラウンドの清掃、実演農場での仕事などに当てることが期待されている。訓練センターの食事は質素で（村人の普段の食事と違い過ぎないよう配慮されている）、カフェテリア形式のため、参加者は自分で皿をキッチンに返却しテーブルを片づける。

センターの周囲にある実演農場で収穫されたものは、訓練リソース・センターで消費されたり外部に販売される。稚魚や苗木、多産種の鶏などは、市場価格で村人のグループに販売される。実演農場からの収入は大半の訓練リソース・センターで黒字に転じつつある状態である。少数だが、かなりの利益を上げているセンターもある。

訓練リソース・センターの将来の計画

ＢＲＡＣの目標は、ＢＲＡＣが活動を行っている所では五郡にひとつの訓練リソース・センターを設け、西暦二〇〇〇年までに全体で二〇カ所のセンターを設立することである（訳注・ＢＲＡＣはこの目標を達成した）。

訓練リソース・センターと「農村開発プログラム」以外のプログラムによる訓練

すでに述べてきたように、ＢＲＡＣの訓練の多くは、訓練リソース・センターと同時に「農村開発プログラム」や他のプログラムによっても実施されている。現在「農村開発プログラム」は、土地なし農民のグループ対象の技術訓練の三分の二を担当している。ＢＲＡＣの保健プログラムもかなりの量の訓練を行い、それが活動の重要な部分となっている。訓練リソース・センターの訓練担当官は、各プログラムが独自の訓練コースを設定する際の支援コンサルタントの役割を果たしている。保健プログラムは、郡や村、集落など各レベルで仕事をする政府のヘルス・ワーカーや村の保健委員会メンバーへの訓練を行っている。たとえば、一九九〇年の初めまでにＢＲＡＣの保健プログラムは、家族計画やその他の保健関連問題で村人と活動する三〇〇〇人以上の政府保健省の家族福祉アシスタントに、予防接種訓練や能率向上の訓練を実施した。また村の保健委員会の何百人というメンバーに対しても、基礎保健と衛生問題について数日間の訓練を行い、数千人の伝統的な出産介添人には、衛生的なお産の手順や出産前後のケアについて訓練を行った。郡から選抜された二〇〇人以上の政府保健マネジャーは、BRAC独自の「マネジメント開発プログラム」によるマネジメント訓練を受けた。

2　「マネジメント開発プログラム」

「マネジメント開発プログラム」は一九九〇年に作成された。BRACマネジメント開発センターと連携はするが独立しているこのプログラムの目的は、BRAC内部と政府や他の機関のマネジメント能力を強化することにある。このプログラムが提供するマネジメント訓練は、六つの基礎的な要素から構成される。

- マネジメントの調査、文書化、学習
- 教材開発
- フィールド実験室による実践
- 在職訓練
- フィールドにおけるフォローアップと経験の共有
- 他の組織へのコンサルティング・サービス

「マネジメント開発プログラム」は、保健省や家畜家禽課などBRACプログラムと非常に緊密に仕事をしている政府部署のマネジャーに対してコースを提供することを予定しているが、初めBRACの中級および上級レベルのマネジャーのグレード・アップに専念する（訳注・今ではBRACのスタッフに対してだけでなく、他の開発組織や団体、政府のスタッフにも多様なコースを提供している)。

ダッカから約三二キロメートルほど郊外にあるBRACマネジメント開発センターは、一九九一年に開設された。職員数はまだ少ない。プログラム・コーディネーター以外に二人の常勤メンバーが指名されているが、二人は学位取得のために留学中である（ハーバード大学とアジア・マネジメント研究所）。職員開発は予定よりやや遅れ、一九九〇年に三人、一九九一年に二人、一九九二年に三人が新たにその職務についた。このような人員不足を補うため、「マネジメント開発プログラム」は当初計画していた二人ではなく、四人の調査研究助手を指名した。また「マネジメント開発プログラム」と訓練リソース・センターのための専門的な視聴覚室を設立するため、カナダのクイーンズ大学と提携し、三人の訓練担当官が修士号取得を目指している。

訓練手順が作成され、政府の保健マネジャーと家族計画マネジャー、BRACの「女性の保健と開発プログラム」のマネジャー、「脆弱な集団の開発のための所得獲得プログラム」の郡レベルのプログラム・オーガナイザーなどを対象として試行された。一九九〇年末までに、BRACのスタッフを対象とした一四のコースと、政府の保健マネジャーを対象とした六コースが実施された。コースの期間はそれぞれに二～四週間であった。これらのコースは講義形式をとらず相互作用的なアプローチで行われ、技術力と態度および概念の領域を同じように重視している。またマネジャーらがコースでの学習内容の実践化を支援するフォローアップ・コースが実施され、そのひとつとして、コース終了後に特定の実践を行う課題が出され、定期的にチェックが行われる。

常勤職員がいないので、経験の豊富な訓練リソース・センターの訓練担当官やBRACのマネジャーから、またダッカ大学のマネジメント管理学部およびバングラデシュ・マネジメント開発センターなどの外部機関からも、コースの訓練担当官が抜擢されている。これらの組織の代表と、バングラデシュ下痢性疾患国際研究センターや国立予防社会医学研究所（National Institute of Preventive and Social Medicine）の代表らが「マネジメント開発プログラム」の諮問委員会に参加している。

3　調査評価部

調査評価部は、ＢＲＡＣプログラムの企画、実施、評価に重要な役割を果たしている。調査評価部は、一九七五年の創設時にはスタッフが一人だけであったが、一九九〇年末には九〇人となった。調査評価部は、今では年間三〇～四〇の調査報告書を作成している。外部組織（国際的なＮＧＯや政府など）から調査評価部に対し、調査研究の依頼もしばしばある。しかしＢＲＡＣの活動調査だけでも非常に忙しいため、外部からの依頼にはあまり応じない。

調査評価部のスタッフ

調査評価部の九〇人のスタッフ中、一八人が専門職である。彼らの大半は国内外で修士号や博士号を取得している。この部に最近雇用された新しいスタッフは、アメリカのマサチューセッツ工科大学マネジメント調査分野の博士号を持つが、今後の調査研究に備えて農村での足場を固めるため、村のプログラム・オーガナイザーの仕事に六カ月間派遣されている。

調査評価部は専門職スタッフ開発プログラムを持ち、毎年一人か二人をより高い学位取得のために留学させる。残りのスタッフは本部事務所で文書作成にあたり、その他は専門職スタッフの指示のもとにフィールドでデータ収集の助手となる。助手の多くは大卒者ではないが、調査評価部の上司から調査研究の訓練を受ける（訳注・現在の調査評価部は七〇人の専門家スタッフと七〇人の助手を有し、バングラデシュのＮＧＯでは最大の調査評価部門となっている。女性職員の割合は二二％である。出典 *BRAC Annual Report*, 1999）。

ＢＲＡＣは当初から、調査研究をプログラム改善の有用な道具と考えていた。また非常に早くから、参加型調査技術（たとえば、村人に問題を議論してもらったり、自分で観察したことを記録してもらうなど）を導入した。

コーテンが記録したように、一九八〇年までに調査はプログラムの中に組み込まれ、調査担当者とフィールド・ワーカーと村人の間にはっきりとした役割分担がなくなって、それぞれが予定表の作成やデータ収集、その解釈などに参加するようになった（Korten, 1980）。コーテンは参加型調査技術の例として、次のように述べている。

村人たちは、腐敗した官僚たちが「Food-for-work プログラム」で食糧を不法に横領をしているという噂を聞き憂慮していた。彼らはＢＲＡＣに支援を求めたが、もっと多くの情報を集めるよう支持された。ＢＲＡＣのスタッフが村人からの報告を記録し始め、そのことがさらに多くの報告を生んだ。公的な記録データに加えて、ＢＲＡＣのスタッフや村人たちは多くの情報をいかに集めるかについて個人の分担を決めた。集められた事実が村評議会や郡の官僚たちに示されるとすぐに、貧しい人々に「Food-for-work」の穀物がすぐに配布されるようになった（Korten, 1980, p. 490）。

調査評価部は、これまでの型にはまった調査方法と調査者の役割を常に疑問視してきた。調査担当者の使命は、行動に直接結びつく新しい社会的データを収集し、解釈して、プログラム関係者を支援することにある。一九八〇年のコーテンの記録によると、ＢＲＡＣの調査担当者が強調していたのは、型にはまった調査よりも、きっちりとした観察や状況に応じたインタビュー、情報提供者のパネルを持つことであった。また緻密な調査よりはタイムリーな調査を、文書を調べるよりはコミュニケーションによる調査を、統計学的な分析よりは情報に裏打ちされた解説を、数値的な表記よりは文章による説明を、「最終的な」結果を詳細に査定するよりは迅速な適応を図るために中間的な結果を利用することを、それぞれに強調していたとも述べている（Korten, 1980, p. 501）。これらは今も規範となっている。プログラムの概説やその他の評価は、調査評価部にとっては最優先事項ではない。このような評価は、ドナーが外部の評価チームと契約をして行われている。

調査評価部によって今日行われている調査は、以下の五領域に分けられる。

（1）基準またはベンチマーク調査（訳注・基準となる測定指標を設けて行う比較調査）
（2）モニタリング調査
（3）診断調査
（4）効果の評価研究
（5）ポリシーに基づいた調査

これら五領域の調査は、（1）保健調査（全五冊に編集）、（2）経済調査（五冊）、（3）社会調査（三冊）にまとめられる。

新たな長期的村落調査プロジェクト（次に述べる）も始まっているが、調査の大半は一カ月から数カ月で行われる短期的なものである。どのような調査を行うかは、調査評価部のスタッフがプログラム・マネジャーと事務局長に相談して決定される。調査の優先順位は毎年更新される。

ほとんどの調査は学際的なチームによって行われ、外部の何人かのオブザーバーの意見を採り入れ（たとえばVaughan, 1988）、迅速な調査とより詳細な調査、あるいは質的な調査アプローチと量的な調査アプローチとのバランスをうまくとっている。

調査評価部によって作成される大量の文書や報告書の多くは、ＢＲＡＣのプログラム・スタッフ、プログラムの計画作成、企画のマネジメント、達成能力のフィードバック、プログラムの変革の推進などにとって非常に有用である。しかしこれらの文書や報告書には、バングラデシュをはじめアジア諸国で活動する他の機関や研究センターの一般的な関心に応える情報はあまり含まれていない。また科学的に重要な貢献をするものもまだ少ない。過去二年間に著名な国際的ジャーナルに掲載された文書は保健分野のものであった。

一連の貴重な農村に関する研究が、四冊の本として出版されている。もっとも広く知られているのは、二巻から成る*Peasant Perceptions Series*である。第一巻〈飢饉、融資のニーズ、衛生施設〉は一九八〇年代初頭に出版され、第二巻〈農民の法律知識〉は一九九〇年に出版された（訳注・一九九九年までに調査評価部による研究報告は七三八にのぼった。九九年だけでも一二七件の調査が始められた。今ではこれらの多くは国際的なジャーナルで発表され、高い評価を受けている）。

村落調査プロジェクト

野心的で長期的な「村落調査プロジェクト（Village Study Project）」は一九八九年に始まった。その目的は、（1）変化のプロセスについてより多くを学ぶこと、（2）新しいプロジェクトのインプットを試行する実験地域を設けることと、である。社会的、文化的、環境的に相異なる国内の二つの地域にある一〇の村が選抜され、環境学や人口統計学、経済、政治、技術、イデオロギーなどについての調査が（質的、量的方法を用いて）行われる。このうちの二村はＢＲＡＣが活動を展開している村で、ＢＲＡＣのプロジェクトが実施されていない村との比較が行われる。また二つの地域から各三つずつ選ばれた六村は、新しい方法を試行し、より大規模なサンプルが必要な場合に付加的なデータを提供する実験地として機能する。

調査は、ＢＲＡＣが長期にわたり必要と感じてきたプログラムや戦略の効果についての詳しい情報を獲得するという目的で行われる。同じ地域内で条件をコントロールすることで行われる調査の結果は、時間を区切って行われる一般的調査よりも、はるかに信頼できる。「村落調査プロジェクト」は、プロジェクトが行われなかった場合にどうなっていたかを知ろうとしている。「村落調査プロジェクト」に期待されていることは、〈なぜ〉という質問に答えるために変化のプロセスを観察、記述すること、同時に〈何が〉という質問に答えるために対策活動の結果を文書化することである。

調査評価部は、調査によって大量の多様なデータを生み、それをデータバンクとして多くの分析が可能となると考えている。調査評価部が直面している問題は、生み出された大量のデータを定期的かつ効果的に分析するために、十分な資格を持った研究者を雇用することである。ドナー連合による一九九〇年の年次ドナー・レビュー・選抜チームは、バングラデシュの農村開発の問題を研究したいと考えているバングラデシュ人や外国人研究者らがデータへアクセスできるよう調査評価部が便宜を払うことで、外部からの分析支援を得ることができると勧告した。このチームはまた、「農村開発プログラム」と「農村融資プロジェクト」のドナー連合に対し、それぞれの国の機関と協力して教育や調査を行うための共同出資交換プログラムの可能性を探ろうと呼びかけた。これにより、ＢＲＡＣ内の調査能力が改善され、評価調査部門のスタッフが留学する可能性を高めることができる。このチームは、ドナー諸国の開発研究分野での交換プログラムの有効性を指摘した。

調査評価部の研究の利用

ＢＲＡＣのプログラムが非常に急速に規模を拡大し、調査評価部でも研究が増加してきたため、調査評価部の研究の利用方法が問題にされるようになった。プログラム・マネジャーとフィールドのスタッフはプログラム実施者であるため、調査報告書を読んで研究する時間がほとんどない。そのうえ、すべての調査研究が英語で書かれてきたことも問題をいっそう大きくしている。もちろんすべてのマネジャーは英語を読むことができるが、フィールドにいるプログラム・オーガナイザーの多くは、それをすぐに理解することができない。

調査評価部からの結果を知る必要のある人々（プログラム・マネジャーやフィールド・ワーカー）に結果を迅速に伝えるため、二つの方法が導入された。ひとつは長年行われてきた方法で、調査担当者がプログラム・マネジャーに結果を説明するセミナーの開催である。必要に応じて、フィールドの事務所でも調査担当者によるセミナーが開催される。もうひとつ最近導入された方法は、調査報告書すべての要約をベンガル語に翻訳しフィールドに広く配布するという方法である。

ＢＲＡＣは最近、調査評価部のスタッフに調査理事のポストを新たに加え、調査担当専門家の一人をこの役職に当てた。新しい理事の仕事は、調査研究組織を改善し、締め切りを厳守させ、より良い報告書を作成し、結果を迅速かつ的確に伝達できるよう支援することである。

４　モニタリング部

一九八八年にＢＲＡＣは、モニタリング室を設けた。それ以前はＢＲＡＣの幹部は、自分たちのフィールドの知識や大規模なプログラム報告システム、調査評価部によって行われる調査などをもとに、フィールドで起きていることを把握していた。その後ＢＲＡＣは非常に急成長したため、マネジャーたちはプログラムの成果を継続的に査定するためのより正式なシステムの必要性を感じていた。一九九〇年にモニタリング室は正式な部となり、組織内で重要な位置を占めるようになった。

モニタリング部の目的は、ＢＲＡＣのマネジメント情報システムの質的向上、体系化、より良いマネジメントの三つであり、結果についてのデータと、財政や制度の構築および社会的変化などの変数に関する達成能力のデータを提供する。プログラムごとに定期的に集められるフィールドのデータの他、モニタリング部から派遣されるフィールド・モニターもデータを収集し、年に四回報告書を発行する。これらの報告書は、一連の達成能力指数について目標と照らして進捗状況を図ることができるため、すべてのマネジメント・レベルにとって有用なものである。報告書はまた、フィールド・ワーカーの間でも広く回覧され、自分の活動を他の活動と比較することができる。

５　ロジスティックス部

一九七〇年代以来、ＢＲＡＣにはロジスティックス部が設けられている。この部は約二二人の内勤職員と二六人の運転手から成り、すべての調達業務に責任を負う（自動車、バイク、自転車から、事務所の備品や家具の購入まで）。またストックの保存、ＢＲＡＣの専用車（本部事務所職員の通勤帰宅用バス、スタッフや訪問者をフィールドに連れていく車、物資配達用のトラックなど）の利用スケジュール、すべての設備と専用車のメンテナンス、毎日約二〇〇食を出すスタッフ用カフェテリアの運営、その他あらゆる日常あるいは緊急のロジスティックス関連事項に責任を負う。この部はプログラムにサービスを提供すると同時に、限られた資源（車など）を最大限に利用し、物資の購入コストを節約する任務も負っている。フィールドが広く分散しており、インフラが限られている所では、ロジスティックスの機能は欠かせないものとなっている。

6　図書館

ＢＲＡＣは二つの小さな図書館を持っている。ひとつはメインの図書館でダッカの本部事務所にあり、もうひとつは最大の訓練リソース・センターにある。これらの図書館は、ＢＲＡＣのスタッフや一般の人々に開発問題についての情報回覧システムを提供しており、規模は小さいが有用なジャーナルや書籍、定期刊行物などのコレクションを有している。

7　教材開発出版室

教材開発出版室のスタッフは九人で、いくつかの任務を実行している。その第一が、ＢＲＡＣのプログラムで使用されるすべての教育教材の開発であり、地図やポスター、本、その他の特に作成する必要のある教材（貯蓄や融資関連の小冊子、図表など）が含まれる。またＢＲＡＣのノンフォーマル小学校で使う本や教授教材、村人を対象とした機能的成人教育の教材すべて、ＢＲＡＣの保健訓練教材のすべてがこの出版室で開発された。教材開発出版室は、教材開発を要請してきたプログラムに対し、必要なサービスを提供している。

教材開発出版室はまた、『ゴノケンドロ』（*Gonokendro*, 住民集会所の意）という月刊誌を出版している。この雑誌は過去一〇年間に何度か形を変えながら続いており、一般的な開発ジャーナルから、社会問題を中心とした人気の高い月刊誌へと発展してきた。現在は主に子どもを対象に、保健やその他の社会問題に関連した物語と記事が掲載されている。毎号三〇万部が印刷され、ＢＲＡＣ学校の卒業生たちに継続的な教育と娯楽を提供している。社会的な問題を面白く扱ったこのような読み物教材は、村で他にはほとんど入手できない。

ＢＲＡＣの企業である印刷会社（第三章で概説）は、大量に必要とされる教材の印刷のため、教材開発室と緊密に協力して仕事を行っている。

8　人事部

一九八九年までＢＲＡＣの人事は、事務局長が直接責任を負っていた。一九八九年になって、人事機能は人事部に統合された。長年にわたりＢＲＡＣは、仕事の条件、退職、休職および休暇、懲戒手順、達成能力の査定、諸手当などについて詳細で総合的な人事政策を有している。

人事部は雇用と記録を行うことで、すべてのプログラムに奉仕している。また、毎年数百人の新たなスタッフを雇用するための宣伝活動、試験、面接などを行い、常勤職員すべてのファイルを保管する。

9　建設部

ＢＲＡＣは常に新しいフィールド事務所や訓練リソース・センター、その他の特別な施設を建設しており、さらに既存の建物の拡大、修理も行っている。建設部は一八人の建築技術者から成り、すべての建設を監督するとともに、契約や職人の雇用を監督し、既存の建物の修理とメンテナンスの監督にも責任を負っている。大きな新しい訓練リソース・センターやその他の大規模な建設事業については建築士とともに仕事をするが、比較的小規模なフィールド事務所については設計と建設の両方を行う。この部の存在ゆえに、ＢＲＡＣは遅延なく必要な場所に拡大できるのである。最近建設されたマネジメント訓練センターは、設計から建設まで八カ月を要し、七五人の訓練受講生を宿泊させることができる他、スタッフのための居住空間も確保されている。

10　コンピュータ・センター

二人の常勤職員を有し一九八五年に設立されたコンピュータ・センターは、現在三四人の男女スタッフを抱え、三交替二四時間体制で機能している。この部には二七台のコンピュータがあり、ＢＲＡＣのさまざまなプログラムや調査評価部およびモニタリング部のすべての記録、統計、文書処理のニーズに対応している。また会計処理の完全なコンピュータ化を目指している。コンピュータ・センターはそれ自体の収益で運営され、外部の組織（ＮＧＯや企業、政府など）にサービスを売却している。これら外部からの収益はＢＲＡＣ内部の仕事にかかるコストの五〇％を賄っている。

11　経理部

経理部は、予算作成を含むすべての経理業務に責任を負う。ダッカ本部には二二人の会計士がおり、「農村融資プロジェクト」や「農村開発プログラム」、各フィールド事務所にも会計士がいる。フィールドの会計士は支部のマネジャーに報告を行い、本部の経理部はこれらのスタッフが十分に訓練されているか、要請されているシステムに従って仕事をしているか、期限内に必要な報告がなされているかなどを監視する責任を負っている。財政的コントロールのシステムは厳重である。

内部監査部

ＢＲＡＣは、その初期から厳しい監査機能の必要性を認識していた。内部の監査機能は経理から分離し、一八人の監査官によってＢＲＡＣの本部事務所やフィールド事務所、ＢＲＡＣの関連企業など、すべてのシステムについて監査が行われる。監査官は事務局長の直属である。

外部の監査官は理事会によって指名され、毎年行われる総会で報告を行う。

12　ＢＲＡＣの達成能力に欠かせないその他の支援システム

すでに述べてきたさまざまな支援システムは、プログラムの成長と同じスピードで成長し、プログラムの達成能力や急速な規模拡大を支える基盤に不可欠な支援と促進の役割を果たしてきた。雇用のための人事部、訓練のための訓練リソース・センター、物資調達や物資保管を受け持つロジスティックス部、新たなフィールド事務所を建設する建設部などを抜きにして、急速な規模の拡大は不可能であったろう。

ＢＲＡＣは、プログラムの開発を支援する能力を持った独自のインフラをどのようにして作り上げることができたのだろうか。第一にＢＲＡＣは、独自のシステム開発に力を入れてきた。独自のシステムを確立するニーズを自覚していたＢＲＡＣは、外部のマネジメント・コンサルタントやドナーの評価チームなどから、システム開発についてのアドバイスを受けた（アドバイスは常に「地元の」常識というフィルターにかけられた）。第二に、ＢＲＡＣはその初期から、すべてのプログラムの事業計画案に、組織のシステムにかかるコストをすべて組み込んできた。それゆえに、これらの諸活動に対して支払うお金を十分に調達することができたのである。第三にＢＲＡＣは、施設や建物を建設するための基金をしばしば要請し、それを獲得してきた。訓練リソース・センターや評価調査部、コンピュータ部などを設立する最初のコストは、この特別な基金によってカバーされた。

13　マトリックス・フォーム

図７・１は、ＢＲＡＣの本部組織の構造をマトリックス・フォーマット（matrix format）で表したものである。この図から、機能的なプログラムと支援システムとの関係がわかる。

マトリックス構造では、プログラムが支援システムと直接に交渉関係を持つため、機能的、構造的に分権化された組織内での活動調整に役立ち、参加型の意思決定が強化される（「マトリックス・マネジメント」の理論と実践についてはDavis and Lawrence, 1977参照）。しかしこの構造は、上の意思決定を下に押し付ける傾向がある。したがって基本的な支援を行う部署のマネジャーは、プログラムを機能させる部のマネジャーと同等の階層レベルに置かれている。プログラム・マネジャーは、自分たちが必要とするサービスについて、支援サービス・マネジャーと交渉しなければならない。どの部署のマネジャーも、同じ価値観や目標の枠組みの中で、ともに計画しなければならない。支援とプログラムのどちらの部もお互いの仕事を指示することができないし、事務局長も彼らの日常の活動に指令を下すことはしない。プログラムと支援を担当するそれぞれの部の関係や提供されるサービスは、相互作用の中で決定される。

より複雑なマトリックス関係の例を一つか二つ挙げてみよう。たとえば訓練リソース・センターの訓練担当官は、ノンフォーマル初等教育プログラムの教員訓練をすべて担当する。過去数年間、毎年数千人の新しい教師が訓練を受け、さらに在職再教育訓練も提供されている。このことは、多くの訓練リソース・センターの訓練担当官が教育プログラムを後援していることを意味している。彼らは訓練リソース・センターに雇用されているが、ほぼすべての勤務時間を教育プログラムの教員訓練に費やす。もうひとつの例は保健プログラムである。保健プログラムのスタッフ訓練はすべて、訓練リソース・センターによって行われている。「子どもの生存プログラム」が推進されていたときには、訓練リソース・センターの一〇人以上の訓練担当官が、フィールド・スタッフの新人訓練に六カ月

図7.1　支援サービスとプログラムの関係図

支援サービス	プログラム				
	RDP	RCP	保健	NFPE	法律補助
調査評価部			例１		
TARC					
マネジメント開発プログラム	例２				
ロジスティックス部				例３	
経理部					
教材開発出版室					例４
モニタリング部					
コンピュータ・センター					
建設部		例５			
人事部					

例１：**保健プログラム**は調査評価部に対し、伝統的な出産介添人を対象とした訓練プログラムの効力についての調査を依頼。交渉項目は調査実施期間、サンプル、ロジスティックスなど。

例２：**農村開発プログラム（ＲＤＰ）**はマネジメント開発プログラムに対し、新領域のマネジャーを対象とした特別マネジメント・プログラムを企画、提供するよう要請。交渉項目はスケジュールと内容。

例３：**ノンフォーマル初等教育プログラム（ＮＦＰＥ）**はロジスティックス部に対し、新しい学校のために新たに2000の黒板を購入することを要請。交渉項目は価格、配布、日程。

例４：**法律補助プログラム**は教材開発室に対し、法的権利に関する絵入りの冊子を準備するよう要請。交渉項目は経費の範囲、タイミング、読者の適性、スタイル。

例５：**農村融資プロジェクト（ＲＣＰ）**は最近のサイクロンによって被害を受けた二つの支部を緊急に再建する必要がある。交渉項目は規模、計画、経費、タイミング。

出典：プログラムおよび支援システムのマネジャーへの著者によるインタビュー。

間を費やした。彼らは訓練リソース・センターを拠点とし、一定期間、訓練の内容と時間に応じて保健プログラムと緊密に働いた。

マトリックス・マネジメントとはこのように柔軟なものであり、プログラムと支援を行うそれぞれの部の活動関係は交渉で決められる。そのため常に部と部の間の交渉を必要とするが、一方でマトリックス・マネジメントはプログラムの開発や支援部を通してプログラムへ効果的にサービスが提供されるよう促している。

第八章　ＢＲＡＣの財源

ＢＲＡＣプログラムの一九九一年度予算は二〇〇〇万ドルであり、その約一五％がＢＲＡＣの企業活動（第三章で概説）によって賄われた。

一九七二年初めから一九九〇年の半ばまでに、ＢＲＡＣは海外のドナーから三四〇〇万ドルにおよぶ資金を受けてきた。さらに一九八九年の末にドナー連合は、一九九〇年初頭から三年にわたり「農村開発プログラム」に、また四年にわたり「農村融資プロジェクト」に、五〇〇〇万ドルの資金を拠出することを約束した。他のドナー・グループも、一九九一年の初めに、保健プログラムの作成に対し三年間で八六〇万ドルを拠出することを約束した。**図8・1**は、一九八〇～九〇年のＢＲＡＣ収入の増加を示したものである。

ドナーからの資金は、ＢＲＡＣが提起しドナー・チームとの緊密な協力の中で練られたプログラム事業案に基づいて決められる。ＢＲＡＣは開発についてのドナーの嗜好よりも、独自の開発戦略と長期計画に基づき、すべての事業案を作成する。また、ドナーから資金拠出の機会があったときにそれに呼応してプログラムを企画するのではなく、ＢＲＡＣ独自の戦略とプログラム開発のコントロールを原則としている。またＢＲＡＣをひとつの組織として信用し、プログラムの優先順位をＢＲＡＣに押しつけることをしないドナーのグループと緊密に協力している。

図8.1　ＢＲＡＣの収入（1980〜90年）

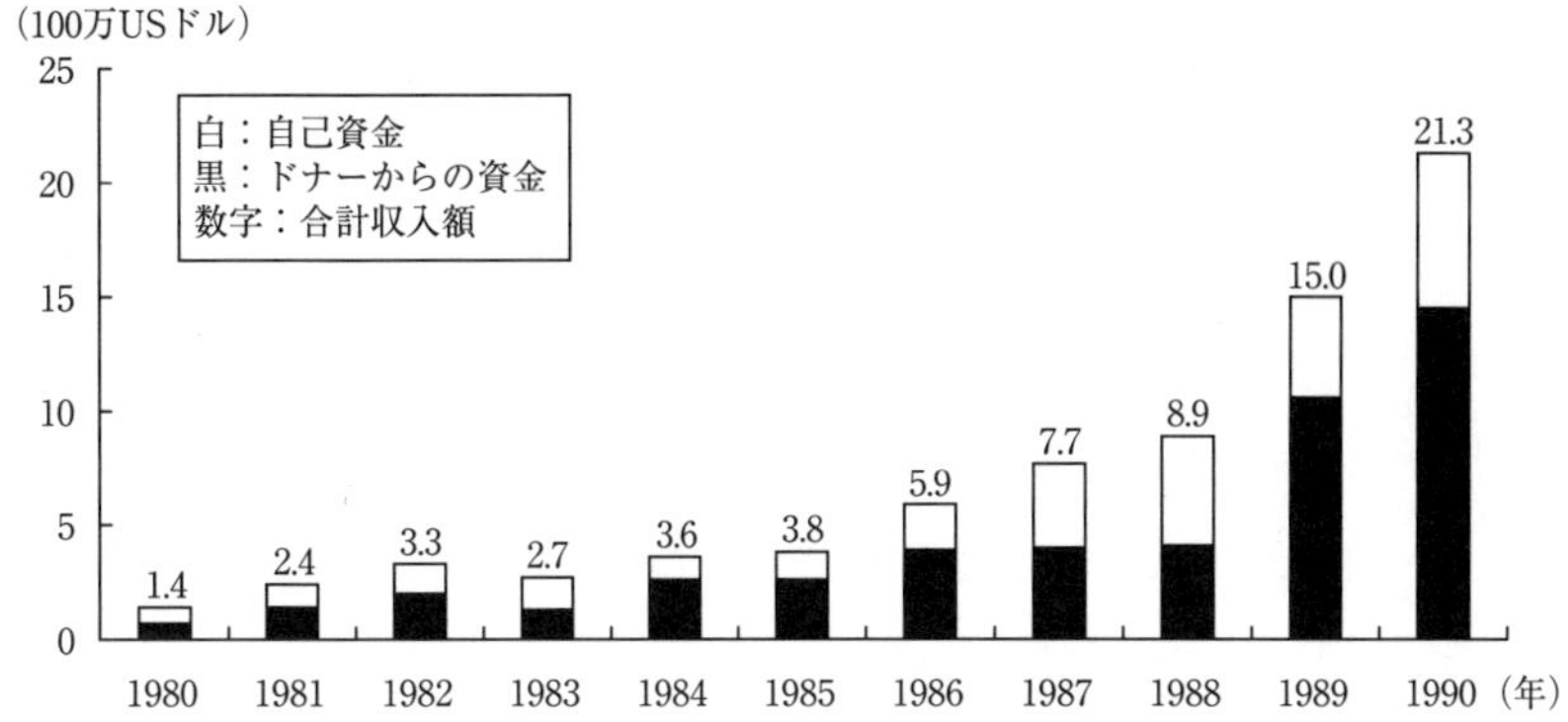

訳注：ＢＲＡＣの予算に占めるドナー資金の割合は、1995年61％、97年49％、そして2000年には25％にまで減少した。（出典：BRAC At A Glance, April 2001）
出典：BRAC accounts.

1　誰がドナーか

一九九〇年にドナーから拠出された資金の九〇％は、ヨーロッパからであった。二番めに多くの資金を拠出したのはカナダである。アメリカからの資金はその大半がＮＧＯ（主にフォード財団とＯＸＦＡＭ《オックスファム》アメリカ）からであった。九つのドナーによる連合が結成された一九九〇年以前は、ＢＲＡＣに資金を拠出していた三一のドナー中、最大のドナーはオランダ国際開発協力組織（ＮＯＶＩＢ）で、一九七八年以来、およそ一一〇〇万ドルの資金を提供してきた。ＮＯＶＩＢは、現在もドナー連合の主要メンバーとして資金拠出を継続している。スイス開発協力（ＳＤＣ、Swiss Development Cooperation）は二番めに大きなドナーで、一九九〇年のドナー連合には加わっていないが、保健プログラムの作成に資金を提供し続けている。ＳＤＣは一九八〇年に最初の資金拠出を行い、一九九〇年までに約四五〇万ドルを拠出した。三番めのドナーはプロテスタント開発協力協会（ＥＺＥ、Evangelische Zentralstelle für Entwicklungshilfe, ドイツのＮＧＯ）で、一九八四年からこれまでに三五〇万ドルを拠出し、現在もドナー連合の一員である。

四番めのドナーはユニセフで、ＢＲＡＣが活動を開始した一九七二年に最初に資金拠出を行ったドナーのひとつである。ユニセ

図8.2　ＢＲＡＣに資金拠出したドナー

５大ドナー

1位　オランダ国際開発協力組織（NOVIB）
2位　スイス開発協力（SDC）
3位　ドイツEZE
4位　ユニセフ
5位　スウェーデン国際開発協力庁（SIDA）
その他　スウェーデン自由教会援助（SFCA）、フォード財団、
国際資本開発基金（UNCDF）、ノルウェー開発協力庁（NORAD）など

1990年ドナー連合メンバー

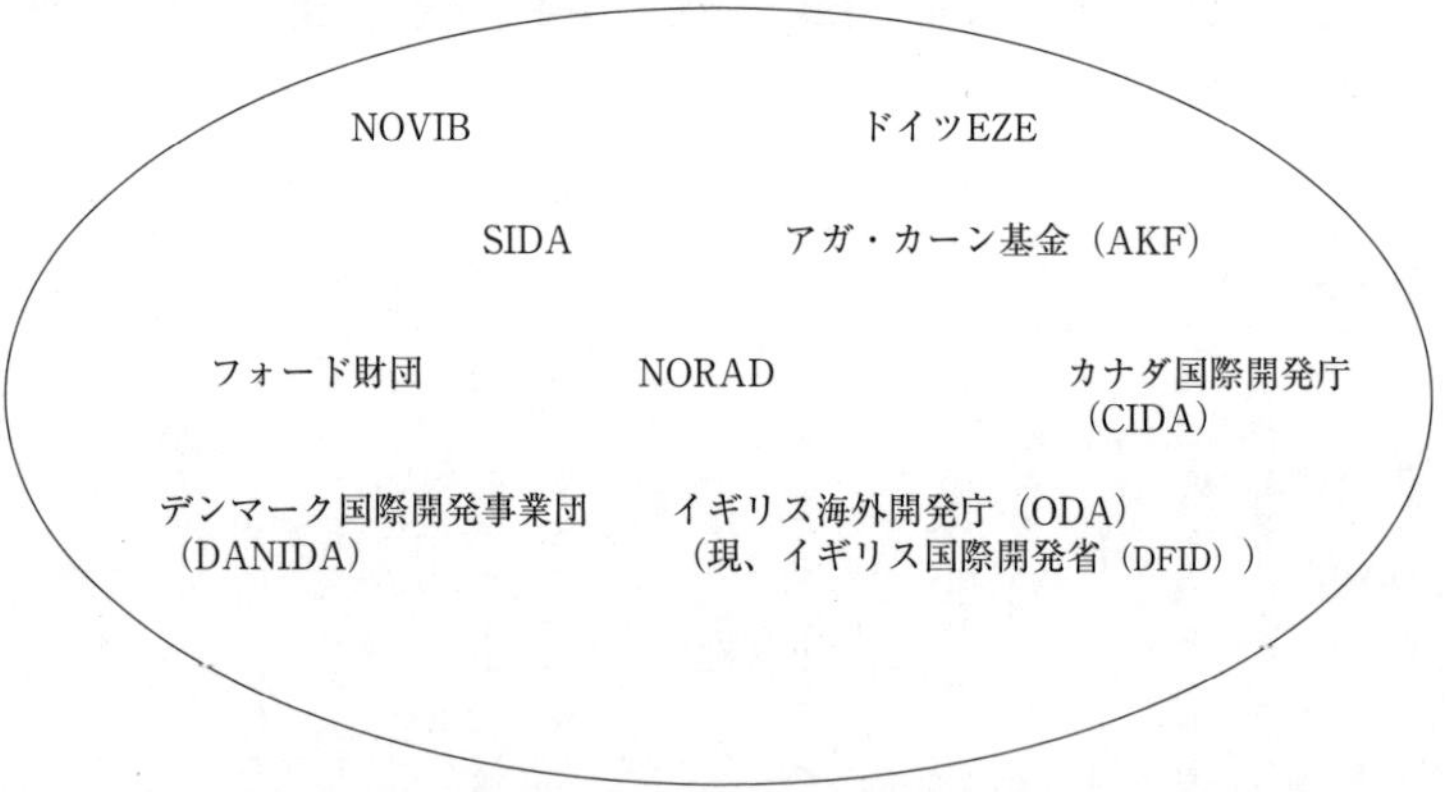

出典：訳者作成。

フはそれ以来の一貫したドナーである。ユニセフはドナー連合のメンバーではないが、保健や初等教育プログラムの経費を継続的に負担している。五番めのドナーはスウェーデン国際開発協力庁（ＳＩＤＡ）で、一九八六年以来ほぼ三〇〇万ドルを拠出している。

ＯＸＦＡＭは本部のイギリスや、カナダ、アメリカの支部を通じて、一九七二年以来ドナーとなってきた。特にＢＲＡＣの女性の開発プログラムと制度的開発に重点を置き、三つの支部から合わせて一〇〇万ドルを超える支援を行ってきた。

その他に、ＳＩＤＡからの資金拠出のパイプ役となってきたスウェーデン自由教会援助（ＳＦＣＡ、Swedish Free Church Aid）や、主にＢＲＡＣ自体の制度的開発に資金を拠出したフォード財団、ＢＲＡＣの冷蔵施設に一四〇万ドルを拠出した国連資本開発基金（Ｕ

ＮＣＤＦ、United Nations Capital Development Fund）など、約一八の小さなドナーが挙げられる（訳注・一九九八年のＢＲＡＣ年次報告によると、最大のドナーはＥＵ、次いでイギリス国際開発省（ＤＦＩＤ）、ＮＯＶＩＢ、カナダ国際開発庁（ＣＩＤＡ）となっている。その他のドナーの顔ぶれもほぼ同じである）。

一九九〇年に結成されたドナー連合には、新しい主要ドナーが加わった。ドナー連合の結成は、ドナーとＢＲＡＣとの新たな関係を象徴している。新しいドナー連合に加わったドナーとしては、ＣＩＤＡから資金を引き出す役割のアガ・カーン基金（ＡＫＦ）、デンマーク国際開発事業団（ＤＡＮＩＤＡ）、イギリス海外開発庁（ＯＤＡ）などが挙げられる。

ドナー連合形成の目的は、今後数年に急速な規模拡大を計画しているＢＲＡＣのために、各ドナーに対して大量の事業案を作成しなければならないＢＲＡＣの負担を減らし、各ドナーがプログラムの査定や評価の労力を合理化する媒体となることにあった。ドナー連合の事務所はダッカにあり、すべてのドナーに対して、フィールド報告書の提供やドナー・チーム訪問のためのロジスティックス面での支援、バックアップなどを行っている。またドナーの協力を促進し、各ドナーの評価やコミュニケーションにかかるコストを削減する。

二つの大型ドナーを除き、ＢＲＡＣのすべてのドナーが加入するドナー連合では、一九八九年の末に協定が制定され、議長は毎年ドナーの中から選挙で選ばれることになった。最初の年に、このドナー連合協定はドナーとＢＲＡＣの双方にとって非常に都合の良いものであることが証明された。最初の年次レビューが一九九〇年一一月にドナー連合の選抜チームによって行われ、すべてのドナーに承認された。ドナー連合がなければ、ＢＲＡＣは九つのドナーに対してロジスティックスやマネジメントの時間をとることができなかったであろうし、ドナー側もそれぞれのチームをフィールドに派遣しなければならなかったであろう。

ドナーからの資金の大半は、寄付という形で提供されているが、ドナーによっては低金利で資金を融資することもある。これまで行われた低金利の融資の大半は、ＢＲＡＣの企業、主にＢＲＡＣ印刷の設立助成に使われてきた。

表8.1　プログラム別のドナーの資金拠出状況（1972～90年）

（単位：100万タカ）

年	農村開発プログラム	農村融資プロジェクト	保健	ノンフォーマル初等教育プログラム	制度的開発*	その他**	合計
1972—89	392.2	0.0	340.1	37.7	45.1	271.6	1086.6
1990	226.8	169.5	58.4	56.6	0.0	5.0	516.3
合　計	619.0	169.5	398.5	56.6	45.1	276.6	1602.9
割合(%)	39.0	10.0	25.0	6.0	3.0	17.0	100.0

注：*調査訓練センターおよび調査評価部を含む。
　　**災害への対応や小規模プロジェクトを含む。
出典：BRAC accounts.

2　拠出金のカテゴリー

表8・1は、ドナーから資金が拠出された領域を大まかに示したものである。資金の三九%は、BRACの中核「農村開発プログラム」に向けられた。二番めに多くの資金拠出が行われた領域は保健で、二五%を占める。BRACの新しい銀行活動「農村融資プロジェクト」には拠出金の一〇%が、またノンフォーマル初等教育プログラムには六%が使われている。BRACそのものの制度的開発には拠出金の三%が当てられ、その他の活動、とくに災害対策活動には一七%が充当されている。

今後三年間、「農村開発プログラム」と「農村融資プロジェクト」に対する資金利用率は増加傾向にあると予想される（現実には、現在の資金調達計画が成功したならば、他のいかなる分野よりも初等教育分野への資金利用が急増する可能性がある）。

3　バングラデシュ政府とNGOの拠出金

バングラデシュ政府は、国内のNGOに対し比較的密接な統制を行ってきた。NGOは、政府NGO事務所（government NGO office）からの承認を経なくては、外国のドナーから資金を受け取ることはできない。この事務所は、NGOが急速に増え、いくつかのNGOで汚職が表面化し始める一九八八年に設立された。

ＮＧＯが事業計画案を作成し、それにドナー側が資金拠出の意思表明を文書で行って、非公式の合意が交わされる。その後、正式の事業案と主旨説明文書が政府ＮＧＯ事務所に提出される。政府ＮＧＯ事務所は関連省庁へ事業案を送り、そこから承認または認可を受ける。たとえば保健プログラムは保健省から、ノンフォーマル初等教育プログラムは教育省から、そして農村開発プログラムは農業省からのサインを受けねばならない。ふつうＮＧＯの代表は、この認可を取りつけるまでに、関連省庁や政府ＮＧＯ事務所とのさまざまな会議に出席する必要がある。

ＢＲＡＣは各省庁と良い関係を維持し、通常は新しいプログラムの作成過程で各省庁と情報交換や交渉などを行う。政府ＮＧＯ事務所との関係が相対的にスムーズなのは、ＢＲＡＣが効果的な開発活動、プロフェッショナルなマネジメント、資金についての注意深いコントロールなどの点で信頼されているからである。そのため、ＢＲＡＣがプログラムの承認を得るのはそれほど難しくない。多くのＮＧＯやバングラデシュ政府に資金を提供しているドナーは、深刻な問題が生じた場合、通常は政府がとる処置に影響力を持つことができる。承認プロセスには時間がかかるので、ＢＲＡＣが各省庁との緊密な関係を維持することは、事務局長と主なプログラムを受け持つプログラム・コーディネーターの重要な役割のひとつである。

4　プログラムのためではなく組織のための資金

さまざまなドナーとの非公式な対話の中で、「われわれは個別のプログラムではなくＢＲＡＣという組織に資金を拠出している」という発言を聞くことがよくある。彼らは、ＢＲＡＣを清廉潔白で戦略的に優れ、実行能力がある組織として信頼を置いている。ドナーは、承認査定チームからの報告やドナーのリーダーがフィールドのＢＲＡＣ活動を個人的に視察した際の多くの報告に基づき、ＢＲＡＣとその活動について多くの文書を作成してきた。ドナーが資金拠出を継続してきた歴史を見れば、ＢＲＡＣに対するドナー側の信頼度を理解することができる。

ほとんどのドナーは一度資金を拠出してからは、それを継続している。三二のドナー中一二のみが、資金拠出を四年から数年に限定しているが、拠出金からいうときわめて小さなドナーである。大型のドナーは一貫して資金を拠出し、しかも複数のプログラムを支援している。

5　ドナーへの依存性

ＢＲＡＣは今でも年間予算の八五％を外部からのドナー資金に依存している（訳注・一九九九年のＢＲＡＣの全体予算に占めるドナー資金は三九％、二〇〇〇年には二五％とさらに減少した。BRAC At A Glance, April 2001, http : //www.brac.net/b_glance.htm）。しかし他の地元ＮＧＯは利益を上げるような企業活動をほとんど行っていないので、会費や寄付金、外部からの支援資金などにほぼ全面的に依存している。

ＢＲＡＣは企業収入を確立し、自己資金による開発プログラムを企画して、外部資金への依存性を軽減しようと努力してきた。「農村融資プロジェクト」は、四年後には利息と投資によって完全に自立することが期待されている。「農村開発プログラム」の地域事務所を、それが十分成熟した段階に至る四年後に「農村融資プロジェクト」に移行させるので、ＢＲＡＣはドナーからの投資金額を増やさずとも、自己資金によって「農村開発プログラム」の活動を拡大することができるであろう（訳注・ＢＲＡＣは一九九〇年代にドナー資金への依存度を急速に減らしている。詳細は補章**付表1**を参照）。所得獲得プログラムへ投資した村人の貯蓄も継続的に増加している。一九九〇年の半ばまでに、貧しい村人たちは三〇〇万ドルを超える貯蓄を行った。この金額は多くのドナーからの拠出金よりも大きい。実際に村人たちは、自分たちの開発プログラムにこれらの貯蓄を投資している。

とはいえ、バングラデシュはいまだに世界の最貧国のひとつであり、一九九一年のサイクロンのように自然災害に耐えず悩まされている。したがって今後も長期にわたり、ＮＧＯが豊かな国々から資源を導入する仕事を継続する必要がある。ＢＲＡＣは自立して行うプログラムを企画しているが、ＢＲＡＣや他のＮＧＯ、そしてバングラデシュ政府が外国のドナーから完全に自立するのは、まだ先のことである。

第三部

ＢＲＡＣの未来

扉写真：ノンフォーマル小学校の子どもたち。（ＢＲＡＣ提供）

第九章　評価、戦略、継続性

これまで、ＢＲＡＣのプログラムとその背後にある合理性、ＢＲＡＣがどのようにそしてなぜ今日のような活動をしているかを述べてきた。本書には、ＢＲＡＣを開発分野での成功例の代表として考察するという前提があった。これまでの分析から、その前提は十分に根拠があったと思う。ＢＲＡＣについて詳しく述べたのは、ＢＲＡＣのマネジメントやＢＲＡＣが成功した理由を考察することが、他のＮＧＯやドナー、開発分野の学生に役立つかもしれないという理由からであった。ＢＲＡＣはバングラデシュという特殊な経済的、政治的、社会的環境の中で活動しているＮＧＯであるが、ＢＲＡＣが成功をおさめた経験の多く、特にマネジメントと姿勢については、他の国々のＮＧＯにも関連性があると思われる。

本書はまた、ＢＲＡＣが開発マネジメントのもっとも基本的な疑問のひとつにどのように答えてきたかを具体的に述べようとしてきた。その疑問とは、コーテンの次のような考えに代表されるであろう。

貧しい人々に役立つサービスを提供するために中央技術官僚が資源分配を行うと、期待される結果が得られるのだろうか？　それとも貧困の真の問題は、貧しい人々が依存状態に追いやられているという基本的な社会構造にあるのだろうか？　もし前者だとすると、中心的な問題は、サービス提供の効率性を増すことであろう。

後者だとすると、中心的な問題は、貧しい人々が潜在力を強化し、自立的で役に立つ政治活動を自分たちのために行うという方法で、依存性を減らすことであろう（Korten, 1979）。

ＢＲＡＣの幹部は、これら両方のアプローチをとっていると考えている。二つのアプローチは、実際のＢＲＡＣのプログラムに見ることができる。中心的な「農村開発プログラム」は後者の仮定に基づき、貧困の問題は基本的な社会構造と依存性に根ざしている、としている。ＢＲＡＣの「ノンフォーマル初等教育プログラム」は前者の仮定に基づき、非常に効果的なサービス提供のアプローチをとっている。第三のモデルとして「保健プログラム」は、村人の衛生施設や栄養、家族計画、その他の保健問題についての態度や行動を変化させる試みと、直接的な保健サービスの提供や政府の保健サービス改善の努力とを結びつけるといった、二つのアプローチを組み合わせたものとなっている。

受益者のニーズ、プログラムの企画、プログラムの目的の必要条件、農村部の貧困層のニーズに対応するＢＲＡＣの組織能力などが全体として非常によく適合していることこそ、ＢＲＡＣのさまざまなプログラムの成功の基盤である。成功する組織にしばしば備わっている特徴のひとつ（それはＢＲＡＣにも当てはまる）は、プログラム開発と組織の能力開発を同時に行うことができるということである。ＢＲＡＣのマネジメントとプログラム支援システムについて述べた第六章と七章では、組織の能力がどのように開発され、プログラムのニーズに適用されるかが概説されている。

1　成功を測る

開発の努力の結果を測ることは一般に難しいが、とりわけ自立性や意識化、自己意識の変化、垂直的な依存関係の打破、女性の地位の改善などのあいまいな概念が目標となっている場合には尚更である。しかしながらこのような変化は、主に事例研究への人類学的アプローチを使って測定することができる（測定と評価に役立つ議論はPfohl, 1986；Rugh, 1986；Pietro, 1983；Bowmanetal.; 1989；Otero, 1989；Clark and McCaffery, 1979参照）。

あいまいな概念以外の目標、たとえば所得の増加、栄養状態と全体的な保健状況の改善、家族サイズの縮小、乳幼児死亡率の減少などは基礎調査が実施され、比較のための対照群（対策活動が実施されていないグループ）が設定されていれば、もっと簡単に判定することができる。また、もし複数の組織間での比較分析に同じ成功目標と基準が用いられれば、ある組織が行った対策活動の「成功」の程度は、他の組織との比較で明らかになる。

残念ながら、バングラデシュのＮＧＯ（ＢＲＡＣを含む）と政府のプログラムが及ぼした効果について、長期的で客観的な調査や厳密で大規模な調査はほとんど行われていない。例外的な質の高い研究としては、（１）ＢＲＡＣによって組織化された女性の態度変容と現状の改善を詳細に記したマーサ・チェンの研究（Chen, 1983）、（２）半官半民プログラムであるグラミン銀行の融資プログラムの効果についての正確で質の高い研究（Hossain, February 1988）、（３）一九八〇年代初期（融資プロジェクトが導入される前）のＢＲＡＣの開発アプローチの結果をグラミン銀行の融資プロジェクトと比較した研究（Streefland, et al., 1986）、（４）同じような条件下で、融資を利用したＢＲＡＣの村人グループと融資を利用していない村人グループとを比較した研究（Chowdhury, et. al., 1991）が挙げられる。

このうち、一九八六年のストリーフランドの研究は、ＢＲＡＣの融資プログラムが導入されていない村で、ＢＲＡＣとグラミン銀行のプログラム効果を比較したものであるが、予想外の結果が明らかになった。つまりＢＲＡＣによって組織化された農村部の貧困層は、グラミン銀行の融資利用者と比べ、より意識化され自信を身につけていた。また地元の資源を動員する活動に積極的で、態度や行動に変化が見られ、社会的により活発であることがわかったのである。ただし、グラミン銀行の融資利用者の方が経済的には豊かであった。

また、一九九一年のチョウドリの研究は、「農村開発プログラム」によって組織化され、メンバー歴が少なくとも七年の融資利用資格を持ったＢＲＡＣ村落組織メンバー（男女各五〇人）をアトランダムに選び（対象グループと称する）、最近組織化され融資利用資格もまだない男女村落組織メンバー一〇〇人（これもアトランダムに選出され、統制群と称する）と比較した。

その結果、対象グループ世帯の年間所得は統制群よりも三五〇二タカ（約七〇〇〇円）、二六％ほど多いことがわかった。また、対象グループ世帯の多くが複数の収入源を持っていることも明らかになった。対象グループ世帯の六〇・五％は第二の収入源を、また二六％は第三の収入源を持っていたが、統制群の世帯では第二の収入源を持つ世帯が四七・五％、第三の収入源を持つ世帯は一六％に過ぎなかった。

もうひとつの興味深い結果は、これら二つのグループの世帯間で女性の雇用状況に差があったことである。雇用延べ日数を比較すると、対象グループの方が統制群よりも男性で九％、女性で三四％も高いという結果が出た。最終的な結果として、対象グループ世帯は牛やヤギ、鶏、リキシャ、自転車、農具、機織り機などを多く所有していたことがわかった。統制群の世帯で多かったのは、アヒルだけであった。

バングラデシュ国内外のＢＲＡＣオブザーバーの多くに、信頼できる正確な調査が不足しているとするならば、他にＢＲＡＣの高い成功を何を基準に測れば良いのだろうか。その基準の第一は、個人的な観察である。村を直接訪問し、ＢＲＡＣの村落組織メンバーやそれ以外の村人と話した経験を持つ人、あるいは政府官僚などによる証言という主観的な基準である。第二の基準は、バングラデシュの公式、非公式の政治的環境の変化を切り抜けるＢＲＡＣの類まれな能力にある。政府の多くの省庁から尊敬と協力を得て、ＢＲＡＣはさまざまな分野でプログラムを実施し、急速に規模を拡大した。都市部と農村部の主要リーダーからの公式、非公式の支援（それは信頼と尊敬の潜在的な基準でもあるが）がなかったならば、ＢＲＡＣは活動の多様性と現在の規模を実現することはできなかったであろう。

より客観的な基準としては、ＢＲＡＣの調査評価部の持つ活動についてのデータと分析が挙げられる。調査評価部は、多様なＢＲＡＣプログラムについて多くの調査を実施し、過去一〇年間に調査報告書を一〇冊以上出版してきた。調査評価部は、これまでの数年で調査スタッフのグレード・アップと数の拡大を図ってきた。調査の正確さについては、特にヨーロッパ諸国の大学や研究センター（第七章で既述）との協力関係を進めることで改善してきた。

もうひとつの客観的な基準は、ＢＲＡＣのフィールドを訪問するドナーの承認評価チームによる報告書である。これらは、ＢＲＡＣの成功の文書化におそらくもっとも影響力を及ぼしてきた。過去一〇年間にチームの何百人というメンバーが見出した非常にポジティブな結果が、報告書に記録されている。また、多くのドナーがＢＲＡＣの活動に継続的な支援を行っていることが記録され、ＢＲＡＣの対策活動の効果と組織の将来性に信頼が寄せられていることがわかる。

さらにもうひとつの判断基準は、ＢＲＡＣを訪問する人の数と、ＢＲＡＣのアプローチや方法がバングラデシュ国内および他の途上国の両方で見本となっている頻度である。主に途上国のＮＧＯや政府省庁そして国際的な組織から、月に少なくとも二回の派遣団がＢＲＡＣを訪問している。ＢＲＡＣのスタッフの負担は大きいが、訪問者のためにフィールド訪問やスタッフとの時間調整を行っている。

最後に、世界銀行や国連開発計画（ＵＮＤＰ）のような国際機関が調査を行い、ＢＲＡＣの成功を検討、文書化している。最近、いくつかのＮＧＯと半官半民組織、そして政府の各融資プログラムの成果を比較・文書化したＵＮＤＰの調査（Rahman, 1988）が行われた。この中で、ＢＲＡＣの融資利用者とバングラデシュで二番目に大きなＮＧＯプロシカの融資利用者とが比較された。またスワニルヴァル（Swanivar）やグラミン銀行、農村の貧困層を対象とした政府プログラムであるバングラデシュ農村開発局との比較もある。報告されたデータによると、ＢＲＡＣの融資利用者は他の四つの組織の融資利用者より、（１）農業についての助言、（２）家畜・家禽の飼育についての助言、（３）家内工業を始めるための助言、（４）家庭菜園についての助言をより多くを受け、それらを利用してより多くの利益を得ていた。さらにＢＲＡＣの融資利用者は、他よりも、ＢＲＡＣのメンバーになった後の労働日数がかなり増加した。

2　ＮＧＯについての批判

他の国々と同様バングラデシュでも、ＮＧＯ活動には批判もある。ＢＲＡＣは特に規模が大きく活発で「成功をおさめている」がゆえに、一般的な批判の多くに登場する。批判は大きく分けて二つの側から出されている。ひとつは政治的左派からのもの、もうひとつは政府を改善しようとする主目的があっても、ＮＧＯが存在しているために資源（資金や人材など）や関心がそこに集まってしまうと考えるグループからのものである。ＮＧＯについて、あるいはＮＧＯがバングラデシュの開発に果たす貢献についての興味深い多くの議論が、一九八九年に『*Dhaka Courier*』紙上で一二週間にわたって繰り広げられた。これに二〇以上のＮＧＯのリーダーと評論家が参加し、意見を述べた。政治的左派の立場にある人の多くは、西欧諸国のドナーが支援しているＮＧＯはすべて、「西洋資本主義の手先であり帝国主義の道具である」という見解であった。彼らは、ＮＧＯが草の根レベルにまで活動を広げたという大きな成果を認めながらも、ＢＲＡＣを含むＮＧＯの関心は貧困の根本的原因ではなく現象に向けられており、そのアプローチはあまりに地元に根ざし過ぎ、国家全体の状況や社会全体の根本的変革という緊急の任務を混乱させていると述べた。また、ＮＧＯは土地なし農民に対して、貧困から抜け出す道は国内の搾取的な経済関係や社会関係の大きな変革よりも所得獲得活動、すなわち資本主義的な活動にあると教え込んでいるとも述べた。ＮＧＯは、経済の生産能力を増強することに何らの現実的な効力を持たず、小規模な資本主義のみを支援する一時的な所得獲得活動を行っているというのである。さらに、ＮＧＯの二〇年以上にわたる活動にもかかわらず、その間にバングラデシュで悪化した経済的状況や識字率、その他の生活の質を測る基準に対しても現実的な効果を及ぼさなかったと指摘した。

第二のグループからの批判は、政治的な視点を含むうえ、さまざまな批判をミックスしたものになっているので、すべてのＮＧＯに同じように当てはまるものではない。批判の中には、その対象からＢＲＡＣなどいくつかのＮＧ

Oを除外しているものもある。これらの批判では、NGOがあまりに小さくてその活動範囲に限界があること、あまりに非効率的で国内の広い範囲に影響を及ぼすことができないことなどが指摘された。また多くのNGOが汚職によって資源を蓄えることに熱心であるとし、現実に草の根に届く活動をしているところはほとんどないとも指摘された。反対に、NGOがあまりに広範に活動をし過ぎて、組織化や意識化にばかり気をとられ、サービス提供（これは政府の仕事であるのだが）に関われなくなっていると指摘した人もいる。彼らの批判は、外国のドナーが政府を通さずに直接NGOに大金を拠出することで、政府が行うべきサービスをNGOに期待するほどまでに、政府が弱体化させられている、あるいはその強化が妨げられている、すなわち政府は事実上妨害を被っている、というものである。これらの批判のいくつかは、多くのNGOを、「正常な」社会的関係や経済的関係を阻害し、政府にとって非常に危険で過激なものであると見なしている。

BRACは、外部からの批判に注意を払い、自己批判も絶えず行っている。コーテン（Korten, 1989, *BRACS Strategy*）が報告しているように、BRACの上部のスタッフが行った自己査定の中からは、国内で利用可能な資源が不適正に分配されたり非生産的に利用されたりすることに責任を負う資源マネジメント・システムの基本的な再編成がこれまで無視されてきた、という指摘がなされている。スタッフの議論の中では、BRACプログラムの中でもっと強化されるべきは、このような欠点を長期的に改善する基本的な制度改革であると認識されている。

NGOについてのさまざまな批判にかかわらず、バングラデシュにおけるNGO活動の数、目的、規模は拡大を続けている。なかには汚職をしたり非効率的な活動をしているところもあるが、一般にNGOの活動には多くの敬意が払われ、入ってくる資金額も増加している。政府も不承不承ではあるがNGO活動による利益を認めており、省庁と郡のリーダーたちは少なくともBRACに関しては協力プログラムを歓迎している。

3　ＢＲＡＣアプローチと専門性を特徴づけているもの

国内外の多くの開発ＮＧＯは、第二章で述べたようなＢＲΛＣの目標と同じような目標を掲げている。しかし、ＢＲＡＣがより多くの成功をおさめてきた鍵は、その目標にあるのではない。成功を導いたのは、ＢＲＡＣが持つ以下の一〇項目の特徴である（表９・１参照）。

リスクを負う

ＢＲＡＣは、プログラムや活動、投資などが失敗することもあると認識し、リスクをいとわないというまれな特徴を持っている。「何もしなければ何も得られない」という考えで、その結果に責任を負おうとしてきたのである。しかしＢＲＡＣのマネジャーたちは、実験が失敗した場合に土地なし農民をも苦境に巻き込むことを辞さなかったので、ドナーや外部のオブザーバーからしばしば強く批判されてきた。リスクは、新規採用されるスタッフのほぼ三分の一がフィールドに派遣されるという人事、プログラム戦略、新しい技術と経済活動の導入、多様な融資活動などにともなうと考えられる（初期には村落グループによる管井戸や耕運機の所有が失敗した例もある）。しかし全体として、成功は失敗よりもはるかに大きく、高いリスクのある試行ほど長期的に大きな利益があった。もしＢＲＡＣに賢明なマネジメントの手腕がなく、早い段階で警告するシステムがなかったならば、このようなリスクの高い戦略はもっと多くの問題を引き起こし、さらに多くの人々が傷ついていたであろう。

組織開発に投資する

ＢＲＡＣはスタッフの開発、フィールド活動の支援に必要な組織内の専門的技術、システムの構築などに投資することの重要性を早くから認識していた。特に訓練や高い教育、他の途上国のＮＧＯの仕事に現場で触れることなどを通じ、継続的にスタッフのグレード・アップを図るための資金を要請し、それを受けてきた。現在もドナーからのプログラム資金には、スタッフ開発のための資金が特定の割合で組み込まれることになっている。第七章で述べた必要不可欠な支援システムの構築にも、そのための資金を外部に要請し受け取ってきた。このようにしっかりと企画された効果的支援システムがなければ、フィールドのプログラム活動は妨げられ、規模の拡大は不可能であっただろう。他のNGOは、スタッフや組織のマネジメント、システム開発などに投資をしなかったため多くの問題を抱えている。それは、バングラデシュでも多く見られる。

経理についての強いアカウンタビリティとコントロール

BRACの事務局長は、長い経験を持つ大企業の勅許会計士であったので、BRACはその初期から厳重な財政コントロール・システムを持っている。このシステムに従い、同時にそれを強化する大規模な経理部と内部監査部（独立した報告システムのもとにある）を持ち、外部からの監査を毎年受けることが初期からの規範である。

独自のアジェンダを設定する

BRACは、資金が入手できるからという理由だけでドナーが企画した戦略やプログラムに反応することはなく、常に独自のプログラムに基づいてアジェンダを定めてから、ドナーにアプローチしてきた。このことは、BRACがドナー側の専門家を使わない、ドナーのアドバイスに耳を貸さないということではない。プログラムは、ドナーの承認あるいは評価チームとBRACスタッフとの相互作用の結果として、より良いものを目指して検討される。BRACプログラムの企画者は、自分の考

表9.1　BRACアプローチの特徴

リスクを負う
組織開発に投資する
経理についての強いアカウンタビリティとコントロール
独自のアジェンダを設定する
市場原理を持ち起業家精神を奨励する
フィールドからの要請に対応する
機会をとらえ資源を活用する
急速な規模の拡大に対応する
政府機関に対する促進活動を行う
学習する組織であり続ける

出典：訳者作成。

えを洗練させるために、チームのメンバーの洞察や専門家の意見を利用する。これらの相互作用の結果、プログラムの企画はしばしば改善される。その例についてはすでに述べてきた。たとえば銀行プロジェクト（「農村融資プロジェクト」）では、「農村開発プログラム」が銀行プロジェクトに支部を売却する時期を、プログラム開始後三年から四年へと延期したこと、当初の提案にあった村落組織に対する制度の構築サービスから徐々に撤退することの二つを変更したが、これらはドナー・チームが主張してＢＲＡＣが検討したのち採り入れられたものである。

自らのアジェンダをコントロールし、その方向性をドナーの戦略や資金繰りのために変更するのは避けることで、ＢＲＡＣはコミュニティの需要に応える能力を維持し、独自の戦略計画を堅持することができてきた。ＢＲＡＣは、資金の入手可能性（これはしばしば予期できないものである）がプログラムのニーズに合致する場合にはそれを利用し、独自のプログラムや全体の戦略、方向性の調和が本来の形から逸脱したり弱体化されるような資金の申し出を回避することに高い能力を発揮してきた。

市場原理を持ち起業家精神を奨励する

ＢＲＡＣはその活動全体に一貫して市場原理を持ち、起業家精神を奨励してきた。ＢＲＡＣは、障害や問題を克服したり明らかな搾取を防ぐことを除いては、経済的活動に干渉しないという方針を持っている。ＢＲＡＣがいかにしてコストの回収と商業主義的な考え方を運営に組み込んでいるかについては、第八章で多くの例を挙げて述べた。また第四章では、融資活動が一度も助成を受けたことがないこと、金利は民間のそれに基づいて決められたことなどを述べた。

この市場原理は、スタッフやクライエント（顧客）の自立性や起業家としての思考を強化し、組織の効率と効果の両方に貢献してきた。そして、ＢＲＡＣがドナーからの拠出金額以上の活動を行うことができた理由でもあった。ＢＲＡＣの起業家精神は、稚魚の養殖から家禽飼育まで、新しいタイプの事業に村人が投資を行うことも奨励してきた。

フィールドからの要請に対応する

ＢＲＡＣは、いくつかのプログラムについては、あらかじめすべてを決定するよりも、フィールドからの要請に応える余地を残している。ノンフォーマル初等教育プログラムがそうである。成人の機能的教育教室に参加した村落グループの親からは、「なぜわれわれの子どもたちにも識字教育をしてくれないのか。政府の学校はわれわれの子どものニーズに合っていない」という声が上がっていた。初等教育はＢＲＡＣの経験外の領域であり、ＢＲＡＣの主な活動からそれると考えるオブザーバーもいたが、ＢＲＡＣはこれらの問いかけに対応することにした。現在、初等教育はもっとも成功をおさめているプログラムのひとつであり、今後数年のうちにさらに急速な規模拡大が計画されている。プログラムは、村人によって明らかにされた優先順位の上位にあるニーズに合うよう計画されている。この章の初めにも述べたが、ＢＲＡＣはプログラムの特定の様式の枠組みにとらわれていない。計画作成やマネジメント・システムは柔軟性を持ち、プログラムごとに多様で適切な様式を利用している。

機会をとらえ資源を活用する

ＢＲＡＣは環境に柔軟かつコンスタントに対応し、ＢＲＡＣと矛盾しない目標や資源を持つ他のＮＧＯおよび政府機関と一致、協力することに優れている。このような協力の仕方により、ＢＲＡＣはプログラムをより効果的なものにすることができる。深管井戸の運営をめぐるＣＡＲＥと政府およびＢＲＡＣの協力は、その例のひとつである。クワの木の普及でもＣＡＲＥと政府が協力し、政府が苗木の供給を担当し、ＣＡＲＥがその監督下にある「Food-for-work プログラム」によって苗木の成長する三年間にわたり木の保護や水やりをする人への給与支給を担当する。また、ＢＲＡＣも多くの例で村のグループを「Food-for-work プログラム」に結びつけ、漁業のための川床の清掃、植樹、道路沿いや堤防に植えられた果物あるいは飼料になる木の水やりと保護などで働く人に給与を支払ってきた。第五章で述べた家畜家禽課との協力は、まさにこの例である。

急速な規模の拡大に対応する

ＢＲＡＣが、急速かつ効果的にプログラムの規模を拡大することができるのは、資質と熱意のあるスタッフを惹きつけ、彼らを訓練・確保してきたからである。彼らは、組織の基本的な哲学やマネジメント・スタイル（運営上、戦略上の）、あるいは能力が高くしかもよく企画されたプログラム支援システム、必要な財政的支援の獲得能力などに貢献してきた。しかしながらこの規模拡大の成功にもっとも重要なことは、ニーズが大きいからこそ規模拡大が必要だ、という態度が組織全体に行き渡っていることである。誰もが最大限に努力する。小さいことは美しいことではあるが、ニーズが広範に存在する場合には規模を大きくすることが必要である。規模を拡大するとプログラム開発も増えるが、漸進主義そのものは終息しない。どのプログラムもその究極の目標は、できるかぎり規模を拡大することである。小さくても良いと考えているかぎりは、成果も十分に得られない。組織内に浸透しているこの考え方こそが、ＢＲＡＣの変化を可能としているもっとも重要な側面のひとつであろう。

政府機関に対する促進活動を行う

ＢＲＡＣは、ＮＧＯが政府に取って代わることはできないし、また政府が村のニーズに合ったサービスを提供しないかぎり多くの農民の現状はあまり改善されないであろう、と考えている。したがって政府に対し、マネジメントとサービスの能力改善を奨励、支援してきた。ＢＲＡＣは、政府が統制の中心やパトロン的存在から、実際に物事を可能にする主体へと変わるべきだと考えている。ＢＲＡＣは、いくつかの政府機関を再教育することに力を注いできた。すでに述べてきたように、いくつかの関連省庁とは活動合意書を取り交わした。たとえば、保健家族計画省との合意では、ＢＲＡＣは政府の予防接種やその他の村落保健サービスの訓練およびマネジメント・システム開発を支援する。教育省からは、三〇〇の公立（政府）学校の地域内でコミュニティの人々が学校の能力改善のために学校と協力するのを支援してほしいという要請を受け、試行プログラムを実施している。家畜漁業省とは、家禽飼育やワクチン接種および疾病予防プログラム、獣医補助員と人工受精プログラム、さまざまな漁業の開発サービスなどについて協力している。BRACはまた、「脆弱な集団の開発のための所得獲得プログラム」で、家畜家禽課や救済復興省と協力し、貧困層の女性に家禽飼育やワクチン接種などの方法を教える支援をしている。

政府機関に対するBRACの促進活動は、マネジメントやサービス能力の改善を支援するためだけに計画されているわけではない。政府が何をするべきかを土地なし農民のグループに気づかせ、政府機関に効果的に要求できるよう、人々の能力を改善する支援も行っている。学校や保健プログラムと一緒に実施される促進活動の成否は、コミュニティの知識・要求と政府のサービス提供者とを結びつけることができるかどうかに大きくかかっている。

学習する組織であり続ける

BRACのプログラムや運営方法を細かく考察すると、なぜBRACが「学習する組織」の数少ない例なのかがわかる。コーテン（Korten, 1980）、チェン（Chen, 1983）、センゲ（Senge, 1990）などを引用した本書の序文で、BRACを例に「学習する組織」の特徴を述べた。BRACは、定期的なプログラム作成の中で多用な戦略や様式を実験し、さらに「実験地」となっている二つのフィールドでも試行する。BRACは学習する環境の中で運営され、プログラムの企画と実施、変革、新たな実施、拡大というらせん状のプロセスをその規範としている。BRACはスタッフやドナーに、継続的にモニタリングを行うことの必要性、失敗を受け入れ学習し変革する（自分が活動している現実を理解する）ことを教えている。

表9.2　「学習する組織」の特徴

共通のビジョンの確立
自己学習
固定概念の払拭
チーム学習
システム思考の推進

出典：Peter Senge, *The Fifth Discipline*, 1990を参考に訳者作成。

センゲが述べた「学習する組織」の五つの特徴（共通のビジョンの確立、自己学習、固定概念の払拭、チーム学習、システム思考の推進）は、BRACの運営方式と一致するように思われる。センゲの言う五つの「規律」は能力強化のプロセスについて述べたものであり、この「規律」の中では、組織内の個人やグループ（チーム）が自分と他の人々のエンパワーメントを行うことで、より大きな成果を上げることができる新しいアイデアやアプローチが生まれる。組織の参加者の行動や態度は、「学習スタイル」と呼ばれる。理想的な状態の完璧な「学習する組織」は実際に存在しないが、ＢＲＡＣの運営スタイルは確かに学習プロセスである。「学習とは能力を強化すること」であり、ＢＲＡＣの経験はこの事実を体現したものである。

〈共通のビジョンの確立〉　ＢＲＡＣのスタッフは多くの意味で、ビジョンすなわち望ましい未来についての青写真を共有している。たとえば基本方針のひとつに、ＢＲＡＣの専門スタッフは誰もがそのキャリアと昇進の第一歩を村人たちと仕事をするフィールドから始め、他のスタッフとフィールドで生活すること、毎日村に通うことの重要性を理解しなければならない。この経験により、すべてのスタッフが最貧困層の村人の現実生活について共通の知識を得ることができる。

しかし村に住むだけでは、将来についての共通のビジョンを確立することはできない。それは、日常的に村人やフィールドのスタッフとの間で行われる多くの対話を通じ、強化される現在進行的なプロセスによって可能となる。ダッカ本部のマネジャーらは、本部事務所において、また頻繁に行うフィールド訪問を通じて、マネジャー同士やフィールド・スタッフと絶えず対話を持つようにしている。ＢＲＡＣは、「ビジョン」とは人々の心や知識の中に生きているものであり、その確立はもっとも重要な仕事であると考えている。本当に創造したいものについて常に考え、対話を継続的に持つことは、ＢＲＡＣの運営上の規範である。村人やスタッフを対象とした訓練リソース・センターでの訓練、村人との間で開催される月例会議、あらゆるレベルのスタッフ会議の中の対話、さまざまな調査報告やＢＲＡＣのスタッフ新聞などでの議論などを通じ、共通のビジョンが強化される。

〈自己学習〉　しかしながら共通のビジョンは、個人の考え方やその能力、すなわち何が本当に問題なのかとか、正直に生きるためにどうすべきかについての個人的な考えを抜きには不可能である。つまり、組織への参加について個人の考え方を明確化し、深め、個人の学習と組織の学習とを結びつけることが必要である。共通のビジョンを持つためには、それ以前に個人が自分のビジョンを持たねばならない。自分の意見がない人は、他の人の考えにただ従ってしまう。

ＢＲＡＣは、望ましい未来のために個人の能力や責任を明らかにし、バングラデシュ農村部で権利を剥奪された貧しい人々に奉仕するという組織的文化の中で継続的に共通のビジョンを創り出しながら、スタッフと村人の双方を支援することを探求してきたし、今もそうしている。定期的に行われる訓練や再教育、通常ではまずオープンで支援的な雰囲気で行われる対話や議論、頻繁に組まれる地元および外国の開発専門家の訪問などの相互作用の機会など、これらはすべて、ＢＲＡＣの中に望ましい未来についての個人的価値観や共通のビジョンの考察を促し、そうした雰囲気を作ることに役立っている。ＢＲＡＣはこのようにして、通常にはない組織的文化を創り出してきた。この文化の中でスタッフは、村の貧しい人々の態度変容やエンパワーメント、自立に向けた活動への参加を促進するという目的のもとに強く結びつけられている。

ＢＲＡＣのマネジメントでは、スタッフの個人的能力の強化がきわめて重視されている。スタッフには、他の途上国の開発プロジェクトを訪問する機会が与えられる。たとえば保健分野のスタッフのグループはインドネシアに派遣され、ポシャンドゥ（ＰＯＳＹＡＮＤＵ、農村部で任意で運営される保健センター）が何を行っているかを見聞した。漁業プログラム・オーガナイザーの中にはフィリピンやタイに派遣され、多様な総合的漁業プロジェクトを視察する人もいる。アーロン・ショップのデザイナーは、デザインの勉強のためインドに派遣された。その他にも選抜された人が、さらに高い教育を求めて海外に定期的に派遣されている。

しかし個人的な能力を高めるのは、より安定した組織を作るためではない。個人が現実を正確に把握し、「創造的な緊張感」を生み出すためである。自己学習によって、創造的な緊張感を受け入れることができるようになる。そして同時にＢＲＡＣ自体がこのような緊張感を持つことができる。

〈固定概念の払拭〉　自己学習を強化し、組織の中に共通のビジョンを育てるというプロセスは、「学習する組織」の第三の特徴「思考モデル」とも関連している。思考モデルにおいては、実際の世界の実情とその結果生じたことについて基本的でしばしば初歩的かつ根深い固定概念を考察し直し、時にはその変革を要求することもある。

バングラデシュの貧しい村人とともに意識化を行うという基本的な中核戦略は、思考モデルを考察し改訂するための戦略である。スタッフや村のグループ・メンバーに対するＢＲＡＣの訓練プログラムでは、非常に多くの貧しい人々が終わりのない貧困の悪循環に陥っているという現実認識を変えるために計画されている。調査評価部の役割のひとつは、草の根の調査結果をスタッフの考え方に常にフィードバックし、彼らの思考モデルに影響を及ぼすことである。

閉鎖的な思考モデルが作り出す具体的実例は、ＢＲＡＣの経口補水療法プログラムの初期に見ることができる。ＢＲＡＣの幹部が当初このプログラムの全国展開を考えていなかったのは、幹部の思考モデルが型にはまったものであったからだ。幹部はスタッフが駐在している常設現場のみを考えていたので、全国をカバーするには経費がかかるうえに困難な問題もあり、おそらく不可能だろうと考えた。しかし調査によってこれら諸問題は解決され、思考モデルは変えられた。つまり調査によって出会ったあるＮＧＯの経験を採り入れて、ＢＲＡＣは移動式キャンプによる全国展開を考えついたのである。これは、スタッフをある村に一定期間駐在させ、そのキャンプからある範囲内をカバーし、仕事が完了した時点で次の村に移動させるという方法である。これによってそれまでの思考モデルは、スタッフを分散させて展開し農村をカバーするというまったく新しい思考方法に取って代わられた。

〈チーム学習〉　第四の方針であるチーム学習とは、チームのメンバーが対話をして共に考えることを意味しており、これはＢＲＡＣの定番の方法となっている。ＢＲＡＣプログラムについての意思決定のほとんどが、会合の中で行われる。疑問はすべて話し合われる必要がある。ＢＲＡＣのコミュニケーションの大半は会話である。会合での決定は組織内部に通達されるため、会議中に議事録がとられたり回覧さることはほとんどない。合意が達成され、参加者はその理由と結果を理解する。ＢＲＡＣの現実の学習単位は「チーム」であるが、これは共に行動し何かを起こすことを必要としている人々から成るグループのことである。

〈システム思考の推進〉　最後に挙げられた〈システム思考〉がなぜ必要か、村の問題を例にとるとわかりやすい。バングラデシュ村の諸問題は相互に関係しているので、個別の問題に対処するという戦略だけでは不十分である。

の貧困の悪循環は、第一章で述べたように文化的、政治的、経済的諸問題の複雑な構造にはまり込んでいるため、これらの基本的な認識がＢＲＡＣの対策戦略を支えることになる。

システム思考とは、財政的仲介活動にとって不可欠な制度的仲介活動（第五章で既述）を正当化する基礎でもある。ＢＲＡＣのアプローチでは、養蚕事業を推進するためクワの木と蚕、マユの飼育者、糸の紡ぎ手と巻き取り手、融資活動、仕立屋、絹を売買するアーロン・ショップなど、生産物の販売システムすべてを形成する要素の相互関係を理解することが必要とされてきた。また家禽を例にとると、鶏の飼育を拡大することで女性の所得と家族の栄養状態を改善するという目標は、新たな多産種の鶏の供給、ヒナの飼育者の養成、融資の提供、ヒナへのワクチン接種、ワクチン接種担当者の訓練などの需要を生んだ。飼育されるヒナの数が拡大すると、特別な配合飼料と与え方の開発が必要となったし、村での卵の生産量増加は、より大きな市場にそれを持ち込む役として、卵販売業者という新たな職業を必要とした。

これらは、活動の中でのシステム思考を単純化した例であるが、バングラデシュ農村におけるより複雑な政策や戦略を理解するために、システム思考がいかに重要であるかを示唆している。


さまざまなＢＲＡＣプログラムの歴史を見るとわかるように、「学習する組織」であるためには、スタッフおよびドナーの双方で共通のビジョンや専門性、柔軟性が必要である。フィールドにいるＢＲＡＣマネジャーらの活動を観察すると、組織の支援的な気風によって育まれた自信に根ざしていることがわかる。成功した学習戦略を特徴づける最大の要素は、その戦略が、参加した村人の生活に良い変化をもたらす効果的な活動へと結びついているかどうかということである。

4　一九九〇年代のＢＲＡＣの戦略

ＢＲＡＣは、厳密な計画に束縛された組織ではない。予期せぬ機会に対応する柔軟性と能力こそ、この組織の強みのひとつである。しかし一方で、ＢＲＡＣのマネジメント・チームは、常に戦略計画を作成することが重要であるとも考えてきた。一九八七年の初めに、ＢＲＡＣはプログラムと基本戦略についての徹底的な査定を行った。これは、戦略の焦点を検討し、ＢＲＡＣが将来の戦略を立てることによって、一九九〇年代のバングラデシュの開発に貢献できるようにすることが目的であった。何人かの開発専門家とコンサルタントのチームが、貴重なフィードバックと勧告を行った。

それ以来、ＢＲＡＣでは一二人ほどの上級スタッフにより、ＢＲＡＣの歴史や能力の観点から選択肢を考察する会議・ワークショップが毎年のように開催されている。もっと形式的な戦略計画作成のワークショップでは、外部からのコンサルタントの支援も受けた（これらの会議や事業計画案の例として、コーテンは二つのワークショップの記録を残している。Korten, 1987；Korten, March 1989 参照。彼はこれらのワークショップのコンサルタントであった）。

一九九一年の二つの報告書を再読し、それらとＢＲＡＣが現実に何をしてきたのか、またこれから何を成そうとしているのかを比べてみると、文書の中で述べられている一般的な戦略計画でさえ、青写真としての役割を果たしていないことがわかる。ワークショップの後、フィールドで計画が議論され、プログラムの具体的な特徴を実施する場合の実用性がテストされた。ふつうはその時点で、何らかの変更（時には大きな変更）が行われる。ＢＲＡＣが柔軟で学習する組織であるがゆえに、プログラムは常に調査や実験、フィールドでの可能性によって変化する。ＢＲＡＣの戦略計画について書かれた報告書を読む場合、このことに注意せねばならない。つまり、ＢＲＡＣの戦略計画は全体の方向性を代表してはいるが、何カ月か後の現実のプログラムでは違っている可能性があるいうことだ。

以下は、コーテンによって概略された（March 1989, esp. pp.24–37）一九九〇年代ＢＲＡＣ戦略のもっとも基本的な特徴の要約である。計画の中で述べられているアプローチのうち、実用性の点で実施が取りやめになるものや、継続的実施が難しいアプローチが明らかにされ、その説明がなされている。

郡（オポジラ）を焦点とする

一九九〇年代のＢＲＡＣ戦略の第一の特徴は、活動を郡単位で考えることである（郡（オポジラ）とは地方政府の行政区で、人口はそれぞれ約二〇〜三〇万人である。各郡には約一〇のユニオン（行政単位の村）があり、その人口はそれぞれ二〜三万人である）。ＢＲＡＣは計画作成と活動の基本単位として郡を位置づけ、郡当局との新しい関係の中で、もっとも貧しく阻害されてきた人々が果たす重要で有意義な役割を明確にし、そうしてもらうことを希望し、その実施能力の可能性を拓こうとした。地方政府レベルの中でも特に郡を指導することにした理由は、地元のイニシアティブのための人の動員や要求実現において、その可能性がもっとも高い行政区分と判断したからである。

この戦略は、ＢＲＡＣが過去にしばしば行ってきた郡の中のごくわずかな村落だけを組織化するという方法の取りやめを意味している。つまり、郡の中にあるできるだけ多くの村落に土地なし農民の組織を作ろうとしている。ＢＲＡＣは郡で触媒の役割を果たし、郡内で組織化に取り組む他のＮＧＯと協力しつつもＮＧＯの関与をなくしていく方向で、地元の能力によって進められる自立した開発のための多様なプログラム活動を創り出そうとしている。郡への強化戦略は、ＢＲＡＣが中央政府レベルと同時に郡レベルでも政府に対する促進活動に重きを置いていることを意味している。また経済の下位セクターへの対策活動の強化も、実行可能で効果が上がりそうな郡レベルに焦点が当てられていることを意味している。

他のＮＧＯとの協力の強化

ＢＲＡＣはプログラムの規模を拡大してきたが、いまだＮＧＯやグラミン銀行から支援を受けていない人が農村人口の八割を占めていることも認識している。一九九〇年代のＢＲＡＣ戦略は、郡レベルで政治的・経済的ダイナミクスに継続的変化を起こすため、土地なし農民の多くが支援対象者となることを前提としているので、そのために人々を広範にカバーする方法を慎重に検討する必要がある。またその実現についてはＢＲＡＣが単独で行う必要はない。

他のＮＧＯとの協力の強化、これが一九九〇年代のＢＲＡＣ戦略の第二の特徴であるが、他のＮＧＯやグラミン銀行などの組織が活動している所では、郡全体を網羅できるよう各支援組織が責任分担を行って、郡レベルの調整メカニズムを作るようＢＲＡＣが提案する予定である（訳注・ＢＲＡＣはグラミン銀行やその他のＮＧＯとの間で、それぞれのＮＧＯが組織した活動に参加している村人のメンバー・リストを交換するなどして、同じ地域内で活動する複数のＮＧＯ間での協力を推進し、重複を避けている）。最近、バングラデシュＮＧＯ連合（ＡＤＡＢ、Association of Development Agencies of Bangladesh）は「ビジョンの共有イニシアティブ（Shared Visions Initiative）」を導入し、ＮＧＯがより緊密に仕事ができるよう奨励、支援している。

ＢＲＡＣが直接支援を担当する村落の数は、どの郡でも郡内における他のＮＧＯの活動範囲によって決まってくる。目標は、郡内で土地を持たない全世帯に対し、土地なし農民組織への参加と多様な自助活動（ＮＧＯの支援があるなしに関係なく）の機会を提供することである。この場合、ＢＲＡＣの資源は他のＮＧＯの仕事を補ったり、他のＮＧＯに対する必要に応じた支援のために使われる。

複数のＮＧＯが関わっている郡では、土地なし農民の組織化をＮＧＯ間で責任分担する。たとえば一〇の村（ユニオン）がある郡では、ＢＲＡＣが三つ、プロシカ（ＰＲＯＳＨＩＫＡ）が三つ、ニゲラコリ（Nigera Kori，訳注・バングラデシュ南部のＮＧＯ）が二つ、ＣＣＤＢ（Christian Commission for Development in Bangladesh，訳注・一九九〇年代からは主にＨＩＶ・エイズに関わる活動を展開しているＮＧＯ）が二つの村をそれぞれに分担している。その他の責任は、機能本位で分担される。たとえばＢＲＡＣは郡全体にノンフォーマル小学校を導入し、ＲＤＲＳ（Rangpur Dinajpur Rural Service，訳注・バングラデシュ北西部のロングプールとディナジプールで二十数年間、農村開発にあたってきたＮＧＯ）

は保健委員会の組織化に責任を負う。ＢＲＡＣは、バングラデシュの開発に多くのＮＧＯが価値ある貢献をしていることをよく認識しており、小さな地元ＮＧＯも含めたこれらのＮＧＯをできるだけ奨励し、強化したいと考えている。

自立性の再強化

一九九〇年代のＢＲＡＣ戦略の第三の特徴は、開発の触媒としてのＢＲＡＣの役割をさらに強化し、ＢＲＡＣが助成してきたサービスに対する村落グループの長期的な依存性を回避することである。自立戦略の核となるのは、土地なし農民のグループが「農村開発プログラム」から卒業し、第四章で詳述したＢＲＡＣの銀行プロジェクトへと移行することである。銀行は自立的な財政基盤で運営され、利子と手数料の回収および銀行の資金投資による利益によって、貸し付け業務などにかかる経費を賄う。「農村開発プログラム」を卒業し銀行プロジェクトへ移行した村落グループは、「農村開発プログラム」によって提供される無償のサービスや助成サービスの大半を受けることはできなくなる。したがってメンバーは、ＢＲＡＣの訓練リソース・センターやその他で行われる訓練サービスを有料で受けたり、必要であれば技術サービスをＢＲＡＣから購入せねばならない。銀行は基本的サービスの一環として、村落グループのメンバーと訓練・技術サービスの提供者との間を仲介し、訓練の開催や技術協力をアレンジする。また銀行のスタッフには能力と時間があるので、政府との協力促進活動も担当させる。しかし今のところ活動対象は、主に村落組織と融資利用者に向けられている。

銀行融資は、ＢＲＡＣが組織化したグループへのサービス提供を目的としているが、将来的には他のＮＧＯが組織化した土地なし農民へのサービスもできるようになるであろう。ただしそれは、他のＮＧＯとそこが支援している土地なし農民グループとの合意が必要である（訳注・現在のところ、他のＮＧＯメンバーに対するサービス提供は行われていない）。

自立戦略の第二の核は、村や郡のレベルで土地なし農民グループの連合を形成することである。連合の目的と活動についての全体像はまだ明らかになっていないが、連合は次のようなサービスを行う。（1）村落組織間での協力や、ＢＲＡＣなどのＮＧＯと村落組織との情報交換のための会議の開催、（2）地方裁判などでは土地なし農民の意見を代表し、地方政府との間では必要なサービスを交渉するなど、社会的活動の実施、（3）地方レベルの選挙では土地なし農民の参加を強化するメカニズムの構築。

このような連合の形成は、ここ何年か公言されてきた目標で、二つの地域ではすでに連合が形成されているが、そこでは多様なアプローチについて多くの貴重な教訓が得られている（これらの経験と結果の詳細は、Holtsberg, 1991の諮問報告書を参照）。連合形成の努力はこれまで大きな成功をおさめてこなかったし、一九九〇年代の戦略計画でも連合について改めて強調されたにもかかわらず、一九九一年末までの「農村開発プログラム」や「農村融資プロジェクト」の中には連合の構造と役割に関する政策が公的に示されたことはなかった。一九九一年の初めになってＢＲＡＣは内部に作業グループを設け、それまでの経験を検討し、村および郡レベルでの連合形成戦略を改めて提案させることにした。

村落組織間の調整に公式のメカニズムがなかったことは、村落組織間の相互作用がなかったことを意味しているのではない。グループ間の協力は任意に（他の村落組織の会議に別の村落組織のメンバーが参加するなど）、また時には計画的に行われてきた。ある特定の活動については、それ以前のプログラムが残した組織的構造を利用して協力が行われた（Holtsberg, 1991）。しかし公式の連合協定がないために、社会的活動や経済的事業に協力が必要な場合には、「農村開発プログラム」のスタッフや「農村融資プロジェクト」の銀行プロジェクトが村落組織をひとつにまとめるという責任を負うことになっていた。より大規模な経済事業（たとえば大規模な深管井戸やレンガ作りなど）の多くで、村落組織と生産マネジメント・システムとの間の協力のために、特別な制度的協定が結ばれている。アイシャ・アベッド基金は、手工芸や絹生産、織物などを通じて何百もの女性村落組織の調整を行っている。

銀行プロジェクトへ移行した後の村落グループの自立性を維持するためには、連合のような組織が、社会的活動や村落組織間の集団経済活動を調整する役割だけでなく、継続的な制度的開発や村落組織そのものを改善する役割も求められている。今のところこれらの役割はすべて、主としてBRACのスタッフが担っている。効果的な連合が設立されれば、BRACは連合を通じてマネジメントや技術面でのサービスを村落組織とそのメンバーに提供できるようになるであろう。そのためのステップは、BRACの「撤退」戦略に合致していなければならない。まず連合は、組織的支援や技術的支援などを受け、独立可能な機関になる必要がある。連合の継続には何人かのスタッフが必要であろうし、長期的な独立性を実現するためには、サービスの有料化や会員からの会費徴収などで収入を得る方法を見出さねばならない。連合のための特別チームは、これら諸側面についてこれまでの経験を検討している。

BRACは、機能的な連合システムができることで、村落組織のメンバーがBRACの政策形成に影響を及ぼすきっかけができ、BRACとメンバーとの間の協議の場としても機能するだろうと考えている。現在のところ、非公式なメカニズムがその機能を果たしている。

行政に対する促進活動の拡大

一九九〇年代のBRAC戦略の第四の特徴は、政府のさまざまなサービスを改善するために政府との協力活動を強化することである。これまで指摘してきたように、BRACはサービスの改善を目標に複数の省庁との協力活動を行ってきた。その結果はさまざまである。コミュニティの参加を進め、マネジメント・システムの強化によって公立の小学校を改善するBRACの促進プログラムでは、あまり際立った成果が出ていない（BRAC, February 1991, Facilitation Assistance 参照）。政府の農村保健サービス提供システムの改善活動の中で、予防接種活動については顕著な成功をおさめたが、その他の保健活動では成功の程度はさまざまであった（BRAC, 1990, Child Survival; 1990, Tale of Two Wings 参照）。管井戸や養蚕、家畜、家禽、魚の養殖などにおける政府との協力強化が期待されており、それによってコミュニティの要求もかなえられるようになるであろう（訳注・政権の交代やその他バングラデシュの政治的諸事情のために、コミュニティの要求がかなえられるような状況はいまだに整ったとはいえない。しかし、政府とBRAC

の協力活動が進み、保健や教育などの分野でサービスが改善されつつあることは確かである)。

一九九〇年代の戦略計画では、BRACの中に行政に対する促進活動を担当する部署を設けることになっている。具体的には、一～五人をフィールド促進チームとして指名し、対象として選抜された郡の当該省庁の出先事務所に派遣する。この計画では、ひとつの郡内に複数の省庁の出先機関と一緒に働くチームを複数置くという構想である。これらのチームの役割は出先事務所を支援して、(1)特に優先順位の高いサービスの提供をより効果的に行うこと、(2)ニーズを見極めたり、効果的なサービス利用を促進する中心となる村の委員会とこれらのサービスとを結びつけることにある。このチームは省庁のスタッフとともに、郡のプログラムの妨げとなっている原因を査定し、マネジメント・システムの改善や訓練などの方法で、問題に対処する対策活動の内容を共同で作成する。

計画に示された政府促進のための担当部署は、一九九一年の半ば時点ではまだBRAC内に設けられていない。郡にある複数の省庁出先機関との協力やそれらへのマネジメント支援は、「農村開発プログラム」の経済部門の専門家やその他のプログラムの郡レベルでのプログラム・リーダーが、訓練リソース・センターやBRACの「マネジメント開発プログラム」と協力して実施している。提案された戦略にBRACが従うかどうか、あるいは個別の政府機関を促進する部署を設けるかどうか、あるいはプログラム・リーダーを通じてこの仕事を集中的に続けるかどうかなどは、今後見守って行くべき問題である(訳注・現在は公務・コミュニケーション課がその任務を担当)。

どの方法がとられるにしても、BRACは政府のサービス改善を刺激し、支援することに重要な役割を果たし続ける。NGOは政府の役割に取って代わることはできないが、政府のサービスを改善し、政府とそのサービスを受ける村人とを結びつけることができる。一般に政府は、コミュニティ全体を平等に支援することが期待されているが、バングラデシュの農村部では、政府の支援はしばしばもっとも裕福な人々に向けられているのが現実である。BRACはコミュニティの最貧層(バングラデシュ農村部の大多数を占める)に再度その支援を向けようと試みている。

BRACの拡大戦略

すでに述べてきたように、BRACの「一九九〇年代拡大戦略」の目的は、地理的基盤に資源を集結させ、いくつかの郡の中で支援が完全に行き渡るようにすることにある。拡大のために最優先されることは、BRACがすでに活発に活動している郡でのプログラムの完全普及である。

第二の優先事項は、すでにある六つのBRAC訓練リソース・センターの一つか二つ、あるいはこれから設置予定の三つのセンターがサービスを提供する地域で、プログラム完全普及率を達成することである。ひとつの訓練リソース・センターは、「農村開発プログラム」地域事務所または「農村融資プロジェクト」（銀行プロジェクト）支部を最多で一五カ所支援する（これは郡五つ分の範囲に匹敵する）。その対象となるプログラムの完全普及が達成されると、新しい訓練リソース・センターが設立され、NGOやグラミン銀行などの既存プログラムからまだ支援を受けていない貧しい農村地域のうち、優先順位の高い地域にある郡に新たな支援が始まる。全部で二〇カ所の訓練リソース・センターが西暦二〇〇〇年までに運営を開始する予定である（訳注・実際については二〇三頁訳注参照）。

規模の拡大が始まった一九九一年だけでも、BRACは七～八つの郡に二〇の地域事務所を新設した。それから一九九七年まで、拡大率は毎年徐々に増加する予定で、その後は一三、四の郡を対象に、毎年四〇の新しい地域事務所を開くことにしている。二〇〇〇年までには三〇〇の地域事務所が設立され、一〇〇から一一五の郡（この数字は協力活動を行う他のNGOがカバーする人口によって変わる）が、制度化された融資プログラムへと「卒業」していくことになるであろう。国内には全部で四六四郡ある。BRACが西暦二〇〇〇年までに目標を達成したならば、国内の最貧困層の四分の一がBRACによって組織化され、融資の提供やその他の支援を受けることになる（訳注・二〇〇〇年一一月には、BRACは四六〇郡で活動を展開し、地域事務所数は四三一である。出典 BRAC At A Glance, April 2001）。

5　持続可能性ついての課題

持続可能性については多くの定義がある（有用な調査としてBryant, 1991参照）。定義は環境的な持続可能性と、経済的、社会的、政治的な持続可能性を指しているものとがある。開発中心主義的性格の強いＮＧＯは、この用語を「開発プログラムやプロジェクトから生まれた利益が、外部からの対策活動がなくなった後も、あるいはドナーが資金拠出を止めた後も継続できること」と定義してる。この定義での持続可能性は、対象となるコミュニティがどのくらい自立しているか、より広い社会の中で新たにコミュニティの自立を支援するプログラム開発に社会や政治がどのくらい関与しているかにかかっている。

ＮＧＯの対策活動とは、しばしば次のように考えられている。すなわち、社会の底辺にいる人々が外部からの手助けがなくても前進できるよう十分なエンパワーメントが行われ、自立のための方法やＮＧＯによって導入された模範的な機能を自助組織ないし政府が引き継ぐことができ、またそうしようとするための一時的な活動である、と。ＮＧＯは「撤退戦略」を持ち、段階的撤退のための実施目標を作ることが求められている（その例としてWils, Passtoors, and Van Leeuwin, 1988参照）。また別の定義として、持続可能性とは、ＮＧＯの組織としての持続可能性と、外部からの支援にまったく依存しないかまたは依存性を減少させながら、開発目標を果たしていくＮＧＯの能力の持続可能性としてとらえられることもある。

ＢＲＡＣは、持続可能性を常に念頭に置いているが、一方で貧しい人々とともに制度を構築することは、経済的、社会的プログラムの両方を必要とする長いプロセスであることも知っている。土地なし農民が、外部の組織や政府から提供されるサービスを受けずとも完全に自立できるという仮説は、非現実的なものである（この問題についての議論はＢＲＡＣリーダー二人による講演、Abed, June 1990；Ahmed, 1990参照）。グループやメンバー個人が、より高度な経済的、社会的活動を段階的に引き受ける場合には、高いレベルのマネジメント訓練や技術訓練、そして相当額の融資が必要であることが指摘されている。より高度な活動とは、大規模な灌漑プロジェクトや耕運機プロジェクトなどの技術的志向性の強い経済的事業のことである。

開発事業の規模が大きくなり利益が上がるようになるにつれ、融資利用者は多くの技術的サービスに代金を支払うことができるようになる。しかしこれらのサービスを提供するＢＲＡＣのような組織は、それを効率よく行わねばならない。土地なし農民のグループ全体が独立するためには、彼ら自身の開発だけでなく、支援制度や改善された政府サービスを利用できるかどうかも重要である。

持続可能性のためのＢＲＡＣ戦略は、貧しい人々が自分たちの開発活動の計画作成や実施、モニタリング、評価などに効果的に参加して学ぶというエンパワーメントの考えに基づいている。ＢＲＡＣは組織化や訓練、財政サービスなど多様なサービスを提供してきたが、パトロン―クライエント関係にならないよう気をつけてきた。村落組織そのものは、経済的事業や社会活動、紛争の解決などにとってもっとも重要な支援システムである。毎週一度の貯蓄を義務づけることでグループ・メンバーの資源を動員するという活動は、外部組織への依存性を減らす重要な自立戦略である。村落組織は、自らの貯蓄だけですべての融資のニーズに応じることはできないが、約四〇％の自己資金調達ができるようになっている。

持続可能性ための第二のＢＲＡＣ戦略は、経済のさまざまな下位セクターで持続を可能にする原動力を作り出すことである。家禽プログラムはその例である。第五章で述べたように、ＢＲＡＣは自力で継続できるヒナへのワクチン接種プログラムを作り、ヒナの死亡率を減らした。ＢＲＡＣの職員の代わりに、村の多くの女性たちが訓練を受けてワクチン接種に従事している。また政府の家畜家禽課が協力し、訓練を受けたワクチン接種担当者にワクチンを無償で供給している。ワクチン接種を担当する女性たちは、鶏の飼育者に有料でワクチン接種を行うことで定期所得を得るだけでなく、それが仕事継続の動機ともなっている。ＢＲＡＣがワクチンやワクチン接種サービスを提供しなくても、確立されたシステムは自立している。ＢＲＡＣのオーガナイザーがその地域からいなくなっても、その機能は継続する。同じような取り組みは漁業や家畜などの経済部門でも行われてきた。プログラムを企画する場合の目標は、常にそれが自立して継続できるシステムの確立に結びついているかどうかに定められている。

持続可能性の第三のＢＲＡＣ戦略は、農村開発に関わるさまざまな機関や組織の間で効果的な連携を構築し、貧しい土地なし農民のコミュニティが加わることのできる政治的経済的環境を形成することである。村落組織は「Food-for-work プログラム」と連携しているので、組織メンバーはイケスの拡大や植林など自分が選択した経済的活動に、どのようにそのプログラムを役立てれば良いかを理解している。郡全体の村落組織間の結びつきを構築しようというＢＲＡＣの連合戦略は、必要な経済的社会的サービスの利用可能性を強化しているため、関連機関と交渉したりそれに圧力をかける村落組織の能力強化につながっている。

持続可能性のための第四の戦略は、ＢＲＡＣの政府促進活動である。これまでにも述べてきたが、ＢＲＡＣは政府機関とともに活動し、農村コミュニティへのサービスの改善や、コミュニティの要求とサービス改善とを結びつけることに力を注いできた。たとえば保健分野では、人々はトイレや栄養についての自分たちの態度や知識、下痢性疾患のための経口補水液の作り方とその処方などに自信が持てるよう学習を行う。一方で、政府保健機関は予防接種や家族計画用品とサービス、肺結核やその他の病気の治療などのサービスを提供しなければならない。政府やいくつかの有能な組織に対しては、開発に欠かせない投資として、初等教育への支援が求められている。必要ではあるが自分たちでは継続できないサービスについては、政府や他の組織がそれを提供できるようになるまで、ＢＲＡＣは撤退することができない。

持続可能性のための第五の戦略は、ＢＲＡＣの自立的で自助的な銀行の設立である。銀行は業務開始から四年後に、ドナー資金に頼らずに自立する。また村落組織が銀行プロジェクトへ移行すれば、ＢＲＡＣは技術訓練や技術協力など経済事業関連の多くの開発サービスについて経費を助成する必要がなくなる。融資利用者は、サービスに対して代金を支払うことが期待される。ＢＲＡＣやその他の能力ある組織は、今後も融資にともなう訓練や技術的サービスを有料で提供するよう要請されるであろうが、銀行の出現によって、仲介組織としてのＢＲＡＣへの依存性は小さくなる。

持続可能性のための第六の戦略は、いくつかのプログラムの規模を十分に拡大し、全国レベルでそれらが貧しい人々のために効果的に企画、運営されるよう政府と他のNGOに働きかけることである。BRACのノンフォーマル初等教育プログラムと全国規模での経口補水療法プログラムは、このモデルとなっている。

最後に、BRACのような仲介組織そのものの持続可能性の問題が挙げられる。バングラデシュの多くの村では対策活動がいまだに行われておらず、国内農村部に住む貧しい人々の大半は組織化も支援もなされていないので、開発対策活動のニーズは今後何年にもわたって続くであろう。BRACを含むほとんどの仲介組織は、プログラムの資金調達の点で外部からの支援に大きく依存している。BRACは資金のできるだけ多くを、独自の事業によって調達しようと努力してきた。BRACが経営する企業は現在、BRACの年間予算二〇〇〇万ドルのうち一五％の資金を捻出している。BRACの目標は、ドナー資金への依存性を減らし、もっと自立的に運営できるようになることである。しかしながら近い将来、自立して運営を継続する理想が達成される見通しはまだない（訳注・二〇〇〇年現在、BRACの年間予算に占めるドナー資金の割合は二五％にまで減少し、経済的な自立達成は現実感を増している）。

6　結び

持続可能性、撤退戦略、自立性などについての最終的なコメントとして、先進国の読者には自分の国での経験を考えてみてほしい。もっとも貧しく、もっとも不利な立場に置かれている人々にとって、自立は常に目標であるが、どこの国であろうと、政府やNGOの大規模かつ継続的な対策活動がまったくなければ、それらの人々の大部分は生存していくことも前進することもできない。先進国では、国内の最貧困層に届く対策活動をいくつか成功させているし、新しい対策活動も常に試験的に実施されている。それでもなお、社会的、経済的にあまり恵まれていない北側諸国の人々には、社会的保護、保健、教育など、多様な政府プログラムや民間のNGOからの強力な支援が常にある。段階的に撤退する「共同募金」や小規模事業プログラム、慈善基金や教育基金などに対する疑問の声はほとんど聞かれない。

社会的経済的開発は多くの人にとってまだ始まったばかりであり、最貧困層に対する政府のサービスがほとんどないか効果的に行われていない所で、しかも近い将来に大きな変化はないと予測される国の場合には、ＮＧＯの対策活動が何年にもわたって必要である。バングラデシュはその実例である。個々のＮＧＯの達成能力を評価するには、持続性という視点がなければならない。特にプログラム対策活動が持続性を確立しているかどうか、まだ何も行われていないコミュニティへＮＧＯが対策活動を拡大することができるかどうかが重要である。しかしながら、あらゆる分野で全国的に継続的で自立的な開発が近い将来行われるようになるかどうかは定かではない。当面は、資金という北の資源と人材という南の資源を共有することで支えられているＢＲＡＣのような組織が、大いに必要とされるであろう。短期的な開発目標としては、仲介活動を行う組織をできるだけ効果的かつ効率的なものにすることである。

訳者補章　九〇年代のＢＲＡＣ

キャサリン・ラヴェルが本書を出版してから九年が経過した。キャサリン・ラヴェルの言う「学習する組織」ＢＲＡＣは、日々変化と成長を続け、規模のうえで世界最大のＮＧＯとなっている。ラヴェルが解説したプログラムの活動の中には、その後新しい方向性を見出したもの、すでに中止されたものなどが出てきている。ＢＲＡＣの変化はめまぐるしく多様であるため、プログラムすべてを詳細に追っていくことはできない。ここでは、ＢＲＡＣを「学習する組織」としていち早く世界に紹介したデビッド・コーテンが中心になってまとめた *BRAC Strategy For the 1990* と *BRAC Strategy 1998–2007* という二つの戦略ペーパーや最近の年次報告書をもとに、一九九〇年代から今日までにＢＲＡＣに起こった変化を概略し、次に比較的新しい活動の中からその変化を反映しているものをいくつか取り上げ、それらから二一世紀のＢＲＡＣの方向性について考察していくことにする。

変化する組織ＢＲＡＣの中で変わることなく一貫してきたのは、「学習する組織」という特徴である。これは基本原則として今も保持されている。一九九八年の年次報告書の最初にも、「ＢＲＡＣの姿勢の基礎は実験（experimentation）と学習（learning）である」（*BRAC Annual Report*, 1998, p. 3）と述べられている。またＢＲＡＣのスタッフは、その地位や役割にかかわらず、誰もが「学習」という言葉を頻繁に使用する。スタッフへのトレーニングが頻

付図1　ＢＲＡＣ組織図（1999年）

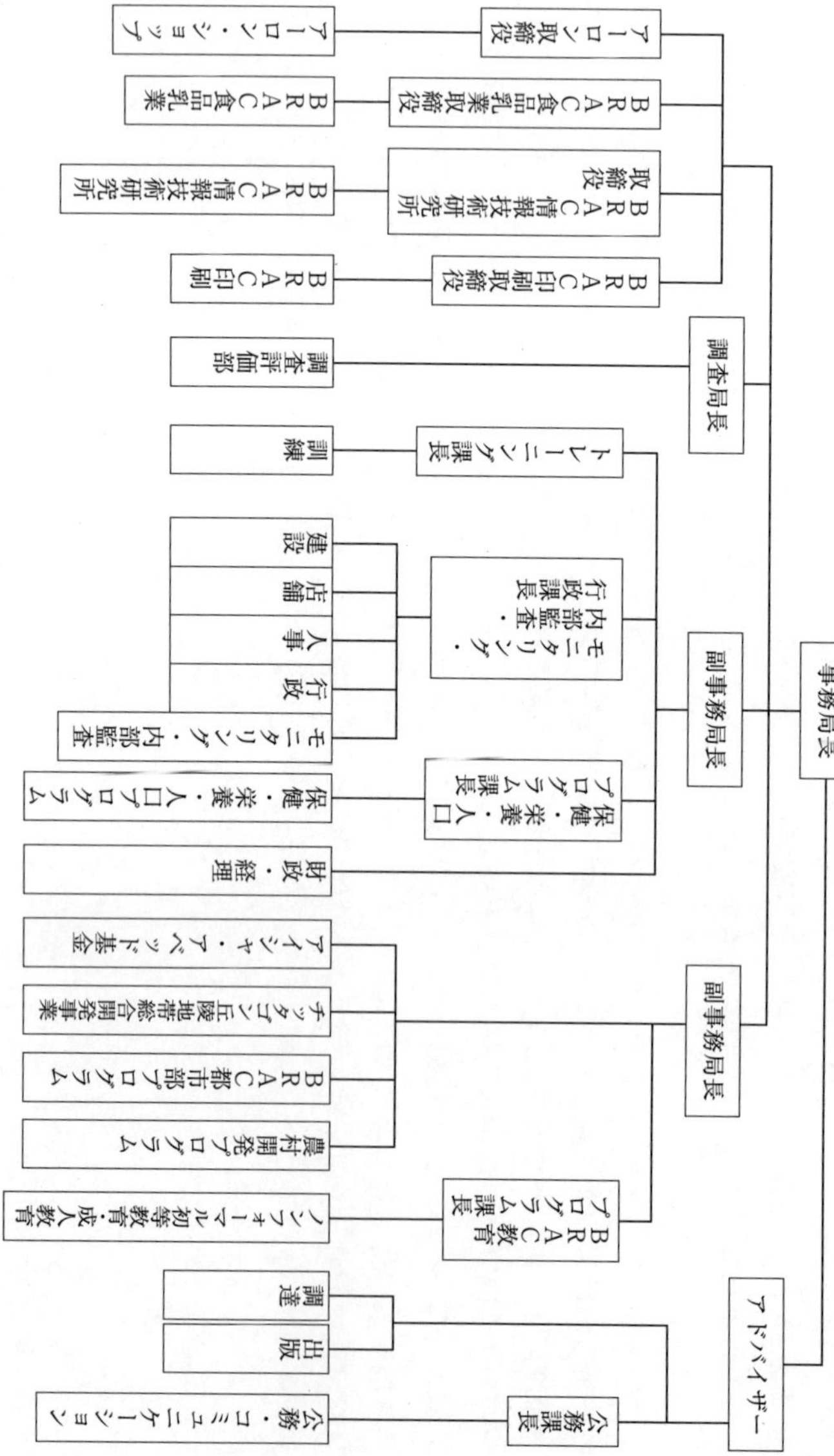

出典：*BRAC Annual Report 1999*, p. 49.

繁に実施される他、組織としての学習にも積極的に取り組んでいる。最近の例では、一九九五年に始まった「ジェンダー・クオリティ・アクション・ラーニング・プログラム」のもとに組織内のジェンダー問題に取り組み、ジェンダーに関する組織としての態度の検討、スタッフの分析能力と対応能力の強化を図ってきた。これらは、センゲが述べた「学習する組織」の特徴の中でも〈自己学習〉や〈チーム学習〉、あるいは〈固定概念の払拭〉に当てはまる活動である。また同時に、プログラム作成や人事にジェンダーについての組織としての価値観や態度が反映されるよう努力している。

ＢＲＡＣが創設以来一貫して保持してきたもうひとつの特徴は、組織としての「ミッション（使命）」である。貧困の削減と人々の参加によるエンパワーメントは、常にＢＲＡＣの戦略の基礎となってきた。先に述べた戦略ペーパーや年次報告書の中で述べられているＢＲＡＣの使命にもその点が明確に示されている。

では何が変わったのか。第一に挙げられるのが組織と活動の規模である。ＢＲＡＣは、貧しい人々のニーズがあるかぎり活動規模の拡大を組織の信念として常に掲げ成長し続けてきたが、一九九〇年代はそれまでにも増して飛躍的に組織と活動の規模を拡大した。組織について見ると、常勤スタッフは一九九一年の四七〇〇人から二〇〇一年には約二万五〇〇〇人に、年間予算は同じく二〇〇〇万ドル（二三億円）から一億五二〇〇万ドル（約一七五億円）へと増加した。当然の結果として組織構造と活動内容は以前と比べると多様化、複雑化している。組織内のさまざまなレベル間でスムーズなコミュニケーションを促すとＢＲＡＣが誇ってきた「フラットな組織構造」も変わらざるを得なかった。ただし、*BRAC Strategy 1998–2007* で言及されているように、ＢＲＡＣは組織の拡大にともない組織としての態度や構造が階層的になりつつあることを自覚し、チーム・スピリットの弱体化を警戒している（p. 3)。「プログラムの成功には、効果的なマネジメントと経験から学習する能力が不可欠である（p. 4)」として、「マネジメントの構造はできるだけ分権的でフラットにする」よう勧告している。一九九九年のＢＲＡＣ組織図を一九九一年のもの（八〇頁、図3・1）と比較すると、水平方向に拡大をしている反面、垂直方向への拡大はできるだけ押さえられ、マネジメントの上位と村で働くスタッフの間に介在する役職を最小限に保つ努力が続けられている（付図1）。

第二に、プログラム作成において社会的、財政的な持続可能性を重視するという従来の原則に加え、環境的持続可能性（environmental sustainability）を強調するようになったことである。一九九八年の年次報告書の最初に、「ＢＲＡＣの活動は個人的なレベルに強調を置いているが、組織としての活動を継続できるかどうかは、貧困と失望の悪循環を貧しい人々によって打破させるような環境にかかっている。ＢＲＡＣは、貧困削減と社会の進展のために、国や地球のレベルで変化をもたらす努力をしている」（p. 12）と明記されている。特に最近は、地下水へのヒ素の混入が緊急の問題として浮上し、自然環境にも配慮した開発活動が不可欠となっている（一九九五年、ＷＨＯによってバングラデシュの地下水へのヒ素の混入が初めて確認された。全国規模で行われた無作為抽出調査では全国六四県中六一県にヒ素があり、国内の飲料水の約三〇％が高い水準のヒ素を含有していることがわかっている。ヒ素はある一定の深さの地層に含まれているが、季節によってもヒ素が検出される場合が変化し、ＢＲＡＣは代替水源の確保やヒ素を取り除く濾化器の普及などの活動を全国的に展開しつつある）。

第三に、対策活動の中で女性のエンパワーメントがいっそう強調されてきたことである。村落組織を形成する場合、従来からひとつの村の中で女性グループの形成が男性グループの形成に先んじねばならないというきまりがあったが、一九九〇年代には女性の組織化がいっそう強調され、今や村落組織に占める女性メンバーの割合は九五％となっている（一九九一年当時は六五％）。訳者らがＢＲＡＣのある訓練リソース・センターを訪ねたとき、壁に貼られたスローガンには、「男性をひとり訓練してもそれは個人を訓練することに過ぎないが、女性をひとり訓練すれば家族すべてが訓練されることになる」と書かれており、家庭や社会に与える女性の影響力の大きさをＢＲＡＣが非常に重視していることがうかがわれた。

第四に、少数民族問題や都市問題という新しい視点が加わったことである。前者については、一九九七年一二月二日、バングラデシュ政府とチッタゴン丘陵地帯（バングラデシュ南東部に広がる丘陵）の少数民族を代表する組織ＰＣＪＳＳ（Parbattya Chattagram Jana Sanghati Samity チッタゴン丘陵人民連帯委員会）との間で平和協定が結ばれたことを受け、ＢＲＡＣはバングラデシュ独立以来二五年間にわたって孤立してきたこの地域への開発活動を開始した。また後者については、一九九〇年代に入って急速に進んだ都市化によって、都市スラム地域に住む貧困層の問題が深刻化した。従来農村部でのみ活動してきたＢＲＡＣも、都市部のスラムに住む人々を対象とした活動を無視するわけにはいかなくなった。そのためＢＲＡＣは、バングラデシュ農村振興委員会（Bangladesh Rural Advancement Committee）という名称の使用をやめ、近年ＢＲＡＣという略称を正称として使用することを決め、都市問題への取り組みを開始した。

第五に、政府とＮＧＯとの関係の変化にともない、ＢＲＡＣが果たす役割が変わってきたことが挙げられる。バングラデシュ政府と地元ＮＧＯとの関係は、これまでに大きく三つの時期に分けることができるとサレフディン・アハメッドは分析している（“Role of NGOs in national development”, *The Independent*, 27 October 1999）。一九七〇年代はＮＧＯの力がまだ小さく、バングラデシュ政府はＮＧＯの存在をほとんど無視していた。八〇年代に入ってＮＧＯが力をつけ存在力を増してくると、政府とＮＧＯは競争と対立の時代に入った。しかし九〇年代はむしろ協力・協調の時代であり、政府とＮＧＯは互いに補足し助け合いながら社会の問題解決に努力するという姿勢に変わってきたのである。この変化の背後には、ドナーが政府に対して、ＮＧＯとの協力によって貧しい人々に配慮した政策とサービスの提供を促すことに成功したことが挙げられる。またバングラデシュが抱える問題の多様さと複雑さゆえに、政府とＮＧＯが別々に対応していたのでは変化を起こせないという自覚が両者の間に芽生えたともいえるであろう。このようなダイナミクスの中で、ＢＲＡＣのような巨大なＮＧＯは社会変化を推進するとともに、政府への直接的な働きかけを強めてきたのである。

1　九〇年代に始まった新しいプログラム

この補章では一九九九年のＢＲＡＣ年次報告書の分類に従って、ＢＲＡＣの主要プログラムについて九〇年代を通して行われた諸活動のいくつかを見ていくことにする。その分類とは、「農村開発プログラム」、「ＢＲＡＣ教育プログラム」、「保健・栄養・人口プログラム」、「ＢＲＡＣ都市部プログラム」の四つである（ただし二〇〇一年の「一目でわかるＢＲＡＣ（BRAC At A Glance）」（二九五頁参照）ではすでに、新しい戦略に基づいて組織改変が行われている。「農村開発プログラム」と「ＢＲＡＣ都市部プログラム」は「ＢＲＡＣ開発プログラム」の中に統合され、その他に「ＢＲＡＣ教育プログラム」、「保健・栄養・人口プログラム」の三つのプログラムになっている。なお、二〇〇〇年度年次報告はまだ出ていない）。

「農村開発プログラム」の新しい動き

ＢＲＡＣの最大プログラムともいえる「農村開発プログラム」では、従来行われてきた家禽や家畜、養蚕、漁業などのプログラムが継続・拡大されてきたが、九〇年代に入ると新たに、**〈社会開発プログラム〉**、**〈農村企業プログラム（非農業分野）〉**、**〈小企業向け融資と支援プログラム〉**、**〈農業プログラム〉**、**〈チッタゴン丘陵地帯プログラム〉**などが始まった。

〈社会開発プログラム〉　このプログラムは、人々が生活の質を改善するためには社会問題を認識し、法的知識を持ち、政治的に参加することで、不公正を正し差別をなくさなければならないというＢＲＡＣの認識から、制度の構築と意識化、すなわち人々のエンパワーメントを強化するプログラムとして始まった。プログラムは、（１）コミュニティ会議、（２）区連合、（３）大衆劇場、（４）人権と法律教育、（５）法律支援サービス、（６）地域社会のリーダー・ワークショップ、（７）人権侵害問題および事件、の七つの分野で構成されている。

（１）のコミュニティ会議は村落組織のメンバーが集まって行う月例会議のことである。これは従来から行われてきたが、今では**〈社会開発プログラム〉**の一環として、会議の中で出された問題についての村人の声を集約する場、そしてより大きな集会に参加するための準備の場と明確に位置づけられている。（2）の区連合は、一九九八年の半ばにＢＲＡＣによって形成された。これはバングラデシュ政府が村（ユニオン）をそれぞれ九つの区に分ける決定をしたのを受けて作られた。各区にある三〜七つの村落組織から代表が出て、区連合は各村落組織の声をまとめて組織化することを目的としている。また違法な離婚やダウリ、未成年の結婚、重婚、汚職などの問題にグループとして取り組んでいる（ダウリとは、結婚時に花嫁側から花婿側に納める結婚持参金のこと。現金だけでなく、家電品や宝石などの物品をつけることもある。バングラデシュでは、このダウリの額面をめぐり、結婚後もさらに多くのダウリを嫁ぎ先から要求されたり、額面の少なさを理由に嫁に対する拷問や殺人が多発している。ダウリはインドやバングラデシュなど、父権制度の強い南アジア社会に見られるが、それを禁止しようとする市民社会の動きも出ている）。（3）の大衆劇場（Popular Theatre）は、字の読み書きができない多くの農民に社会的、法的問題についてのメッセージを伝えることを目的とした活動で、特に女性に対する差別や暴力などを題材にした演劇を上演する。役者は一般の村人から選ばれ、一カ月余りの練習の後、近隣の村を回って公演する。訳者らがマイメイシンのある村で大衆劇場を見たときには、農家の敷地内に作られた舞台で金曜日の夜七時から、老若男女の役者による熱演が二時間余り繰り広げられ、観衆が三〇〇人以上集まった。劇の内容にはヒ素入りの井戸水、衛生問題、男女間の恋愛、階層間の格差、都市と農村の格差など多様な話題が盛り込まれ、観衆は劇に引き込まれて一喜一憂し、会場

農家の敷地内で開かれる大衆劇場。子どもから老人までオーディションによって選ばれた村人が役者となり、１カ月余りの稽古を経て近隣の村を回って上演する。（久木田由貴子撮影）

ＢＲＡＣからの融資で村の女性が開いた小さな雑貨屋。（ＢＲＡＣ提供）

は熱気にあふれていた。一九九八年末までにすでに三八の劇団ができ、一五〇〇回以上にわたってこのような公演が行われたと報告されている。（４）と（７）の活動の一部については、一九八六年から〈法律補助員プログラム〉として実施されてきたが、現在は〈社会開発プログラム〉の中に位置づけられている。一九九八年に始まった（５）の法律支援サービスでは仲裁手続きで解決できない事例について法律支援を提供している。ＢＲＡＣの地域事務所で週に一度、法律支援クリニックが開設され、ＢＲＡＣのスタッフと法律家が裁判の手続きなどを進める。（６）の地域社会のリーダー・ワークショップでは、地域社会のリーダーや高学歴者たちが集まり、社会政治的問題や法的問題についての議論の場となっている。その場で彼らが地域に果たす役割や信頼性の問題も話し合われる。

〈農村企業プログラム〉　このプログラムは、農村地域の小規模な事業開発を支援促進することを目的とし、特に女性たちが食堂や八百屋、洗濯屋、仕立て屋などを始めるのを奨励している。一九九九年の末には、このプログラムによって女性たちが二三〇〇軒以上の食堂、九〇〇〇軒近くの八百屋、約三五〇〇軒の仕立て屋を経営していた。これらの小規模な事業は女性の所得獲得につながるだけでなく、サービスのほとんどなかった農村地域のニーズに応えることにもなった。

〈小企業向け融資と支援プログラム〉　このプログラムは、都市部郊外地域と農村地域の両方で小規模の企業の成長促進を目的とし、一九九六年一二月に始まった。従来の「農村開発プログラム」の中で行われてきた小規模融資と違うのは、その対象が貧困から脱却した後も銀行融資や公的融資を受けるには至らない人々だという点である。このプログラムで支援を受けているセクターには、小規模な織物業や家内工業、食品加工業、運送業などが含まれる。平均融資額は二〜二〇万タカ（約四〜四〇万円）で、融資利用者は女性が多く、返済率は九九％と高率である（*BRAC Annual Report*, 1999, p. 20）。このプログラムによって、農村部の人々が地元で所得を得る事業を見出すことができれば、都市部への人口流出も抑制できると期待されている。

〈農業プログラム〉　ＢＲＡＣは、早い時期からメンバーに対する農業技術指導を行ってきたが、農産物の収穫量の増加を阻んできたのは、高品質の種子がないことであった。ＢＲＡＣは〈種子生産プログラム〉を開始して、高品質で病気に罹りにくい種子を生産するための農場を設立した。また一九九七年には組織培養研究所をダッカに設立し、ジャガイモやバナナの品種改良に成功した。施設には最新の設備と技術が導入され、四つの生育室にはそれぞれ三万本以上の組織培養器が収納できる。組織培養された丈夫な農作物の球根や種は、貧しい人々の生活改善に大きな役割を果たしている。たとえば、「農村開発プログラム」の中でＢＲＡＣメンバーの女性がマイクロ・クレジットを利用して家庭菜園を行う場合、ＢＲＡＣの生産する高品質の種子や苗を安く入手して効率良く収穫を上げることができ、それが現金収入につながっている。また〈農業プログラム〉のもとでは、一九九一年に〈植林プログラム〉が始まった。これは利用されていない土地に環境保護と燃料である薪の確保、そして将来の材木供給を目的として植樹を行うプログラムで、農民たちによって川土手や農地の空いた場所、道路沿いに木が植えられている。これらの苗木や種を生産、販売しているのは村の女性たちである。女性たちは、種や苗木ばかりでなく、木になる果物や薪を販売することによっても副収入を得ることができる。一九九八年末までに、このプログラムのもとで六〇五七カ所の苗木場（森林・果樹専門）と五七四カ所の接ぎ木場が設立され、六五〇万本の苗木を供給した。また一九九八年末までに植えられた木は一二〇万本近くにのぼり、一万五〇〇〇人以上の農民がこのプログラムに関わっている。

〈チッタゴン丘陵地帯プログラム〉　これは、バングラデシュ東南部に位置するランガマティ、バンダルバン、カグラチャリという三県を対象とした総合的な「農村開発プログラム」である。これらの丘陵地帯は過去二五年間にわたり、反政府民族集団と政府との間で、また異なる民族集団同士で内紛が繰り返され、地域内の経済的基盤が壊滅的な打撃を受け、国内の他の地域から取り残されてきた。一九九七年の平和協定締結後、ようやくＢＲＡＣの農村開発の経験がこの地域でも活かされることとなった。ＢＲＡＣが最初に着手したのは社会開発、貯畜と融資、所得獲得活動、教育、保健などをすべて盛り込んだ総合開発プロジェクトである。このプロジェクトのもとで、地域内の人々が身近な資源を利用して所得を獲得し、平和で強調的なコミュニティを築くことができるよう支援が続けられている。対象となっているのは特定の民族に関係なく、この地域内のすべての貧しい人々、約一五〇万人である。

もちろん少数民族の保持している伝統や文化、習慣などに細かく配慮しながらプロジェクトが実施されている。

「ＢＲＡＣ教育プログラム」の新しい動き

ＢＲＡＣが一九八五年に導入した〈ノンフォーマル初等教育プログラム〉は、現在もバングラデシュにおける教育の普及に大きな貢献を続けている。とくに、バングラデシュ政府が第四次五カ年計画（一九九〇〜五）でノンフォーマル教育の拡大、政府による大衆識字センターの強化、ＮＧＯの動員を明確に打ち出したことから、この一〇年間にＢＲＡＣをはじめとするＮＧＯは、政府のサービスが及ばない子どもたちのニーズに応える役割を担ってきた。現在はノンフォーマル小学校の数は二万八〇〇〇校を超え、公立（政府）学校を中途退学したり教育機会に恵まれなかった子どもたち約一〇〇万人が通学している。女子の割合は六六％強である。

一九九三年にＢＲＡＣは教育の五カ年計画を作成し、それに基づいた新しいノンフォーマル教育の対策活動を打ち出した。一九九三年一月〜一九九六年三月の第一期五カ年計画では、政府の教育政策でカバーできない貧しい子どもたちに教育機会を拡大することが主な目標であった。一九九六年四月〜一九九九年五月の第二期五カ年計画では、第一期で達成された量的拡大の維持と平行して、教材やカリキュラム開発、スタッフの訓練、教授法、マネジメントなど質的な改善にも力が注がれるようになった。

〈教育支援プログラム〉　ＢＲＡＣは他のＮＧＯが教育のニーズに応えることができるようにするため、一九九一年九月に〈**教育支援プログラム**（ＥＳＰ、Education Support Programme）〉を開始した。このプログラムによって、ＢＲＡＣがそれまで蓄積してきたノンフォーマル小学校のモデルやスタッフの訓練、学校の組織化、学級経営、コミュニティの参加、教授方法、教材とカリキュラムの開発、進捗モニタリングと学校の監督など、多面的な技術的、概念的支援を他のＮＧＯに提供できるようになった。支援を受けたＮＧＯは、一九九九年四月までに三八一を数え、これらのＮＧＯが開設した学校も八〇〇〇校以上にのぼっている（*NEFP Report Phase-2,* BRAC, 1999）。

〈リーディング・センター〉　ＢＲＡＣの年長児童を対象としたノンフォーマル小学校（ＢＲＯＣ）を終えた子どもたちが学習を継続できるようにという目的で、一九九三年にまずＢＥＯＣ図書が設立された。図書はノンフォーマル小学校の教室内に置かれ、各図書室に一〇〇〜一五〇冊の読み物が備えられた。毎週一度、授業終了後の一時間半から二時間開設され、卒業生や在籍している子どもたちはもちろんのこと、その友達も本を読んだり借りたりすることができるようになった。現在その名称は〈**リーディング・センター**〉に変わり、特に女子卒業生や地域の女性たちに利用されている。またセンターは図書室としてだけでなく、地域の女性たちに屋内活動や文化活動の場として利用することも奨励している。センター数は一九九九年一二月に全国で七一六九カ所となった。

〈成人識字教育センター〉　これは、読み書きを習いたいという多くの成人の要望に応え、一九九五年から開設されたセンターである。初めは五七センターであったが、現在は全国に三五〇〇近くのセンターがある。資金は政府が拠出し、基礎的な読み書きを教える一〇カ月の識字コースと四カ月の識字後コースがある。字の読み書きだけでなく、開発活動を促進する読み物教材が使われ、日常生活で必要な技術（銀行通帳の利用法など）が教えられている。

ＢＲＡＣのユニオン図書館。村人によって運営され、子どもコーナーや女性コーナー、男性コーナーなどがある。コンピュータの導入も始まっている。（ＢＲＡＣ提供）

〈ＢＲＡＣ図書館（ユニオン図書館とキショリ・センター）〉　一九九五年、実験的に三〇カ所でコミュニティを基盤としたユニオン図書館が設立された。ユニオンとはバングラデシュの地方行政の最小単位である。この〈ＢＲＡＣ図書館〉は、コミュニティの人々に読書の機会を提供するというだけでなく、将来的にはコミュニティの人々のための議論や行事の場、つまりコミュニティ・センターとしても機能することを目的として設立された。設立の手順は、まずコミュニティが少なくとも三五〇〜四五〇平方メートルの部屋を図書館として提供し、図書活動を行うための地元の委員会を形成する。図書利用のための会員を最低二〇〇〜三〇〇人（会費合計約三万タカ（約六万円））募り、二～三年以内に数百人に増やすというものである。当初、ひとつの図書館当たりの平均会員数は一九四人であったが、全国に図書館が拡大された一九九八年一二月には、図書館数二八五、ひとつの図書館当たりの会員数は四九〇人（うち女性が四〇％）となった。また一〇代の女子のための図書館キショリ・センターも設立された（キショリはベンガル語で女の子の意）。各図書館には約一〇〇〇冊の蔵書と二種類の新聞、二～三種類の雑誌が備えられている。図書館は週に六日、一日四時間から六時間開かれ、ＢＲＡＣからの訓練を受けたパートタイムの司書（主に女性）が運営にあたる。開設時間は各図書館の委員会が決定する。

〈幼稚園〉　早期の教育の需要性を認識していたＢＲＡＣは、一九九八年に五〇カ所で試行的に幼稚園を開設した。これらの〈幼稚園〉はＢＲＡＣの学校を卒業した青年らによって運営され、子ども一人につき毎月の教育費一〇タカ（約二〇円）を徴収している。また〈幼稚園〉で使用する本や鉛筆などの文具は、各家庭が四〇タカ（約八〇円）を支払って最初に購入することになっている。

〈ＢＲＡＣ小学校〉　〈ＢＲＡＣ小学校〉はノンフォーマル小学校ではなく、フォーマルな学校である。一九九九年にまず一〇校が、政府の公立小学校がない地域あるいは足りない地域に建設された。これはまさに、政府とＢＲＡＣとの協力プログラムである。〈ＢＲＡＣ小学校〉は六歳から入学でき、公立小学校と同じく五年間の教育が行われる。ノンフォーマル小学校に入学できるのは貧しい家庭の子どもに限られているが、〈ＢＲＡＣ小学校〉の方は希望者は誰でも入学でき、学年に応じて月額三〇～七〇タカ（約六〇～一四〇円）の学費を支払う。教材は無償で配布される。

〈縫製工場労働者のための学校〉　これは、一九九六年にユニセフや国際労働機関（ＩＬＯ）、バングラデシュ縫製産業輸出業協会（Ban-gladesh Garments Manufacturing and Exporting Association）などとの協力で、一四歳未満の工場労働者を対象に開校された学校である。一九九四年にアメリカ上院で可決されたハーキンス法の施行を機に設立された。ハーキンス法では児童労働によって製造された製品の輸入を禁じたため、バングラデシュでも多くの子どもが工場から解雇され、さらに困難な状況に置かれることになり、児童労働問題の複雑さと教育の重要性が再認識されることになった。この学校の主な目的は、繊維工場で働く低年齢層の子どもたちに一四歳になるまで教育を提供すること、基礎学力を身につけさせること、そして職業訓練（仕立てや縫製、簡単な大工仕事など）を提供することである。これまでにダッカ市とナラヤンゴンジ、チッタゴン、ガジプールで二五〇校以上が開設され、生徒数も延べ四七〇〇人以上、一校当たりの生徒数は二〇〜二五人である。この学校で学ぶ期間、子どもたちには所得を補うため一カ月当たり三〇〇タカ（約六〇〇円）の奨学金が支給される。ただし今のところ、中途退学率は高い傾向にある。

〈Hard to reach スクール（行政の手が届きにくい子どもたちのための学校）〉　一九九七年にＢＲＡＣは〈Hard to reach プログラム〉への参加を決めた。ユニセフとバングラデシュ政府ノンフォーマル教育課が始めたこのプログラムは、都市部の危険で安い賃労働（靴磨きやゴミ集め、市場の担ぎ屋など）に従事している八〜一四歳の子どもたちを対象に、〈Hard to Reach スクール〉を開設して教育を提供している。ＢＲＡＣはまずダッカに一〇五校を開設し、その後チッタゴン、ラジシャヒ、クルナなどの都市でも同様の学校を開設して、その数は一九九八年一二月までに二二五校となった。この学校は二年間で、基礎的な学力を子どもたちに提供することを目的としている。現在ＢＲＡＣの〈Hard to Reach スクール〉で学習する子どもの数は七〇〇〇人を超えたが、ニーズが非常に大きいため、ＢＲＡＣは政府に対してダッカとチッタゴンだけでもさらに三五〇校を開設する必要があるとの勧告を行った。またＢＲＡＣは他のＮＧＯに訓練を提供し、他のＮＧＯによる同様の学校の開設を促進している。

〈ノンフォーマル小学校の改革〉　一九九八年にＢＲＡＣは、〈ノンフォーマル小学校の改革〉を行った。教育期間を従来の三年から四年に延長したのである。これは、四年間で通常の初等教育五年分のカリキュラムを消化し、そのコースを終えた子どもたちが公教育の中等レベルにすぐに進学できるようにすることを目的としていた。ＢＲＡＣは当初、貧しい家庭の子どもたちにとっては小学校三年生レベルの学習を終えるのがやっとであろうと予想していた。しかし実際には、ノンフォーマル小学校卒業生の多くが進学を望み、最近では卒業生の九〇％以上が公教育機関に移って学習を続けるため、現状に合った改革が必要となったのである。この改革にともなって、教員の再訓練とカリキュラムの開発が行われた。

「保健・栄養・人口プログラム」の新しい動き

一九九四年末になると、ＢＲＡＣの実施する保健対策活動はすべて、「保健・人口プログラム」のもとに統合された（このプログラムの名称が「保健・栄養・人口プログラム」に変わったのは一九九九年の年次報告からである）。これは、農村部コミュニティの保健や栄養、妊娠と出産に関する諸問題に広範に取り組むアプローチを行うためであった。それ以降、政府や他のＮＧＯとの協力活動もいっそう推進された。たとえば、〈妊娠出産に関する保健と疾病コントロール〉、〈保健および家族計画推進プログラム〉、〈栄養推進プログラム〉は政府の保健人口課が実施に責任を負い、ＢＲＡＣはそのもとで協力活動を行っている。もうひとつの〈プライマリ・ヘルス・ケア〉についてはＢＲＡＣが実施責任を負い、「農村開発プログラム」の中で運営実施している。以下にこれら四つのプログラムを概観する。

〈妊娠出産に関する保健と疾病コントロール〉　これは、子どもと妊産婦の罹患率および死亡率を減らすこと、若い世代に対して性教育を広めること、妊娠中のケアと避妊を強化すること、性病の拡大を防ぎＨＩＶ・エイズについての認識を高めること、結核や急性呼吸器系疾患が原因の死亡を減らすことなどを具体的な目的としている。ＢＲＡＣが開発に協力した〈結核コントロールのための日常観察治療短期コース〉は今や政府の政策となり、ＷＨＯによって世界各地で推進されている。

〈保健および家族計画推進プログラム〉　これは、〈全国家族計画プログラム〉を推進・実施するために、一九九四年一二月に始まったプログラムである。具体的には、国の人口プログラムを支援するようなマネジメント支援や訓練の支援を行い、サービスの質を改善し、社会的な動員やコミュニケーション手段の利用など革新的な方法を実施している。一九九七年八月に、このプログラムはアメリカ国際開発庁（ＵＳＡＩＤ）の支援を受け、〈全国総合保健・人口プログラム〉になった。このプログラムは、特に貧しい人々が家庭の子どもの数を減らし、家族の健康状態を改善することによって、生活の質を向上させることを目的としている。このプログラムに対しては、バングラデシュ政府とＵＳＡＩＤ、ＢＲＡＣをはじめ多くのＮＧＯが実施運営に関わっている。

〈栄養推進プログラム〉　ＢＲＡＣとユニセフが中心となって政府や他のＮＧＯとともに、〈バングラデシュ総合栄養プロジェクト〉を概念化、企画した。このプロジェクトは世界銀行が六五〇〇万ドルを出資し、四〇郡において栄養不良の減少と栄養状態の改善を目的に実施されている。対象は二歳未満児と青年女子である。ＢＲＡＣは四〇郡のうちの一一郡でプロジェクト実施に責任を負い、さらに他の六郡ではプロジェクトの総合計画の作成とマネジメントを担当している。このプロジェクトによって、コミュニティやそこに住む個人が自らの栄養状態、ニーズおよび問題を理解することが促進されている。また国家レベルの制度や栄養プログラム、調査研究の改善が図られている。このプロジェクトは、二〇〇一年にはさらに一三〇郡に拡大される計画である。この例に見られるように、ＢＲＡＣは政府とＮＧＯとのパートナーシップのあり方について「効果的なモデル」を提供しようとしている。

〈プライマリ・ヘルス・ケア〉　現在約二〇〇〇万人を対象に、農村での融資や小規模事業開発と連携した保健対策活動が展開されている。村の保健対策活動はＢＲＡＣヘルス・センターを中心に行われ、家族計画法や基本的な治療の指導、トイレおよび安全な飲料水のための管井戸の設置、保健栄養教育、ＨＩＶ・エイズの知識の普及、予防接種の推進などが含まれている。このプログラムのもとで村落組織のメンバーは、年に一度の健康診断を受けることができる。近年この分野では新たに、地下水のヒ素汚染への対処と患者への対策活動が緊急に要請されている。地下水がヒ素に汚染された原因としては、地理学的な要因と大量の地下水摂取などが考えられている。バングラデシュは飲料水の大半を地下水に依存しており、深井戸・浅井戸合わせて四〇〇万基以上が設置されている。ユニセフなどとの協力で、ＢＲＡＣはヒ素に汚染されている井戸の発見に努めており、特に農村部の非識字女性を訓練して、低コストの簡単な方法で井戸水のテストを行うことができるようにしてきた。また、ＢＲＡＣのワーカーは二二〇万人の既婚女性（すなわち二二〇万世帯がその背後にある）に対し、ヒ素やその被害についての情報を普及することに努めている。さらにＢＲＡＣは、低コストで適正技術を用いたヒ素の濾化方法を開発し普及に努めている他、代替水源（雨水の利用やヒ素のない井戸水の特定など）の確保、ヒ素についての教育活動などを推進している。

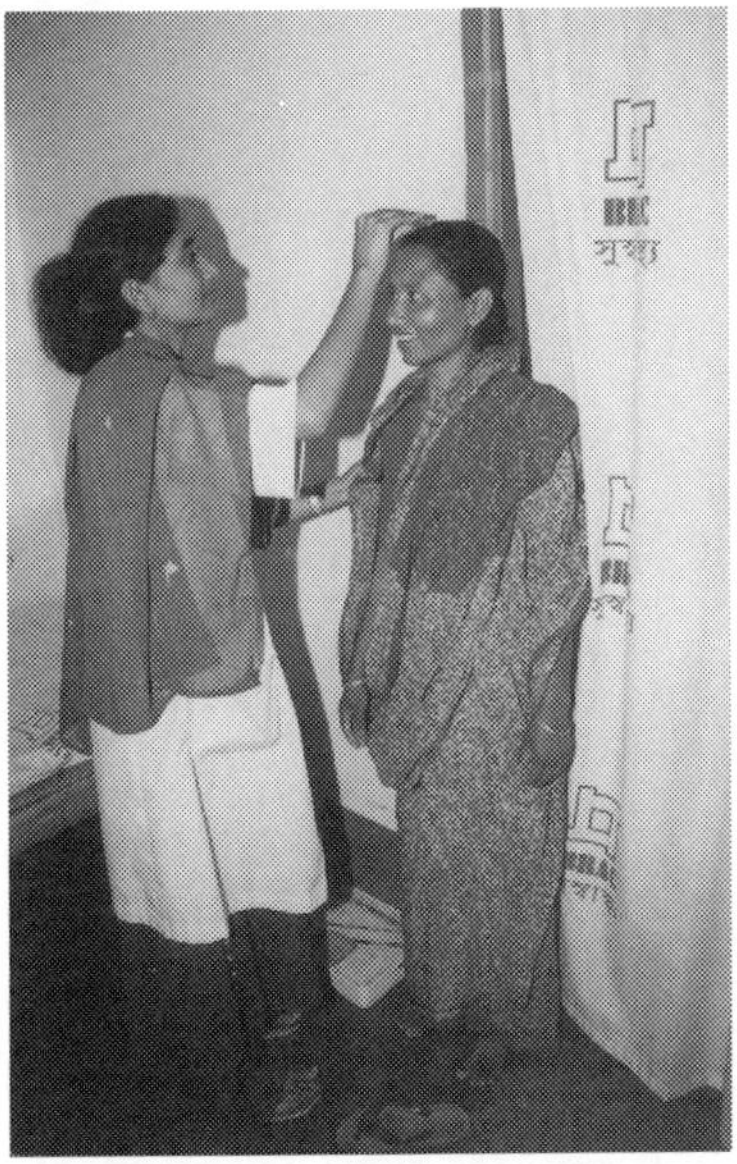

ＢＲＡＣヘルス・センターで健康診断を受ける女性。（ＢＲＡＣ提供）

「都市部プログラム」の新しい動き

農村部から都市部へ仕事を求めて急速に人口流入が進んでいることと、「スラムの住人は不法滞在者であるがゆえに行政サービスを提供しない」という政府の方針によって、多くの問題が起きている。他の途上国と同様にバングラデシュでも、年間六％の割合で都市人口が増加しており、一九九九年には全人口の二四％（約三〇〇〇万人）が都市部で生活するようになった。

都市部の貧困層が直面している問題は、保健・教育・環境・治安・生活条件など多岐にわたっている。都市部の保健問題で顕著なのは、交通事故や麻薬中毒、性病、精神病などである。都市部には多くの学校があるが、スラムの子どもたちを受け入れる学校はほとんどないため、教育問題も深刻である。農村部と違って、都市部にはごみや排泄物処理のための十分なスペースがなく、スラムは非衛生的な環境にある。廃棄物の中には危険な医薬品や医療器具も含まれている。スラム内に蔓延している犯罪や反社会的活動についても懸念されている。現在、都市部の世帯に占める貧困家庭の割合は六〇％、そのうちの四〇％が絶対的貧困ライン以下の生活をしているといわれている。

一九九八年にＢＲＡＣは、これら都市部貧困層を対象とした「都市部プログラム」に乗り出した。このプログラムは、**経済・教育・保健・環境・アドボカシーと効果的なサービス分配**という五つの領域から構成された総合的プログラムで、現在までに以下のような具体的な事業が実施されている。

〈都市部経済プログラム〉　経済分野での対策活動として、一九九七年にＢＲＡＣは貯畜とマイクロ・クレジットのプログラムを開始した。融資事業は農村部で実施されているマイクロ・クレジット事業をモデルとし、それよりやや規模が大きい。これらの融資は食品販売や野菜販売の元手として、あるいは飲食店の設立経費などに利用されている。一方、都市部の貯蓄プログラムでは、その対象を貯畜グループ・メンバーと非グループ・メンバーの両方としている。後者については、わずかなお金を貯金する場所のないスラムの実態を知ったＢＲＡＣがサービス提供に乗り出した結果生まれたものである。グループ・メンバーは毎週一定額を貯蓄として入金している。一九九八年一二月までに、ＢＲＡＣによって設立された都市部貧困者組織は一三七〇にのぼり、そのメンバーは約四万一〇〇〇人になっていた。貯蓄総額は二二〇〇万タカ（約四四〇〇万円）、融資総額は五八〇〇万タカ（約一億一六〇〇万円）であった。融資の返済率は九六％以上である。貯蓄事業については、拘束

時間の長い縫製工場労働者らが貯蓄活動を行いやすいように、移動貯蓄システムを考案中である。

〈都市部教育プログラム〉　一九九一年にＢＲＡＣは都市部スラムでの調査を実施し、スラムの子どもたちの約八〇％が教育を受ける機会のないことが明らかになった。一九九二年にＢＲＡＣは、まずダッカ市内に一〇校の都市部学校（Urban School）を試験的に開設した。今では都市部学校の数は四大都市において一五〇〇校近くになっている。都市部学校のカリキュラムは農村部のＢＲＡＣ学校とほぼ同じであるが、都市部の環境に応じたトピックが導入されている。都市部のニーズに合うように、八～一〇歳までと一一～一四歳までの〈ノンフォーマル小学校〉や、〈Hard to reach スクール〉、〈縫製工場労働者のための学校〉などに分かれている（詳細は前述の「ＢＲＡＣ教育プログラム」参照）。

〈都市部保健プログラム〉　スラム地域で保健プログラムが急速に拡大したのは、一九九八年のことである。ＢＲＡＣはコミュニティ・ヘルス・ワーカーの数を増やし、五歳未満児へのビタミンＡとポリオ根絶のためのワクチン投与を行った。またこれらのヘルス・ワーカーたちは、二万六〇〇〇人以上に基礎保健と衛生についての教育を行ってきた。ＢＲＡＣは現在、スラムの下水問題を解決するための取り組みを行っており、トイレの設置を推進している。

〈都市部環境プログラム〉　都市部の環境悪化はそこに住む貧困者層の生活の質に多大な影響を及ぼしている。ＢＲＡＣはスラムに住む人々が、自分たちの手で環境を改善するためのいくつかの対策を行っている。そのひとつが、ＢＲＡＣメンバーによる家庭からのごみ収集事業「ポリエチレン・フリー地区運動」である。この運動では、ダッカ市内のいくつかの地区でＢＲＡＣから雇用されたメンバーが街路に落ちているポリ袋を集め、リサイクルに回す活動が行われている。

〈都市部政策アドボカシー・プログラム〉　ＢＲＡＣは、政策策定者らが都市問題を議題に取り上げるようになるには強力なアドボカシーが必要と考え、政府やドナーの行動を啓蒙するアドボカシー部門を設置した。この部門を中心として、働いている貧しい母親のもとに暮らす子どもたちのデイ・ケア施設の設置や家庭内労働者の組織化、青年プログラムの作成、低所得の女性のための宿舎の設立などを呼びかける活動を行っている。低所得の女性のための宿舎はダッカ市内ですでに一一カ所設けられ、一五六人の女性が寄宿代を支払いながら生活している。

2　今後のＢＲＡＣ

以上見てきたように、一九九〇年代のＢＲＡＣは社会のニーズに迅速に対処しながら、今日のように巨大なＮＧＯに成長してきた。これはまさに、バングラデシュの人々の基本的ニーズがいまだ満たされていないという現状の裏返しでもある。一九九八～二〇〇七年までをカバーした戦略ペーパーでＢＲＡＣは、経済開発と保健および教育分野での活動を通じて、国内の貧しい人々や不利な立場に置かれている人々の約四分の一にサービスを届けたいとしている。そのためにはどうするのか。いくつかの方針が挙げられているが、興味深いことは、ＢＲＡＣは組織内の改革をきわめて重視している点である。まず言及されているのが、ＢＲＡＣ内の「文化」である。先にも述べたように、階層的な構造をできるだけ回避しチーム・スピリットを強化すること、官僚的な文化が蔓延するのを警戒すること、ジェンダー問題に取り組み男女平等の職場文化を確立すること、そして中・上級レベルのスタッフの能力開発をいっそう進めることである。

第二に言及されているのは、「効果的なマネジメント」である。フィールドのレベルでは、ＢＲＡＣは開発、教育、保健の三つの主要プログラムを展開しているが、これらプログラム間での調整をもっと改善する必要があるとして、その方策が検討されているところである。また職員数の急増に対応して、ＢＲＡＣは人事に関する計画作成とマネジメントの改善を強調している。ＢＲＡＣの規模と機能の複雑さに比して、上級レベルのマネジメントを担当する人材が不足しているというのがその理由である。

第三に挙げられるのが、「持続可能性」である。ＢＲＡＣは組織そのものとＢＲＡＣが実施するプログラムの双方が、社会的、経済的、制度的、環境的に持続性がなくてはならないと考えている。このため長年にわたってＢＲＡＣは、プログラムの資金を支援するために企業を経営し、ドナーへの依存度を軽減してきた（付表1参照）。ＢＲＡＣは、ここ数年の間にＢＲＡＣの主要プログラム（特に開発プログラム）がドナーからの資金を受けなくても実施できるようになると見積もっている。ただし教育プログラムについては、まだしばらく国内外からの資金協力が必要と考えられている。

付表1　ＢＲＡＣの予算とドナー資金への依存度

年	合計予算（100万米ドル）	予算全体に占めるドナー資金の割合
1994	64	72%
1995	82	61%
1996	90	58%
1997	101	49%
1998	108	41%
2000	132	25%
2001（予定）	152	21%

出典：BRAC At A Glance, 5 May 2001.

第四に、「組織のガバナンス（良い統治）」について言及されている。ＢＲＡＣはこれまで、バングラデシュ社会のリーダーたちが構成している理事会（Governing Body）とＢＲＡＣのマネジメントとが均衡のとれた信頼関係のもとに、一体となって活動方針を決定してきた。すなわちバングラデシュにある他の多くの組織のように、理事会の圧力にマネジメントが従属することなく、ＢＲＡＣでは両者の相互作用がうまく機能していたといえる。しかしながらＢＲＡＣの創設者アベッドが次の事務局長となるアブドゥル・ムイード・チョウドリ（Abdul Muyeed Chowdhury）に責任を移管しつつある現在、理事会とマネジメントの間の関係や役割、責任を制度化し明文化する試みが始まっている。

ＢＲＡＣの現行プログラムの将来については、ひとつは社会から疎外されている小規模農民を対象とした農業そのものへの対策活動を強化することが挙げられる。農業以外の分野の小規模事業への支援はこれまでも行われていたが、将来の貧困層の多くを形成すると予測される最貧困層の農民たちに農業の改革を通じて支援を行おうとしている。教育プログラムでは、公教育の強化とともに、都市部やチッタゴン丘陵地帯でのノンフォーマル教育の拡大をいっそう推進し、政府との協力によってすべての子どもたちが教育を受けられるようにすることを目指している。教育の質的改善については、教員訓練やマネジメント訓練、教育研究調査の強化を目指している。

最後に教育分野の新しい動きであるが、ＢＲＡＣが乗り出した高等教育分野の活動として、二〇〇一年にＢＲＡＣ大学が開設されたことに言及しておきたい。大学開設の目的は、ＢＲＡＣがこれまでに蓄積してきた開発理論と実践を社会に還元し、開発分野に貢献できる人材を育てることにある。学生は人文科学や社会学、科学、エンジニアリング、建築学、農学などの分野で四年間学び、学位を取得することができる。将来的には修士・博士課程も設けられる予定である。また国内ばかりでなく、ＢＲＡＣは開発実践家の養成に国際的な貢献をするため、「グローバル・パートナーシップ」というプロジェクトにも乗り出した。これはジンバブエの農村発展組合組織（Organization of Rural Association Group）やアメリカの国際訓練スクール（School for International Training）と協力してＢＲＡＣが設立した教育センターで、ＮＧＯ間の相互学習や知識と経験の共有を目的としている。そこで行われる「ＮＧＯリーダーシップとマネジメント」や「国際および文化際的なマネジメント」などのコースを修了すると、修了証書や修士号を獲得することができる。どのコースの授業も、ダッカのＢＲＡＣ本部での授業と、参加者の選択による世界各地の現場での実践との両方が含まれている。

訳者あとがき

著者キャサリン・ラヴェルは、英語版の執筆後亡くなった。一九九一年の暮れに、病床にあるラヴェルをニューヨークの明るいロフトに訪ねたＢＲＡＣのサラウディン・アハメッド事務局次長は、そこでこの本の原稿が完成したことを告げられ、出版作業をラヴェルの夫テッド・トーマスに託すのでその最後の作業に協力してほしいと依頼された。この本には、より公正な社会の実現を目指して長年アメリカと世界のＮＰＯやＮＧＯを研究してきたラヴェルの優れた分析・考察が詰まっていると同時に、病気をおしても執筆を続け、「ＢＲＡＣの優れたマネジメントの実例を世界に伝えたい」という彼女のコミットメントが詰まっている。本書の英語版の紹介を書いたユニセフのジェームズ・グラントも一九九五年に多くの開発関係者に惜しまれて亡くなった。本書の邦訳は、これらの人たちの開発への熱意に直接・間接に触れたことがきっかけとなっている。これらの人々の熱意は今、国際社会共通の開発目標となって引き継がれている。それは、貧困による格差をなくし、すべての人が本来持っている潜在力を最大限に伸ばし発揮できるような、平等で公正な社会を作ること、そして生まれてくる子どもが心身ともにすくすくと育ち、持てる力を十分に発揮できるような社会、そして環境に配慮してすべての人がその恩恵にあずかれるような社会を作ることである。ＢＲＡＣの創設者であり、その優れたマネジメントを作り上げてきたアベッド事務局長の机にはいつもラヴェルのこの本が積んであり、ＢＲＡＣについて知りたいと訪れた人々に、今も手渡されている。本書の日本語版出版によってこれらの人々の熱意と希望がまたひとつ叶っていくことを願っている。

ＢＲＡＣの強さは、まずその使命（ミッション）にある。世界でもっとも貧しい国のひとつバングラデッシュで、その中でももっとも貧しい人々のニーズに応え、彼らが自らのエンパワーメントを進めることで、貧困の悪循環を断つことがBRACの使命である。それを成し遂げるために、さまざまな困難や変化にもひるむことなく前進し、学習を通して自己変革し、規模を拡大していく様子は、世界の開発機関やNGOに驚きと畏敬の念を抱かせている。このBRACの使命を遂行するためのさまざまな活動を支えているのが、そのマネジメントである。訳者らは、バングラデシュに暮らして二年半、BRACやその他のNGOの活動を直接観察したり、政府やドナーと接する中で、BRACの成功例としての質の高さを実感している。多くの先進的なドナーの信頼や政府との関係、開発パートナーへのアドボカシーなど、新たな世界標準を設定している感じがする。何にも増して勇気づけられるのは、緑いっぱいの農村でBRACの活動に参加する元気な村の女性に会ったり、竹とトタン屋根の小さな学校で一生懸命に勉強する子どもたちに会ったときである。貧困の解消に日本が役立っているのか疑問が残る中で、BRACやいくつかのNGOの活動は、著者ラヴェルが書いているように、希望の光を与えてくれる。

途上国で貧困に立ち向かうすばらしいNGOを見て、日本に戻ったときに残念なのは、ミッションも戦略もはっきりしないNGOがたくさんあることである。世界がチャリティーから開発へ、そして正義へと言っているときに、ひとりよがりのチャリティーを送り出すNGOがたくさんあり、それが日本の標準になっているのである。日本のNGOにもっと活躍してほしい。そのためには、何をどうやればよいのかをよく知っている南のNGOに学ぶのが一番確かだと思う。もちろんバングラデッシュでは、いくつかの優れた日本のNGOも活動してるが、まだまだ少ない。力のあるNGOが多数育ち、ODAに大きな影響を与えるくらいになってほしいと思う。

BRACは、開発NGOが抱える多くの矛盾を克服してきた。一方、その多岐にわたる活動、特に市場原理の導入や商品の高い質と競争力、あるいは地方政府を上回るような大規模な社会サービスの提供などについては、「第二の政府」と化しているとか、「企業化」しているとの批判も聞かれる。しかし、貧しい人々のニーズに応え、彼らのエンパワーメントを進めるという使命があるかぎり、ＢＲＡＣは民間の非営利組織として「政府」や「企業」とは異なる役割を持って成長していくことは間違いない。創設者のアベッドから次の世代に交代しようとしている今日、ＩＴ革命を射程に入れ、さらなる変革を試みようとするＢＲＡＣの「学習する組織」としての能力に期待したい。

本書の出版にあたって的確なアドバイスをくださった新評論の山田洋氏、またバングラデッシュでの経験も長く、南アジアのＮＧＯ研究の第一人者でもある斉藤千宏氏に感謝したい。斉藤氏には、新評論の〈開発と文化を問う〉シリーズの一巻として版元に薦めて頂いたり、出版の意義などについて多くの助言を頂き大変お世話になった。また、本書の日本語訳を支持してくれたＢＲＡＣのアベッド事務局長や、たくさんの最近の資料を用意してくれた、日本のＮＧＯ事情にも詳しいサラウディン・アハメッド事務局次長、その他プロジェクト訪問を引き受けてくれた多くの職員の皆様にもお礼を申し上げたい。そして、著者ラヴェルの夫、テッド・トーマス氏には急な依頼にもかかわらず、夫人の貴重な写真を送って下さったことに感謝したい。最後になるが、いそがしい私たち両親に世界中どこでもついて来てくれて、いつも力を与えてくれる子どもたちに感謝したい。

二〇〇一年七月

訳　者

◆ＮＧＯ協力室（他のＮＧＯへの支援）

財政支援と訓練	74ＮＧＯ
学校	267ＮＧＯ

◆プログラム支援のためのＢＲＡＣ経営企業

1．アーロン・ショップ（手工芸品店）	7店舗
2．ＢＲＡＣ印刷	1社
3．ＢＲＡＣ冷蔵	1社
4．ＢＲＡＣ食品乳業	1社
5．養鶏農場	5カ所
6．養鶏用飼料工場	3カ所
7．種子加工工場	2カ所
8．養蚕場	3カ所
9．魚と蝦の孵化場	7カ所
10．牛舎	1カ所

ＢＲＡＣスクールのモデルは、1995年以来東アフリカおよび南部アフリカ諸国でも採用されている。西アフリカと中米では、ＢＲＡＣの経験をもとに自国の小学校制度を再構築する動きがある。

その他

◆ＢＲＡＣコミュニティ図書館

村（ユニオン）の図書館	470カ所（経済的に自立しているのは395カ所）
メンバー数	21万0240人
学校図書（ＢＲＡＣスクール卒業生のための）	7030カ所
メンバー数	22万6827人

◆調査評価部

調査評価部は、ＢＲＡＣのプログラムを企画したりそのインパクトを正しく評価するための広範な調査を実施している。その他にも政府機関や多くの国際機関とも協力活動を行っている。1999年だけでも調査評価部は127の調査研究を実施し、うち85は完了した。

◆支援課

訓練（12カ所の宿泊施設を併設した訓練リソース・センター）、モニタリング、出版、監査と会計、コンピュータ・センター、ロジスティックス、建設、公的関係とコミュニケーション。

【ＢＲＡＣ人事】

常勤スタッフ	2万4709人
所得獲得事業	139人
非常勤	3万4044人
合計	5万8892人

コミュニティ栄養センター数	6002カ所
ＢＲＡＣヘルス・センター数	90カ所
対象となる夫婦の数	567万人
妊産婦ケア・センター	6817カ所
保健ボランティア	10万1422人

ＢＲＡＣ教育プログラム

地域事務所	32カ所
チーム事務所	45カ所

◆ノンフォーマル小学校

学校数	3万1082校（うち2445校はＢＲＡＣの教育支援プログラムのもと267のＮＧＯによって運営）。
生徒数	110万人以上（うち66％が女子）。 生徒は就学したことがないか、フォーマルな学校教育を中途退学した貧しい家庭の子どもたち。対象年齢は８～10歳と11～14歳。
教育	４年間で５年分の初等教育を実施。
卒業生数	170万人。そのうちの90％はフォーマルな学校教育に進学。
学校の特色	草葺屋根の建物を借りて、ひとつの学校に１部屋１学級のみ、先生１名に生徒30～33人、学校の時間は柔軟に決定。
費用	年間１人の生徒に18ドル。

◆ＢＲＡＣスクール　全11校

（訳注・BRAC スクールは1999年から始まったフォーマルな学校教育である。ＢＲＡＣは政府の学校が不足している地域を中心に、公教育を補うＢＲＡＣスクールの設立に乗り出した）。

◆幼稚園　1434校（すでに開校951、建設完了483）

◆コミュニティ小学校　73校（うち45校は政府から委託）

◆Hard to reach スクール　120校

◆もと縫製工場ワーカーのための学校　43校

◆人権・法律教育・サービス

コース実施数	7万2247人
コース参加者数	168万4165人

◆小規模企業融資支援事業

融資額範囲	400米ドル～4000米ドル
借入者数	7665人
総融資額	1400万米ドル
貸し出し金総額	580万米ドル
融資額の平均	1102米ドル

◆ＢＲＡＣ都市部プログラム

地域事務所	50カ所（ダッカ、チッタゴン、クルナ、ラジシャヒの各都市）
都市部貧困者組織	4182組織
都市部貧困者組織メンバー数	12万7585人
総融資額	1800万米ドル
貯畜額	360万米ドル
融資額の平均	1102米ドル

都市部プログラムには、ロウソク工場、手工芸、食品配達、家具、修理工場、ごみ収集、ポリ袋収集、縫製工場労働者のための健康診断などの活動が含まれる。

保健・栄養・人口プログラム

このプログラムには、農村部サービス供与パートナーシップと全国総合人口保健プログラムの保健・家族計画促進事業、栄養促進プログラム、出産前後のケアなどが含まれている。

地域事務所	6カ所
フィールド事務所	180カ所
活動対象郡	64郡（保健所がある30カ所を含む）
対象となる村の数	3万3116村
対象となる人数	3100万人

【融資額】

融資合計額	12億2200万米ドル
2001年の融資目標額	2800万米ドル（借り手の96％は女性） 融資手数料15％、貸し出し額１億5600万米ドル
返済率	98.6％
村落組織メンバーの貯畜	7100万米ドル

◆農業プログラム

BRACの農業プログラムは、現代農業技術や高収量品種作物を利用し農業生産量を増やす支援をメンバーや小規模農民に行っている。農業プログラムは、農業の拡大、社会林業、野菜の輸出、種子生産とマーケティング、組織培養などを含んでいる。

【農業活動】

BRACは村落組織メンバーに対して、さまざまな所得獲得活動と就職活性活動を奨励している。社会的にも利益がある活動としては家禽や家畜、養殖、養蚕、農業拡大、社会林業などが挙げられる。

家禽飼育者	135万0000人
家禽ワーカー（予防接種者）	4万1586人
獣医補助員	3654人
カイコ飼育者	1万0553人
魚の養殖者	14万2272人
養殖場面積	3万1262.2エーカー
野菜栽培者	12万0350人
菜園面積	4万5757.23エーカー
併農林業従事者	2万4189人

【非農業活動】

BRACは女性に対して、飲食店や野菜屋、洗濯屋、仕立て屋などの農業以外の商売を始めることを奨励してきた。これらの多くは、バングラデシュの女性にとっては新しい分野の活動である。

飲食店（チュルチ）	4556店
野菜屋（シュポンノ）	1万6985店
洗濯屋（シュチャル）	2247店
仕立て屋（シュベッシュ）	7037店
小規模企業開発事業	1694店

一目でわかる BRAC

（BRAC At A Glance, April 2001 より）

BRAC はバングラデシュ独立戦争直後の1972年に、ファズル・ハッサン・アベッド Fazle Hasan Abed によって救済組織として設立された。その後 BRAC は、「貧困の解消と貧しい人々のエンパワーメント」という目標を掲げて開発組織として成長し、規模を拡大してきた。

対象		貧困ライン以下の生活をしている人々 草の根レベルに資源とサービスを届ける新しい戦略開発
プログラム		BRAC 開発プログラム BRAC 教育プログラム 保健・栄養・人口プログラム
活動実施	県	（64県中）64県（100%）
	郡	（464郡中）460郡（99%）
	村	（８万6000村中）５万村以上（約60%）

BRAC 開発プログラム

このプログラムは、融資制度を通じた小企業の開発と、女性を焦点にした農村部貧困層の能力開発を重視している。プログラムには家禽、家畜、菜園、養蚕、魚の養殖、農業、農園、小規模な商売、プライマリ・ヘルス・ケアと人権、法律教育とサービス、大衆劇場が含まれる。

また妊産婦保健や疾病予防プログラムは、BRAC 開発プログラムと連携して行われている。

（訳注・BRAC 開発プログラムには「農村開発プログラム」と「都市部プログラム」が統合されている）。

地方事務所数	57カ所
地域事務所数	431カ所
BRAC 村落組織数	10万0572カ所
村落組織メンバー数	374万0000人（うち女性が97.8%）
ヘルス・ワーカー数	１万5819人

訳者参考文献一覧

【英文】

Abed, F. H. *Health and Development : Lessons from the Grassroots*. Annual lecture presented at the Fifth Annual Scientific Conference of the International Centre for Diarrhoeal Disease Research, Bangladesh, Dhaka, 13 January, 1996.

——. *Putting social development at the top*. The Daily Star, Interview of the week, 9 April, 1999.

——. *The Role of Non Governmental Organizations in National Development : The BRAC Experience in Bangladesh*". Harvard Center For Population and Development Studies, David E. Bell Lecture Series, 22 November, 1999.

Korten, David. *Getting to the 21st Century : Voluntary Action and the Global Agenda*. Kumarian Press, Connecticut, 1990. ［渡辺龍也訳『ＮＧＯとボランティアの21世紀』学陽書房、1995］。

BRAC. *BRAC Annual Report : Continuity and Change*. Public Affairs and Communications Department, BRAC Printers, 1998.

——. *NFPE Phase ll Report-April 1996 ~ May 1999*. BRAC Printers, 1999.

Hamid, Shamim. *BRAC Annual Report*. BRAC Printers, 2000.

Mizan, Ainon Nahar. *Why Women Count-Essays on Women in Development in Bangladesh*. University Press Limited, Dhaka, 1996.

Rahman, Anisur. *In Quest of Empowerment : The Grameen Bank Impact on Women's Power and Status*. University Press Limited, Dhaka, 1994.

Salahuddin, Khaleda and Shamim, Isharat. *The Lost Moment : Dreams with a nation born through fire, Papers on Political Economy of Bangladesh*. Unibersity Press Limited, Dhaka, 1993.

Smillie, Ianleda and Shamim, Ishrat. *Rural Women in Poverty : NGO Interventions for Alleviation*. Women for Women : A Research and Study Group, Fah-Ra Printing and Publication, 1996.

——. *Words and Deeds-BRAC at 25*. BRAC Printers, 1997.

【日本語文献】

岡本真理子・粟野晴子・吉田秀美編『マイクロファイナンス読本――途上国の貧困緩和と小規模融資』明石書店、1993。

久木田純・渡辺文夫編「エンパワーメント――人間尊重社会の新しいパラダイム」(『現代のエスプリ』376) 至文堂、1998。

『国際協力用語集』国際開発ジャーナル社、1998。

斉藤千宏編『ＮＧＯが変える南アジア――経済成長から社会発展へ』コモンズ、1998。

斉藤千宏編『ＮＧＯ大国　インド』明石書店、1997。

佐藤寛編『援助研究入門――援助現象への学際的アプローチ』アジア経済研究所、1996。

ジョン・フリードマン／斉藤千宏・雨森孝悦監訳『市民・政府・ＮＧＯ――「力」の剝奪からエンパワーメントへ』新評論、1995。

ピーター・F・ドラッカー編／田中弥生訳　『非営利組織の自己評価手法――参加型マネジメントへのワークブック』ダイヤモンド社、1995。

ブリギッテ・エルラー／伊藤明子訳『死を招く援助――バングラデシュ開発援助紀行』亜紀書房、1987。

マイケル・M・チェルネア編／“開発援助と人類学”勉強会訳『開発は誰のために――援助の社会学・人類学』日本林業技術協会、1998。

ロバート・チェンバース／穂積智夫・甲斐田万智子監訳『第三世界の農村開発』明石書店、1995。

吉田鈴香『ＮＧＯが世界を拓く――ＮＧＯマニュアルガイド』亜紀書房、1995。

Dhaka: Bangladesh Institute of Development Studies, October 1990.
Rhyne, Elizabeth, and Maria Otero. *A Financial Systems Approach to Microenterprises.* Washington D.C.: The GEMINI Project, United States Agency for International Development, October 1990.
Rugh, Jim. *Self Evaluation: Ideas for Participatory Evaluation of Community Development Projects.* Oklahoma City: World Neighbors, 1986.
Sen, Binayek. "NGO's in Bangladesh Agriculture: An Exploratory Study." *Bangladesh Agriculture Sector Review.* New York: United Nations Development Programme, October 1988.
Senge, Peter M. *The Fifth Discipline: The Art and Practice of the Learning Organization.* New York: Doubleday/Currency, 1990. 守部信之訳『最強組織の法則』(徳間書店、1995)
Sobhan, Salma, Azmat Hra Ahmad, and Elina Zubaidy. *Peasant Perceptions: Law.* Dhaka: BRAC, 1989.
Streefland, Pieter, and A. M. R. Chowdhury. "The Longterm Role of National NGO's in Primary Health Care: Lessons from Bangladesh." *Health Policy and Planning* 5 (1990):261–66.
Streefland, Pieter, Hasina Ahmed, Marium Nafes, Dhalem Ch. Barman, and H. K. Arifen. *Different Ways to Support the Rural Poor: Effects of Two Development Approaches in Bangladesh.* Dhaka: University Center for Social Studies, 1986.
Swinderen, Anne Marie, Nasrin Shanaz, and Mahmuda Rahman Khan. *Processes and Constraints of Handloom Intervention in Bangladesh, Rural Enterprise Project.* Dhaka: BRAC, April 1990.
Swiss Development Cooperation. *Appraisal Mission, Women's Health and Development Program.* Geneva, January 1991.
Tendler, Judith. "What Ever Happened to Poverty Alleviation?" Prepared for the Mid-decade Review of the Ford Foundation's Programs on Livelihood, Employment, and Income Generation, March 1987. (Mimeo)
UNESCO Statistical Yearbook, 1989. Paris: UNESCO, 1989.
UNICEF. *The State of the World's Children, 1991.* Oxfordshire: Oxford University Press, 1991. ユニセフ「世界子供白書 1991」(1990)
Vaughan, Patrick. *Comments on the Research and Evaluation Division of BRAC.* London: Planning Centre of London School of Hygiene and Tropical Medicine, University of London, April 1988.
Vincent, Fernand. *Manual of Practical Management.* Vols. 1 and 2. Geneva: IRED, 1989.
Williams, Harold S. "Paradigm: Learning vs. Evaluation." In *Innovating* 1 (No. 4, Summer 1991). The Innovation Group, Rensselaerville Institute, N.Y.
Wils, F., W. Passtoors, and R. Van Leeuwin. *Netherlands Multidisciplinary Team, Assessment of BRAC.* Dhaka: BRAC, 1988.
Wood, Geoffrey D., and Richard Palmer-Jones. *The Water Sellers: A Cooperative Venture by the Rural Poor.* West Hartford, Conn.: Kumarian Press, 1991.
World Bank. *Bangladesh, Promoting Higher Growth and Human Development: A World Bank Country Study.* Washington, D.C.: World Bank, 1987.
———. World Development Report 1991, *The Challenge of Development.* Oxford: Oxford University Press, 1991. 世界銀行「世界開発報告 1991」(1991)

———. *Population and Social Development Management.* Caracas: Instituto de Estudios Superiores de Administración, 1979.

———. "Rural Development Planning—the Learning Process Approach." In David C. Korten and Rudi Klaus (eds.), *People-Centered Development.* West Hartford, Conn.: Kumarian Press, 1984.

Korten, David, C., and Rudi Klaus, eds. *People-Centered Development.* West Hartford, Conn.: Kumarian Press, 1984.

Leonard, David K. *Reaching the Peasant Farmer: Organization Theory and Practice in Kenya.* Chicago: University of Chicago Press, 1977.

Leonard, David K., and Dale Rogers Marshall, eds. *Institutions of Rural Development for the Poor: Decentralization and Organizational Linkages.* Berkeley: Institute of International Studies, 1983.

Lindblom, Charles E. *The Intelligence of Democracy.* New York: The Free Press, 1965.

Lovell, Catherine H. "Case 4: BRAC (C). What to Do about Market Outlets." In Charles K. Mann, Merilee S. Grindle, and Parker Shipton, eds. *Seeking Solutions: Framework and Cases for Small Enterprise Development.* West Hartford, Conn.: Kumarian Press, 1989, pp. 151–56.

Lovell, Catherine H., and Kanez Fatema. *The BRAC Non-Formal Primary Education Programme in Bangladesh.* New York: United Nations Children's Fund, Assignment Children Series, December 1989.

Mallick, N. C. "An Assessment of Economic Profitability of Rearing HYV Chicks and Its Comparability with Other Varieties: Seven Brief Case Studies." Dhaka: BRAC, RED, 1989.

Manitoba Institute of Management. *Managing the Non-Profit Organization.* Winnipeg: Manitoba Institute of Management, 1989.

Mann, Charles K., Merilee S. Grindle, and Parker Shipton, eds. *Seeking Solutions: Framework and Cases for Small Enterprise Development Programs.* West Hartford, Conn.: Kumarian Press, 1989.

McCann, Joseph, and Jay R. Galbraith. "Inter-Departmental Relations." In Paul C. Nystrom and William H. Starbruck (eds.), *Handbook of Organization Design.* Vol 2. Oxfordshire: Oxford University Press, 1981.

North-South Institute. *Rural Poverty in Bangladesh: A Report to the Like-Minded Group.* Dhaka, January 1986.

Osmani, S. R. "Notes on Some Recent Estimates of Rural Poverty in Bangladesh." *The Bangladesh Development Studies* 43 (September 1990):75–87. (Special Issue on Poverty in Bangladesh)

———. "Structural Change and Poverty in Bangladesh: The Case of a False Turning Point." *The Bangladesh Development Studies* 43 (September 1990): 55–74. (Special Issue on Poverty in Bangladesh)

Otero, Maria. *A Question of Impact: Solidarity Programs and Their Approach to Evaluation.* New York: PACT, 1989.

Paul, Samuel. *Managing Development Programs: The Lessons of Success.* Boulder: Westview Press, 1982.

Pfohl, Jake. *Participatory Evaluation: A User's Guide.* New York: PACT, 1986.

Pietro, Daniel Santo, ed. *Evaluation Source Book.* New York: InterAction, 1983.

Population Crisis Committee. *Country Rankings of the Status of Women: Poor, Powerless and Pregnant.* Washington D.C., June 1988.

Rahman, Atiur. "Credit for the Rural Poor." *Bangladesh Agricultural Review.* Dhaka: United Nations Development Program, October 1988.

Rahman, Hussain Zillur. *Notes on the Political Economy of Poverty in Bangladesh.*

Dahl, Robert A., and Charles E. Lindblom. *Politics, Economics and Welfare.* New York: Harper and Row, 1953.
Davis, Stanley M., and Paul R. Laurence. *Matrix.* Reading, Pa.: Addison Wesley, 1977.
Dhaka Courier. Weekly issues, July 21–27 to November 17–23, 1989.
Edgcomb, Elaine, and James Cawley. *The Process of Institutional Development: Assisting Small Enterprise Institutions to Become More Effective.* New York: The Small Enterprise Education and Promotion Network, October 1990.
Gerwin, Donald. "Relationships between Structure and Technology." In Paul C. Nystrom and William H. Starbruck (eds.), *Handbook of Organization Design, Volume 2.* Oxfordshire: Oxford University Press, 1981.
Ghosh, Shanti (SDC), Benjt Hojer (SIDA), Mahmuda Islam (UNICEF), and Mustague R. Chowdhury (BRAC, RED). *Child Survival Program Final Evaluation Report.* Dhaka: BRAC, February 1990.
Government of Bangladesh. *Third Five-Year Plan.* Dhaka, 1985.
Grameen Bank. Annual Review Mission reports. Dhaka, 1986–90.
———. *Phase III, Annual Review Mission, Final Report.* Dhaka, November 1990.
Haggblade, Steven. *Equity and Agricultural Growth: An Evaluation of CARE's Landless Owned Tubewell-Users Support (LOTUS) Project for the 1989 Boro Season.* Dhaka: CARE-Bangladesh, May 31, 1990.
Hasan, M. *The Impact of Sweet Water Fisheries on the Lives of the Rural Poor.* Dhaka: BRAC, 1991.
Hashemi, Syed M. *NGO's in Bangladesh: Development Alternative or Alternative Rhetoric.* Dhaka: Bangladesh Institute for Development Studies, April 1990.
Hellinger, Stephen, Douglas Hellinger, and Fred M. O'Regan. *Aid for Just Development.* Boulder and London: Lynne Rienner Publishers, 1988.
Holtsberg, Christer. *Development of Landless Organizations in BRAC's Rural Development Program.* Dhaka: BRAC, March 1991.
Hossain, Mahabub. *Credit for Alleviation of Rural Poverty: The Grameen Bank in Bangladesh.* Dhaka: International Food Policy Research Institute in collaboration with the Bangladesh Institute of Development Studies, February 1988.
———. *Credit for the Rural Poor: The Grameen Bank in Bangladesh.* Research Mimograph #4. Dhaka: Bangladesh Institute of Development Studies, 1984.
———. *Nature and Impact of the Green Revolution in Bangladesh.* Dhaka: International Food Policy Research Institute with the Bangladesh Institute of Development Studies, 1988.
———. "A Note on the Trend of Landlessness in Bangladesh." *The Bangladesh Development Studies* 14 (June 1986): 93–100.
Hossain, Mahabub, Abu A. Abdullah, Richard Nations, and Ann-Lisbet Arn. *Cooperation Movements in Bangladesh.* Dhaka: Bangladesh Institute for Development Studies, 1989.
Imam, Izadin I. *Peasant Perceptions: Famine.* Dhaka: BRAC, July 1979.
Israel, Arturo. *Institutional Development: Incentives to Performance.* Baltimore: Johns Hopkins University Press, 1989.
Korten, David. *BRAC Strategy.* Dhaka: BRAC, 1987.
———. *BRAC Strategy.* Dhaka: BRAC, 1989.
———. *BRAC Strategy for the 1990's.* Review draft. Boston: Institute for Development Research, March, 1989.
———. "Community Organization and Rural Development: A Learning Process Approach." *Public Administration Review* 40 (September-October 1980): 480–512.

———. *Final Appraisal Report in BRAC's Rural Development Programmes 1990–1992 and the BRAC Bank Project.* Vols. 1 and 2. Dhaka: Donor's Consortium, April 1989.
———. *1990 Annual Review.* Dhaka: Donor Consortium, November 1990.
———. *Peasant Perceptions: Famine, Credit Needs, Sanitation.* Rural Studies Series. Vol. 1. Dhaka, 1984.
———. *Peasant Perceptions: Law.* Rural Studies Series. Vol 2. Dhaka, 1990.
———. *RDP 2 and RCP, Semi-Annual Financial Report to 30.6.90.* Dhaka, 1990.
———. *Research and Evaluation Division, Annual Report.* Dhaka, 1990.
———. *Rural Credit Programme, Project Document.* Dhaka, December 1989.
———. *Rural Credit Programme, Statistical Report.* Dhaka, June 1990.
———. *Rural Credit and Training Program, Project Proposal.* Dhaka, 1979.
———. *Rural Development Programme, 1990–92, Project Document.* Dhaka, December 1989.
———. *Rural Development Programme, Statistical Report.* Dhaka, December 1989, March 1990, June 1990.
———. *Rural Enterprise Project, October 1985 to June 1989.* Dhaka, September 1989.
———. *A Tale of Two Wings: Health and Family Planning Programmes in an Upazila in Northern Bangladesh.* Dhaka: Research and Evaluation Division, July 1990.
———. *Training and Resource Centers, Annual Report.* Dhaka, 1989.
———. *Training and Resource Centers, Annual Report.* Dhaka, 1990.
———. Various reports of the Research and Evaluation Division. Dhaka, 1985–90.
———. Various six-monthly and annual reports of Outreach, RCTP, and RDP. Dhaka, 1979–89.

Briscoe, J. *The Political Economy of the BRAC Health Insurance Scheme: Report to BRAC.* Dhaka: 1978.

Bryant, Coralie. *Sustainability Revisited: States, Institutions and Economic Performance.* Washington, D.C.: American Society for Public Administration, Annual Meeting, March 1991.

Bryant, Coralie, and Louise G. White. *Managing Development in the Third World.* Boulder: Westview Press, 1982.

Burns, Tom, and G. M. Stalker. *The Management of Innovations.* London: Tavistock, 1961.

Chen, Martha Alter. *A Quiet Revolution: Women in Transition in Rural Bangladesh.* Rochester, VT: Shenkman Books, 1983.

Chowdhury, A. M. R. "Empowerment through Health Education: The Approach of an NGO in Bangladesh." In P. Streefland and J. Chabot (eds.), *Implementing Primary Health Care.* Amsterdam: Royal Tropical Institute, 1990.

Chowdhury, A. M. R., N. Ishikawa, A. Alam, R. A. Cash, and F. H. Abed. "Controlling a Forgotten: The Case of Tuberculosis in a Primary Health Care Setting." *Bulletin of the International Union Against Tuberculosis.* In press.

Chowdhury, A. M. R., M. Mahmood, and F. H. Abed. "Credit for the Rural Poor: The Case of BRAC in Bangladesh." *Small Enterprise Development* 2, no. 3 (September 1991):4–13.

Chowdhury, A. M. R., J. P. Waughan, and F. H. Abed. "Use and Safety of ORT: An Epidemiology Evaluation from Bangladesh." *International Journal of Epidemiology* 17 (1988):655.

Clark, Noreen, and James McCaffery. *Demystifying Evaluation: Training Program Staff in Assessment of Community-Based Programs Through a Field-Operational Seminar.* Boston: World Education, 1979.

著者参考文献一覧

Abed, F.H. *Commencement Ceremony Address.* Manila: Asian Institute of Management, July 7, 1990.

———. *Towards Sustainable Development: How BRAC Sees It.* Dhaka: BRAC, June 30, 1990.

Ahmad, Zafar. *National Profitability Analysis of Deep Tubewell Irrigation.* Dhaka: BRAC, 1991.

———. *The Price of BRAC's Development Intervention: How Costly Is Too Costly.* Dhaka: BRAC, 1991.

Ahmed, Salehuddin. *Rural Development for the Poor: A BRAC Strategy.* Dhaka: BRAC, 1990.

Bangladesh Bureau of Educational Information and Statistics (BANBEIS). *Bangladesh Educational Statistics* 1987. Dhaka: Ministry of Education, 1987.

Bangladesh Institute of Development Studies. *The Face of Rural Poverty in Bangladesh: Trends and Insights.* Dhaka, May 1990.

———. *A Profile of Rural Industries in Bangladesh.* Research Report No. 87. Dhaka, October 1988.

———. *Sericulture Industry in Bangladesh: A Case Study.* Dhaka, December 1988.

Bhattacharya, Debapruja. *Evaluation of Poverty Alleviation Programmes.* Vols. 1 and 2. Dhaka: Bangladesh Institute of Development Studies, October 1990.

Biggs, Tyler S., Donald R. Snodgrass, and Pradeep Srivastava. *On Minimalist Credit Programs.* Cambridge: Harvard Institute for International Development, March 1990.

Blair, Harry W., ed. *Can Rural Development Be Financed from Below? Local Resource Mobilization in Bangladesh.* Dhaka: University Press Limited, 1989.

Boomgard, James, Stephen P. Davies, Steven J. Haggblade, and Donald C. Mead. *A Subsector Approach to Small Enterprise Promotion and Research.* An unpublished paper, Department of Agricultural and Resource Economics, Colorado State University, Ft. Collins, Colorado, 1990.

Bowman, Margaret, Jorge Baanante, Thomas Dichter, Steven Loudner and Peter Reiling. *Measuring Our Impact: Determining Cost Effectiveness.* Norwalk, Conn.: Technoserve, 1989.

BRAC. *Child Survival Program, Final Evaluation Report.* Dhaka, February 1990.

———. *Credit Programme Manual.* Various versions, 1979–89.

———. *Cyclone Relief Programme, Interim Report, April 30–June 30, 1991.* Dhaka, September 1991.

———. *Facilitation Assistance Programme on Education (FAPE), Annual Report and Update.* Dhaka, December 1990, March 1991.

———. *Facilitation Assistance Programme on Education, Staff Report.* Dhaka, February 1991.

マ行

ヤ行

タ行

サ行

総索引

訳者紹介

久木田由貴子（くきた・ゆきこ） 1958年生まれ。大阪教育大学卒。シンガポール大学中国語研究センター留学。九州大学大学院教育学研究課修士課程修了、同博士課程中退。専攻は比較教育学。1990年ユニセフ・ナミビア事務所コンサルタント、1994年より社会開発分野を中心とした事業案や報告書の翻訳に携わる。1999年より夫の赴任に伴ってバングラデシュのダッカに在住。途上国のＮＧＯ活動と先進国の女性との相互学習と連携協力を進めるネットワーク化に興味がある。

久木田純（くきた・じゅん） 1955年生まれ。西南学院大学卒。シンガポール大学社会学部留学。九州大学教育心理学修士課程修了、同博士課程中退。国連児童基金（ユニセフ）駐モルジブ事務所、駐ナミビア事務所、駐日事務所の勤務を経て、現職はバングラデシュ事務所次長。全事業の総括、政府やＮＧＯ、開発協力機関との渉外・資金調達等を担当。1997年東京大学教育学部で非常勤講師として国際教育論「開発と教育」を担当。共著に『入門社会開発』（国際開発ジャーナル社、1995）、『援助研究入門』（アジア経済研究所、1996）等。『現代のエスプリ』376（至文堂、1988）で「エンパワーメント」特集を編集。

マネジメント・開発・ＮＧＯ
――「学習する組織」ＢＲＡＣの貧困撲滅戦略　（検印廃止）

2001年10月30日　初版第１刷発行

訳　者　久木田　由貴子
　　　　久木田　純
発行者　武　市　一　幸

発行所　株式会社　新　評　論

〒169―0051　東京都新宿区西早稲田3―16―28
http://www.shinhyoron.co.jp
TEL 03（3202）7391
FAX 03（3202）5832
振替 00160-1-113487

定価はカバーに表示してあります
落丁・乱丁本はお取り替えします

装幀　山田英春
印刷　新栄堂
製本　河上製本

ISBN4-7948-0537-3　C0036

■〈開発と文化〉を問うシリーズ

T.ヴェルヘルスト／片岡幸彦監訳
文化・開発・NGO　A5　290頁　3300円
❶　ISBN4-7948-0202-1　〔94〕
【ルーツなくしては人も花も生きられない】国際ＮＧＯの先進的経験の蓄積によって提起された問題点を通し，「援助大国」日本に最も欠けている情報・ノウハウ・理念を学ぶ。

J.フリードマン／斉藤千宏・雨森孝悦監訳
市民・政府・NGO　A5　318頁　3400円
❷　ISBN4-7948-0247-1　〔95〕
【「力の剥奪」からエンパワーメントへ】貧困，自立，性の平等，永続可能な開発等の概念を包括的に検証！　開発と文化のせめぎ合いの中でNGOの社会・政治的役割を考える。

C.モーザ／久保田賢一・久保田真弓訳
ジェンダー・開発・NGO　A5　374頁　3800円
❸　ISBN4-7948-0329-X　〔96〕
【私たち自身のエンパワーメント】男女協動社会にふさわしい女の役割，男の役割，共同の役割を考えるために。巻末付録必見：行動実践のためのジェンダー・トレーニング法！

片岡幸彦編
人類・開発・NGO　A5　280頁　3200円
❹　ISBN4-7948-0376-1　〔97〕
【「脱開発」は私たちの未来を描けるか】開発と文化のあり方を巡り各識者が徹底討議！山折哲雄，T.ヴェルヘルスト，河村能夫，松本祥志，櫻井秀子，勝俣誠，小林誠，北島義信。

D.ワーナー＆サンダース／
池住義憲・若井晋監訳
いのち・開発・NGO　A5　462頁　3800円
❺　ISBN4-7948-0422-9　〔98〕
【子どもの健康が地球社会を変える】「地球規模で考え、地域で行動しよう」をスローガンに、先進的国際保健NGOが健康の社会的政治的決定要因を究明！NGO学徒のバイブル！

若井晋·三好亜矢子·生江明·池住義憲編
学び・未来・NGO　A5　336頁　3200円
❻　ISBN4-7948-0515-2　〔01〕
【NGOに携わるとは何か】第一線のNGO関係者22名が自らの豊富な経験とNGO活動の歩みの成果を批判的に振り返り、21世紀にはばたく若い世代に発信する熱きメッセージ！

キャサリン・H・ラヴェル／
久木田由貴子・久木田純訳
マネジメント・開発・NGO　A5　304頁　3300円
❼　ISBN4-7948-0537-3　〔01〕
【「学習する組織」BRACの貧困撲滅戦略】バングラデシュの世界最大のNGO・BRAC（ブラック）の活動を具体的に紹介し、開発マネジメント強化の重要性を実証解明！

西川潤・野田真里編
仏教・開発《かいほつ》・NGO　A5　予320頁　予3300円
❽　ISBN4-7948-0536-5　〔01〕
【タイ開発僧に学ぶ共生の智慧】経済至上主義の開発を脱し、仏教に基づく内発的発展をめざすタイの開発僧とNGOの活動を通して、持続可能な発展への新たな智慧を切り拓く。

表示の価格は全て消費税抜きの価格です。

H.ヘンダーソン／尾形敬次訳
地球市民の条件
A5 312頁
3000円
ISBN4-7948-0384-2 〔99〕
【人類再生のためのパラダイム】誰もが勝利する世界（WIN－WIN WORLD）とはどのような世界か。「変換の時代」の中で，地球規模の共同体を構築するための世界初の総合理論。

諏訪雄三
公共事業を考える
A5 344頁
3200円
ISBN4-7948-0510-1 〔00〕
【市民がつくるこの国の「かたち」と「未来」】どうして造るのか！公共事業の政治的な利用を排し、「行政＋住民」で公（パブリック）を形成して意思決定ができる市民層確立を説く。

中里喜昭
百姓の川　球磨・川辺
四六 304頁
2500円
ISBN4-7948-0501-2 〔00〕
【ダムって、何だ】人吉・球磨地方で森と川を育み、それによって生きている現代の「百姓」—福祉事業者、川漁師、市民、中山間地農業者たちにとってダムとは。渾身のルポ。

津田守・田巻松雄編著
自然災害と国際協力
四六 291頁
2800円
ISBN4-7948-0520-9 〔01〕
【フィリピン・ピナトゥボ大噴火と日本】20世紀最大の自然災害といわれる「ピナトゥボ大噴火」におけるODA、NGOの検証を通して、日本と日本人の国際協力の将来を問う。

江澤　誠
欲望する環境市場
四六 306頁
2500円
ISBN4-7948-0504-7 〔00〕
【地球温暖化防止条約では地球は救えない】環境問題を商品化する市場の暴走。地球温暖化防止を掲げた京都議定書の批准をめぐる、「地球環境保全」という名の世界市場戦略。

江原裕美編
開発と教育
A5 380頁
3500円
ISBN4-7948-0529-2 〔01〕
【国際協力と子どもたちの未来】開発と文化のあり方を考えるもう一つの視点！大手国際協力機関による教育開発活動を検証し、その歴史的変容と思想的オルタナティブを提示。

C.ド.シルギー／久松健一編訳
人間とごみ
A5 280頁
2800円
ISBN4-7948-0456-3 〔99〕
【ごみをめぐる歴史と文化，ヨーロッパの経験に学ぶ】人類はごみといかに関わり，共存・共生の道を開いてきたか。ごみを巡る今日的課題を歴史と文化の視点から逆照射。

E.マインベルク／壽福眞美・後藤浩子訳
エコロジー人間学
四六 312頁
3200円
ISBN4-7948-0524-1 〔01〕
【ホモ・エコロギクス—共-生の人間像を描く】「人間とは何か」を根底から問い直し、身体そして自然と調和し、あらゆる生命への畏敬に満ちた21世紀の＜共-生＞的人間像を構築。

A.パーシー／林　武監訳・東　玲子訳
世界文明における技術の千年史
四六 372頁
3200円
ISBN4-7948-0522-5 〔01〕
【生存の技術」との対話に向けて】生態環境的視点により技術をめぐる人類史を編み直し、再生・循環の思想に根ざす非西洋世界の営みを通して「生存の技術」の重要性を探る。

湯浅赳男
環境と文明
四六 362頁
3500円
ISBN4-7948-0186-6 〔93〕
【環境経済論への道】オリエントから近代まで，文明の興亡をもたらした人類と環境の関係を徹底的に総括！現代人必読の新しい「環境経済史入門」の誕生！

湯浅赳男
文明の人口史
四六 432頁
3600円
ISBN4-7948-0429-6 〔99〕
【人類の環境との衝突、一万年史】「人の命は地球より重いと言われますが，百億人乗っかると，地球はどうなるでしょうか」。環境・人口・南北問題を統一的にとらえる歴史学の方法。

湯浅赳男
コミュニティと文明
四六 300頁
3000円
ISBN4-7948-0498-9 〔00〕
【自発性・共同知・共同性の統合の論理】失われた地域社会の活路を東西文明の人間的諸活動から学ぶ。壮大な人類史のなかで捉えるコミュニティ形成の論理とその可能性。

表示の価格は全て消費税抜きの価格です。